現代日本における
銀行資本の蓄積

HORIUCHI Kenichi

堀内健一
［著］

唯学書房

まえがき

本書の課題

　アメリカでは、リーマンショックを脱して以降、景気の拡大基調（すでに自動車版のサブプライムローンにおいて加熱が生じている）が続き、利上げのタイミングが計られている。ところがEUではギリシャを震源とする財政危機問題と通貨危機が爆発寸前のところまでいき、中国では株価の急落にも見舞われ、その成長速度は一層減速する見通しである。そうした不安定な要素を抱え込む世界経済のなかで、日本経済は、円安、原油安、日経平均株価の回復基調、デフレ状況の改善などを背景に、景気押し上げへの期待が高まっている。しかしこのような世界経済の不安定要素を乗り越え、円高、資源高、株価低迷、デフレマインドなどが解消したとして、さらにアベノミクスの第3の矢（第1の矢〔大胆な金融政策〕、第2の矢〔機動的な財政政策〕、第3の矢〔民間投資を喚起する成長戦略〕）が目指す力強い持続的成長は達成できるのか。

　これを考えるためには日本経済のより基本的な動向をみる必要がある。バブル崩壊以降の20年余を顧みよう。バブル経済が崩壊した1990年代は「失われた10年」とされ、過剰債務・過剰設備・過剰雇用の3つの過剰が問題となっていた。2000年代以降は、その3つの過剰が一応解消されつつ、産業循環は第14循環（02年2月〜09年3月、いざなみ景気とリーマン不況）を辿った。しかし、特異なことに景気の拡張期でも設備投資は力強さを欠き、雇用条件はむしろ悪化していた。その後、日本企業全体でみた売上高と投資の推移は今日まで停滞基調を続け、「失われた20年」といわれる長期停滞の根本的な転換への見通しはまだ立っていない。輸出や対外直接投資を担っている大企業の利益は史上空前の規模に達しているにも関わらずである。このようなバブル経済崩壊以降の日本経済のありさまは、先の3つの過剰の解消、為替相場・輸出動向・資産市場などの好転や従来型景気対策の遂行だけでは済まない日本経済の根底にある構造問題を示している。

このような日本経済の構造問題を反映しているひとつの指標として、1990年代後半以降の異常な低金利状態が、産業循環を超えて基調として貫かれている点をあげることができる。日本の10年国債の利回り（長期金利）は70年代初頭の7％台から漸次的に低落していき、97年以降では2％を下回ったままの水準で推移した。さらに12年以降は0％台で過去最低値を更新し続けており、13年4月からは量的・質的緩和（異次元緩和）による作用も加わっている。こうしたゼロ金利基調の下で、日本の銀行資本は、その国内的経営では利鞘がほとんどとれないぎりぎりのところまで追い詰められている状況にある。アベノミクスの実践過程をみても、日本企業の売上高の長期に亘る低迷を基礎とする長期停滞を克服することが困難であることは明白になりつつあるが、当然ながら銀行資本の蓄積動向にも明るい兆候はみえていない。

　本書では、このような構造的問題を抱える日本経済の分析を基礎にして、現代日本における銀行資本の蓄積動向のメカニズムを考察する。その際にまず手掛かりになるのが、マルクスの「利潤率の傾向的低下法則」である。この利潤率の傾向的低下については、企業の会計情報の分析にもとづいて日本で現実に観察されることが会計学・経営分析の分野から提示され、研究が深められてきた。そして、近代的利子は利潤の範疇（所得の再配分）であるので、長期的に変動する利子率は一般的利潤率に規制されることになる。この意味で、一般的利潤率の傾向的低下法則は同時に、利子率の傾向的低下法則である。この低下法則の内容を踏まえながら、一般的利潤率を規定する諸契機とその運動をつかまえ、眼前でそのままみえている利子率の傾向的低下の諸要因を明らかにする。さらにそのうえで、日本の銀行資本（大手銀行）における利鞘と利潤率の傾向的低下について分析を加えていく。

本書の構成

　本書は、既発表の論文をほぼそのまま再録したもの（2編）、既発表の論文に加筆・修正したもの（1編）、既発表の論稿を再構成し大幅に加筆・修正し

たもの（1編）、新たに書き下ろしたもの（1編）との4種類から構成されている（その詳細については「あとがき」に記している）。したがって発表時期が大幅に異なるもの同士で構成しているため、叙述のしかた（漢字の用い方なども含む）、用語などできるだけ統一するように心がけているが、細大漏らさずそれが行き渡っているとはいえないと思われる。また、第4章第3節❸の部分は第2章全体の叙述をある程度要約している部分でもあり、冗長だとも思われる。しかし、その箇所は第4章を単体として読んだときには便宜上、意味が出てくるのではないかと思われる。これらの点をご海容いただければ幸いである。

　本書は第1章から終章までの6つの章から構成されている。そのうちの終章は本書全体の総括として、本研究の到達点と今度の基本的な研究の方向、課題について述べている。研究課題については第2章から第4章の「おわりに」の部分でも、各章での考察から新たに出てきたより限定的で具体的な課題を示している箇所がある。これらの具体的な課題の一部は、本書の第3章と第4章において取り組まれている。またそこで示されたいまだ取り組まれていない課題については今後の課題となる。

　第1章は、現代資本主義の特徴として指摘できる日本における利潤率と利子率の傾向的低下をマルクスの利潤率の傾向的低下法則の展開過程として捉えたうえで、これらの諸契機を1960年代から2000年代までの半世紀に亘って分析をしている。続いて第2章から第5章までは、戦後日本における銀行資本の蓄積と集中について分析を加えているが、第1章はこの銀行資本の蓄積・集中の分析のための土台的位置づけをもっている。つまり、戦後日本の利潤率と利子率の動向を軸にして、現実資本の蓄積と貨幣資本の蓄積の動向を捉えることで、これらによって条件づけられる銀行資本の蓄積の運動をより深く捉えることができると考えている。

　もっとも1980年代のバブル期における銀行資本の蓄積は、例えば株価急騰を生み出す一要因となり、それが現実資本の蓄積を容易なものにして、銀行資本の蓄積が現実資本の蓄積を条件づけているようにみえる局面もあった。しかし後に、それは現実資本の側では大量の低収益資産と不稼働資産、

銀行資本の側では不良債権を生み出したように、銀行資本の蓄積は現実資本の蓄積に条件づけられるという関係に引き戻されている。このような内容の叙述を主目的にして展開しているのが第2章であるが、その前段では80年代とは全く異なる高度成長期（60年代〜70年代前半）における銀行資本の蓄積と現実資本の蓄積の特徴について整理をしている。次の第3章と第4章では、バブル崩壊後の銀行資本の集中運動（90年代後半）について分析を行っている。そして第5章では、この集中運動の結果、形成されたメガバンクの資本蓄積（2000年代以降）について分析を行っている。このように、第2章から第5章までは時系列的に銀行資本の蓄積のありかたの変化を追っていくという読み方ができる。

ただし、第5章では分析の対象時期が再び1960年代まで広げられ、2010年代までの銀行資本の蓄積と現実資本の蓄積の関係に視点を移している。すでに第1章で、利潤率の傾向的低下法則は同時に、利子率の傾向的低下法則でもあることを論じたことを踏まえて、さらにこれを敷衍すれば利潤率の傾向的低下法則は、銀行資本の利鞘・利潤率の傾向的低下法則でもあるという見地に立ち、銀行資本における利鞘・利潤率の傾向的低落――90年代以降ではこれは大手邦銀の低収益性という形で認識され問題にされてきた――について分析をしている。つまり、第5章では利潤率の傾向的低下法則の展開のなかに銀行資本の蓄積を位置づけ、それを考察することを試みている。したがって、第1章と第5章をセットで読むことで、現代日本における現実資本の蓄積、貨幣資本の蓄積、銀行資本の蓄積の基本的な動向について同時にトータルに分析できると考えている。このような分析を可能にする理論的枠組みがマルクスの利潤率の傾向的低下法則と利子生み資本論である。このような本書の試みが成功しているかいなかは読者の判断に委ねたい。

2015年7月18日　著者

目　次

まえがき　iii

第1章　利潤率と利子率の傾向的低下
　　　　——日本における利子率の長期低落について　3
　はじめに　3
　第1節　利潤率の傾向的低下　7
　　❶　一般的利潤率を規定する諸契機とその指標　7
　　❷　一般的利潤率の傾向的低下　9
　　❸　利潤率の傾向的低下の諸契機　11
　第2節　利子率の傾向的低下　17
　　❶　利子率の傾向的低下　17
　　❷　利潤量と利子量の増大　20
　第3節　1990年代中頃以降の利子率の低下　22
　　❶　利潤率上昇と利子率の低位安定　22
　　❷　貨幣資本の蓄積と貨幣資本需給の緩和　24
　おわりに　28

第2章　1980年代後半における銀行資本と現実資本の蓄積　39
　はじめに　39
　第1節　高度成長期の銀行資本と現実資本の蓄積　40
　　❶　高度成長型金融構造　40
　　❷　高度成長期の現実資本の蓄積　42
　第2節　1970年代後半以降の銀行資本と現実資本の蓄積　45
　　❶　大企業における外部資金調達の圧縮と証券化　45
　　❷　金融革新と銀行資本の蓄積　52

vii

第3節 バブル期における銀行資本と現実資本の蓄積　55
- **1** 大企業におけるエクイティ・ファイナンスによる調達・運用の急増　55
- **2** バブル期における銀行の貸出金　66
- **3** バブル期における銀行の有価証券投資　73

おわりに　75

第3章　日本における金融持株会社制度導入の契機　83
はじめに　83

第1節 業態別子会社方式による銀行の総合金融機関化　84
- **1** 1993年の業態別子会社方式の導入　84
- **2** 業態別子会社方式の規制緩和　90

第2節 金融持株会社制度の導入による銀行の総合金融機関化　92
- **1** 金融持株会社制度の枠組み　92
- **2** 業態別子会社方式と金融持株会社制度との比較　94

第3節 金融持株会社制度の導入の契機　97
- **1** 金融持株会社制度導入の経緯　97
- **2** 金融持株会社解禁論の検討　99

第4節 アメリカの銀行持株会社制度との比較　107

おわりに　110

第4章　1990年代後半以降の大手銀行の再編とその動因　119
はじめに　119

第1節 1990年代後半以降における大手銀行の集中の性格　120
- **1** 急速で高度な集中　120
- **2** 収益力改善を促迫されるなかでの集中　126
- **3** 集中による蓄積規模の拡大　129

第2節 銀行資本の収益性の低下　132
- **1** 銀行資本と貸出金残高の拡大の限界　132
- **2** 経常利益率の急落　135

　　　　3 資金運用収支拡大と経費削減の限界　138
　第3節　収益構造の変化とその限界　143
　　　　1 貸出資産の変質とその限界　143
　　　　2 非金利収入の拡大の限界　151
　　　　3 収益構造の変化およびその限界の背景——現実資本の蓄積の動向　153
　おわりに　160
　　　　大手銀行の変質の理論的把握——残された課題　161

第5章　銀行資本における利潤率の傾向的低下
　　　　——大手邦銀の低収益性について　171

　はじめに　171
　第1節　銀行資本における利鞘の傾向的低下　173
　　　　1 利子率と利鞘の傾向的低下　173
　　　　2 資金運用収支（資金利益）の累増と停滞　178
　　　　3 資金運用資産の蓄積とその停滞　178
　第2節　銀行資本における利潤率の傾向的低下　180
　　　　1 銀行資本の利潤率の算出と一般的利潤率の推計　180
　　　　2 一般的利潤率と銀行資本の利潤率の傾向的低下　181
　　　　3 現実資本および銀行資本の加速的蓄積とその停滞　184
　第3節　2000年代以降の銀行資本における利潤率の低下　189
　　　　1 預貸率の著しい低下と有価証券投資の増大　189
　　　　2 手数料・ディーリング収益（非金利収益）の増大　191
　おわりに　193

終章　本研究の到達点と今後の課題
　　　　——現代日本の銀行資本の蓄積の研究についての総括　199

あとがき　207
参考文献　211

図表一覧

図表 1-1	先進資本主義諸国の長期金利の推移（1945年～2012年）	4
図表 1-2	日本の長期金利（1966年～2013年）と銀行貸出金利（1956年～2013年）の推移	5
図表 1-3	『法人企業統計』の付加価値と利益の範囲	9
図表 1-4	剰余価値率・一般的利潤率・資本の技術的構成・価値構成の推移	10
図表 1-5	10年ごとにおける各指標の平均値（1960年度～2009年度）	11
図表 1-6	賃金と生産手段額の前年比増加率およびインフレ率の推移	15
図表 1-7	一般的利潤率と利子率の推移	18
図表 1-8	利子分割率・借入金依存度・借入金増加率の推移	19
図表 1-9	売上高・総資本・借入金・営業利益・支払利息の推移	21
図表 1-10	総資産営業利益率と営業利益の推移	24
図表 1-11	各種金利水準の推移（1980年～2011年）	25
図表 1-12	現実資本の蓄積と貨幣資本の蓄積の推移（1980年～2009年）	26
図表 1-13	国内銀行（銀行勘定）の預金と貸出、預貸率と預証率の推移（1994年～2010年）	28
図表 2-1	各国企業の設備資金に対する内部資金、自己資金の比率（1950年代後半～60年代初頭）	43
図表 2-2	高度成長期の法人企業の資金調達	43
図表 2-3	実体経済の動向と主要企業における資金運用・調達の動向（年平均値）	45
図表 2-4	主要企業の資金運用と調達（年平均値）	46
図表 2-5	大企業の設備投資対キャッシュフロー比率	47
図表 2-6	製造業・大企業の資金調達（実額）	49
図表 2-7	大企業の総資本における借入金比率	50
図表 2-8	製造業・大企業の資金運用（実額）	51
図表 2-9	内外資本市場における社債による資金調達（1972年度～91年度）	55
図表 2-10	1980年代における大企業（金融・保険業を除く全産業）の資金運用・調達	57
図表 2-11	エクイティ比率の推移	58
図表 2-12	資金調達・運用純増額に占める主要項目の構成比の推移（80年代前半と後半）	60
図表 2-13	法人企業の短期金融資産に占める特金・ファントラの比率（増減ベース）	61
図表 2-14	1980年代における上場製造業の資金調達・運用の推移（指数および実額）	62
図表 2-15	素材型・加工型産業別の資金調達・運用の推移	63
図表 2-16	企業の手元流動性の推移（対月商比・1975年度～90年度）	64
図表 2-17	大企業における金融資産収益率と長期プライムレートの推移	66
図表 2-18	全国銀行業種別貸出残高（年末）の推移（1985年～92年9月）	67
図表 2-19	都市銀行の中小企業向け貸出比率の推移（1965年～92年）	68
図表 2-20	都市銀行の中小企業向け貸出の推移（業種別構成比）	69

図表 2-21	相互銀行（現第二地銀）の業種別貸出金の推移（1965年〜92年）	71
図表 2-22	信用金庫の業種別貸出金の推移（1965年〜92年）	72
図表 2-23	株式主体別株式売買代金シェア（東証第一部）	74
図表 3-1	業態別子会社による相互参入状況と破綻救済子会社の状況（1997年12月現在）	88
図表 3-2	資産規模上位30行の格付けおよび組織形態（スタンダード・アンド・プアーズ社格付け）	102
図表 3-3	金融持株会社の類型	106
図表 4-1	日本における1990年代以降の銀行・協同組織金融機関の減少	123
図表 4-2	5つの大グループに分割される大手銀行の資産	124
図表 4-3	5つの金融グループ（2002年1月）	125
図表 4-4	銀行の損益計算書	130
図表 4-5	大手銀行（都銀・信託・長信銀）・地方銀行の総資本の推移	133
図表 4-6	都市銀行の貸出金残高および預金残高の推移	134
図表 4-7	都市銀行の資本金・法定準備金・剰余金の推移	135
図表 4-8	都市銀行の経常利益および経常利益率の推移	136
図表 4-9	1990年代における都市銀行の経常利益の要因分析	137
図表 4-10	都市銀行の資金運用収支の推移	139
図表 4-11	都市銀行の資金運用収支の要因分析	140
図表 4-12	都市銀行の「貸出金利息と預金利息との収支」の推移	141
図表 4-13	都市銀行の貸出金の種類別構成の推移	146
図表 4-14	住宅信用供与の推移（割賦返済方式分）	147
図表 4-15	消費者信用供与の推移（割賦返済方式分）	148
図表 4-16	不動産業向け貸出金残高の推移	149
図表 4-17	中小企業向け貸出金残高の推移	150
図表 4-18	都市銀行の主要経常収益の構成比の推移	152
図表 5-1	銀行資本の貸出金利（国内銀行）、利鞘・利潤率（都市銀行）の推移	172
図表 5-2	貸出金利回・預金債券等利回・預貸金利鞘・経費率の推移（都銀）	174
図表 5-3	総資金利鞘・預貸金利鞘・経費率・利子率・銀行資本の推移（都銀）	176
図表 5-4	総資金利鞘・資金運用収支・資金運用勘定・資金調達勘定の推移（都銀）	177
図表 5-5	預金・貸出金・有価証券投資の推移（都銀）	179
図表 5-6	銀行利潤の算出	181
図表 5-7	一般的利潤率と銀行資本の利潤率の推移	183
図表 5-8	銀行資本の蓄積と銀行利潤・利潤率の推移	185
図表 5-9	現実資本と銀行資本の資本量と利潤量の推移	186
図表 5-10	預貸率・預証率等の推移	190
図表 5-11	業務粗利益に占める資金運用収支と非金利収支の割合の推移	192

現代日本における
銀行資本の蓄積

第1章
利潤率と利子率の傾向的低下
―― 日本における利子率の長期低落について

はじめに

　1970年代半ば以降、先進資本主義諸国では利子率（長期金利）の長期的な低下傾向が明瞭に観察されるようになった〔図表1-1〕。図表1-2では日本の10年国債の利回り（長期金利）と国内銀行貸出金利（長短金利の平均値）との推移を示している。10年国債利回りは70年代初頭には7％台であったが、金利の急騰期を除いて漸次的に低落していき、97年以降では2％を下回ったままの水準で推移した。さらに12年以降には1％を下回っている。同様に銀行貸出金利は50年代後半から60年代初頭にかけて8％台であったが、それ以後、趨勢的な低下が現れ、2000年代では1％台で推移している。国債金利か、銀行貸出金利かを問わず両者とも、ほぼ軌を一にして低落してきたこと、08年のリーマンショック後は過去最低値を更新し続けていることが確認できる。そして、97年から始まった日本における異常な低金利の常態化は、日本だけの特殊な問題ではなく、先進国の共通問題の先取りだったといえる可能性が強まってきた。11年にギリシャ財政の持続性が前年以来再び疑問視され、同国債利回りが急騰（第2次ギリシャ危機）した一方で、アメリカ、イギリス、ドイツの10年国債利回りが同時に初めて2％を下回る事態が生じたからである。本章ではこのような現代資本主義の特質のひとつが最もよく現れているといえる日本での利子率の長期低落の諸要因を分析す

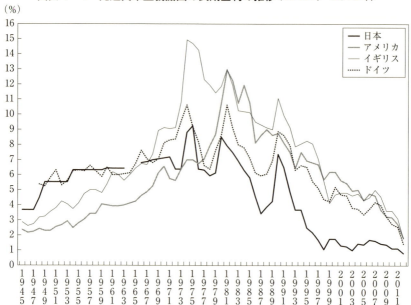

図表1-1 先進資本主義諸国の長期金利の推移（1945年～2012年）

（注）各国の2004年までのデータは、下記資料のうち①に収録されているデータを使用している。05年以降のデータは②のデータを使用した。日本の45年～89年については長期国債の利回りの年間で最も低い値を採用した。ほかはすべて年平均値である。89年までのドイツは旧西ドイツのデータである。
（資料）① Sidney Homer, Richard Sylla, *A History of Interest Rates*, 4th ed., Hoboken, John Wiley & Sons, Inc., 2005, ② OECD, *OECD Economic Outlook 94*, Vol.2013/2, 2013.

る。

　ところで、この利子率の長期的な低落について、これを問題として明確に指摘したのは水野和夫である。同氏は、利子率は企業の利潤率（ROA）の代理変数になることを前提し、利子率の長期的低下を企業の利潤率低下によるものと捉え、その要因を分析しその意味を考察した[1]。

　この現代資本主義の特質をつかまえている同氏の分析を受けとめ、マルクスの理論的見地から利子率の長期的低落を分析することが本章での目的である。そこで、マルクスの理論に立てば次の見地がまず引き出される。利子は、利子生み資本（商品化された資本としての貨幣）が受けとる、平均利潤（究極的には剰余価値）を生み出すという使用価値の価格であり、生産的資本（産

図表1-2　日本の長期金利（1966年～2013年）と銀行貸出金利（1956年～2013年）の推移

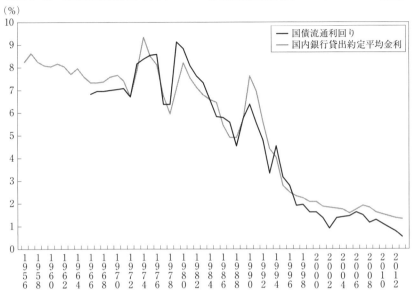

(注) 国債流通利回り（長期金利）は、1997年以前は東証上場国債10年物最長期利回りの末値、98年以降は新発10年国債流通利回りの末値である。13年の両者の値は1月～3月。国内銀行約定平均金利は当該月末時点におけるすべての約定期間の貸出金利を貸出残高で割った値である。貸出金は短期（手形割引含む）、長期、当座貸越である。国内銀行には信用金庫を含む。
(資料) 日本銀行『金融経済統計月報』、東京証券取引所『東証統計月報』。

業資本と商業資本）の生み出す平均利潤の一分割部分である。したがって、利子生み資本の増殖率である利子率は平均利潤率（一般的利潤率）によって規制される。つまり、利子率の長期低落傾向はその上限である一般的利潤率の傾向的低落にもとづいている。そしてこの「一般的利潤率の傾向的低下」は、「資本の有機的構成の高度化」にともなうのであり、資本蓄積とともに進行する生産力の発展の表現として法則的に貫かれる現象である。

　以上の見地は、『資本論』の現行版でいえば第3部第1篇～5篇の内容から読みとれる[2]。この第3部ではそれ以前の部で分析された資本とその剰余価値とが、資本の生産過程と流通過程全体のなかでとる具体的な姿として最終的に描かれ「資本の一般的分析」が完結する部分であるが、同時に、生産力の無制限な発展をともなう資本の蓄積過程が相対立する諸契機を生むこ

とと、それらの運動の展開が描かれる。相対的過剰人口の排出と吸引、生産を制限する利潤率の低下と恐慌によるその克服（産業循環）など、社会の根本的な諸問題を生み出すメカニズムが明らかにされており、現代資本主義の分析に道を拓く理論的枠組みが提供されている。

　ところが、このような現実分析に有効な視角をもっているにも関わらず、マルクス信用論の側から「利子率の傾向的低下」は問題として提起されず、したがってその要因について生産的資本（現実資本）の蓄積の動向（利潤率）の問題に立ち入ったうえでの研究もなされてこなかった。これは戦後の信用論研究第 2 期（いわゆる「新しい信用論」の展開）以降の現象と指摘される「利子論の消失」[3] によるものとみられる。利子生み資本論から信用論を展開する方法をとらない信用論は今日まで影響力をもち続けてきた[4]。それは新たに研究領域を拡張してきた反面で、「利子論」（利潤論）を問題意識から排除してきたといえる。さらに、銀行制度の本質的機能をめぐる議論において信用創造（預金設定による銀行貸出）の側面が偏重されてきたことも、この傾向を強めてきたといえる。

　そして「利潤率の傾向的低下」については、これは古典派経済学者たちに共有されてきた問題であり、その要因の解明が試みられてきた現象である。この問題意識を引き継ぎ、価値論・剰余価値論にもとづいて問題を解き、この現象を資本主義社会における「法則」として認識したのがマルクスであった。しかし、初歩的な手続きとしてこうした彼の問題意識と課題設定を踏まえることがマルクス経済学内部では閑却され、むしろこの法則自体を論証すべき問題として批判的に検討されてきた[5]。一方、会計学・経営分析の分野から、企業の会計情報の分析にもとづいて「資本の有機的構成の高度化」にともなう「利潤率の傾向的低下」が現実に観察されることが提示され、それが当然のこととして指摘されてきた[6]。こうしてマルクス経済学においては、この現象の直視と、その本格的分析が要請されていた[7]。そこで本章ではまず、これら先学の方法・分析に学びながら日本における利潤率の傾向的低下の分析を通して利子率の傾向的低下の諸要因を明らかにする。先に指摘したが、利子は利潤の範疇だからである[8]。

しかし、現代の金利動向の特徴は以上のような長期的傾向にとどまるものではない。1990年代後半以降、そこには歴史的にかつてない異常ともいえる低金利状態が、産業循環を超えて基調として貫かれている。この異常な低金利の常態化についての要因を考察する。マルクスは、一般的利潤率を「利子を窮極的に調整する限界」[9]と位置づけるとともに次の点を指摘している。利子率は産業循環のなかで変動するとともに、利潤率と利子率は局面によっては相反する動きをすること、また「利子率が利潤率の変動にはかかわりなしに低落する傾向」[10]があることである。後者の要因として、金利生活者の増大や信用制度の発展と結びついた貯蓄の集積による貨幣資本の形成・増大をあげている。さらに、貨幣市場ではすべての貸付可能な資本が常に総量として機能資本に対立しており、一方では貸付可能な資本の供給、他方ではそれに対する需要がその時々の利子率を決定すると指摘しながら、自然利子率の存在を否定している。

　つまり、一般的利潤率によって画された振幅のなかで利子率は、貨幣市場の需給変動によって振動しているが、貨幣資本蓄積が増大していけば一般的利潤率の変動とは関わりなしに利子率の傾向的低下が生じることをマルクスはみている。貨幣資本に対する需給関係に新たな特徴がみられるようになったこと、これが金利の低位安定の基礎にあると考えられる。このような見地からこの需給関係の変化の背後にある新たな貨幣資本の蓄積傾向についての分析を行う。

第1節　利潤率の傾向的低下

■1　一般的利潤率を規定する諸契機とその指標

　本節では利潤率の傾向的低下法則は、同時に利子率の傾向的低下法則である[11]という理論的見地にもとづき、利子率の傾向的低下の要因としての一般的利潤率の低下を分析する。日本において一般的利潤率が傾向的に低落し

ていることは現在、次項でみるように明確に指摘することができる。本章ではマルクスの一般的利潤率に対応する指標を財務省の『法人企業統計調査』(年次別調査) から算出した。対象はこの統計の分類上にある「金融・保険業を除く全産業」「全規模」に集計されている企業の資本と利潤である。以下、マルクスの一般的利潤率を規定する各概念にできるだけ近い数値を算出し、それを指標として取り扱う。マルクスの用いる概念に厳密に合致した数値はその概念に即して統計調査が行われない限り、一定の修正や加工をしたとしても得られない。現代資本主義の動向分析を進める立場にあっては、このような限界と、マルクスの課題設定およびそのために用いた概念の意義とを十分に意識したうえであれば、与えられた統計資料をできるだけ簡便に活用した方が大いに有益であると考えている[12]。

一般的利潤率を規定する諸契機として、まず社会的総資本の推計値を算出する。総資本は価値増殖の観点から区別される不変資本C, 可変資本Vの合計である。不変資本は、貸借対照表上の棚卸資産 (原材料、部品、仕掛品等) と有形固定資産 (建物、機械) との合計とする。有形固定資産からは土地と建設仮勘定を除いた。可変資本は、損益計算上の当期の従業員給与と従業員賞与と福利厚生費の合計 (単なる当期の支出合計で年回転数は考慮していない) とする。このなかには臨時・パート・派遣職員の人件費も含まれている。また、従業員給与・賞与は売上原価 (製造原価) の労務費と販管費に属する従業員給与の合計額として統計上集計されている。以上が近似値としての総資本 (C+V) の推計方法である[13]。

次に総剰余価値Mについて推計する。総剰余価値は、統計上の「付加価値」から「従業員給与・賞与」と「福利厚生費」を控除した値とする。図表1-3で点線の両矢印で示している部分であり損益計算上の粗利益に相当する。営業利益はこの粗利益から役員給与・賞与、動産・不動産賃借料、租税公課を控除した値であり、営業純益はこの営業利益から支払利息 (手形割引料含む) を控除すると認識される。これら営業利益、営業純益の値は統計上で算出されている。

以上の総資本 (C+V) と総剰余価値Mの推計から、一般的利潤率M/

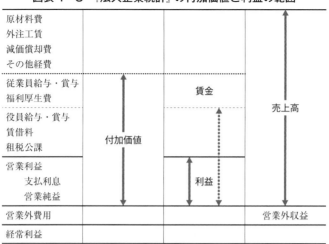

図表 1-3 『法人企業統計』の付加価値と利益の範囲

(注) 減価償却費、その他経費、従業員給与・賞与は売上原価と販管費それぞれの計数を統合している。
(資料) 財務省『法人企業統計調査』より作成。

(C+V) が推計される。ここで、総剰余価値は粗利益、営業利益、営業純益という3つの利潤の形態をとるのに応じて、利潤率は総資本粗利益率、総資本営業利益率、総資本営業純益率の3つが算出される。利子率の傾向的低下を分析する観点からは、総資本粗利益率ではなく総資本営業利益率を一般的利潤率の指標として位置づけることにする。支払利息は営業利益から控除されるからである〔図表1-3〕。以上で推計した総資本の構成部分、つまり不変資本C・可変資本V、そして総剰余価値Mからさらに、一般的利潤率を規定する諸契機として資本構成 (C/V)、剰余価値率 (M/V) が推計される[14]。

2 一般的利潤率の傾向的低下

ここで一般的利潤率の動向について考察する。図表1-4に前項で示した方法で推計した剰余価値率と一般的利潤率を表した。一般的利潤率は大きな趨勢として産業循環の好況局面では上昇し、不況局面では下落するという動

図表1-4　剰余価値率・一般的利潤率・資本の技術的構成・価値構成の推移

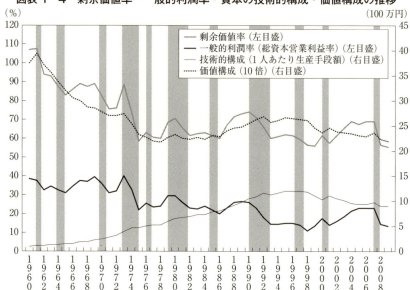

(注) 資本の技術的構成としての1人あたり生産手段額＝(棚卸資産額＋有形固定資産額)／期中平均従業員数の単位は100万円。資本の価値構成の単位はなし。横軸は年度を表す。以下、下記資料から作図したグラフの横軸は年度を示す。影の部分は内閣府調査の景気動向指数から判定される景気基準日付における後退期であり、影のない部分はその拡張期である。
(資料) 財務省『法人企業統計調査』より作成。

きを反復しながら傾向的に低落してきたことが確認できる。

次に図表1-5にみられるように、1960年度から09年度までの50年間を10年ごとに時期区分し、それぞれの時期における剰余価値率と利潤率の平均値を算出した。一般的利潤率としての総資本営業利益率の平均値の推移は、順に①13.3％→②11.1％（前期比増減率▲16.6％）→③9.1％（同▲180％）→④6.2％（同▲31.9％）→⑤6.9％（同＋11.3％）となり、1960年代から90年代までは漸減しほぼ半減するまでにいたっている。剰余価値率の推移は、①92.5％→②71.0％→③65.7％→④62.9％→⑤63.2％であり、60年代から80年代にかけては大幅な低下があったが、80年代から90年代にかけては微減、2000年代には微増となり80年代以降はそれ以前に比べると大きな変化がないことが読みとれる。ここでは60年代から90年代までの平均

図表1-5　10年ごとにおける各指標の平均値（1960年度～2009年度）

	①1960～1969	②1970～1979	③1980～1989	④1990～1999	⑤2000～2009
1. 剰余価値率	92.5	71.0	65.7	62.9	63.2
2. 総資本粗利益率	21.3	20.3	19.7	17.4	19.0
3. 総資本営業利益率	13.3	11.1	9.1	6.2	6.9
4. 借入金利子率	8.8	8.4	6.9	4.2	2.1
5. 総資本営業純益率	6.2	3.6	2.6	1.8	5.0
6. 総資本	32,898,946	150,758,578	350,137,823	596,426,560	554,356,966
7. 不変資本	25,012,465	106,261,533	245,185,583	431,131,757	388,061,206
8. 可変資本	7,886,481	44,497,045	104,952,240	165,294,804	166,295,760
9. 資本の技術的構成	1.47	4.28	7.8	11.5	9.84
10. 資本の価値構成	3.35	2.48	2.32	2.61	2.33
11. 売上高	92,107,536	437,742,742	1,032,738,191	1,441,141,769	1,438,601,753
12. 売上高－付加価値	77,115,277	362,990,038	858,550,119	1,172,299,444	1,167,184,208
13. 付加価値	14,992,258	74,752,704	174,188,072	268,842,325	271,417,545
14. 剰余価値（粗利益）	7,105,777	30,255,659	69,235,833	103,547,521	105,121,785
15. 営業利益	4,416,743	16,099,897	31,791,998	36,214,015	38,289,443
16. 借入金利子	2,372,064	11,302,212	22,240,821	25,697,661	10,701,555
17. 営業純益	2,044,678	4,797,685	9,551,178	10,516,354	27,587,888
18. 借入金	29,485,625	142,596,792	350,215,972	624,950,242	511,155,564
19. 借入金／総資本（借入金依存度）	89.6	94.6	100.0	104.8	92.2

(注)①～⑤の時期区分は10年度単位。剰余価値率、各利益率、借入金／総資本（借入金依存度）の単位は％、技術的構成、資本の価値構成、可変資本以外の計数は100万円。『法人企業統計調査』（年次別調査）は標本調査であり、また標本抽出のしかたは時期により変遷してきている。ただし資本金10億円以上は全数調査である。各指標の絶対量をみる場合にはこの点に注意しなければならない。
(資料) 図表1-4に同じ。

値においては、一般的利潤率は進行的、累進的に低下してきたこと、そして2000年代以降は、剰余価値率と一般的利潤率はともに反転して上昇していることに注意しておきたい。

3 利潤率の傾向的低下の諸契機

次に一般的利潤率の傾向的低下の要因について考察する。そこでまず一般的利潤率の傾向的低下法則の内容について確認する。それは次の3点からなる。①労働の社会的生産力の発展は資本の有機的構成の高度化の直接

的結果としての一般的利潤率の漸次的低下あるいは進行的低下をもたらす。②一般的利潤率の低下には利潤量の増大がともなう。③利潤率の低下は累進的ではなく傾向的である[15]。この3点は次のような関連がある。社会的生産力の発展をともなう資本の蓄積過程は、①有機的構成の高度化による利潤率低下という蓄積にとってのひとつの制限を生み出す。②しかしその過程は、同時に利潤率低下を上回るテンポでの蓄積、すなわち加速的蓄積の過程である。この前貸資本量の増大により剰余価値量（利潤量）の増大を可能にすることで①の制限を資本は克服しうるし、しなくてはならない（二重性格の法則）。③一方で、有機的構成の高度化をもたらすような社会的生産力を増大させる方法は、剰余価値（剰余生産物）生産の増大方法であり、剰余価値率の上昇がそれに照応する。これは加速的蓄積を可能にする一条件である。さらにこの方法は、個別の商品価値の低下を通じた不変資本と可変資本の減価をもたらすことによって、利潤率上昇の一要因となる。また既存資本の減価（資本価値の喪失）によって利潤率低下を緩慢化する。さらに生産力の発展は使用価値の量と多様性を増大させ、追加資本の素材的要素を増大させ、資本の拡大再生産の規模を担保することで剰余価値量を増大させる。利潤率はその直接的な契機として、不変資本価値量、可変資本価値量、剰余価値量、資本の価値構成、剰余価値率（可変資本の回転を考慮する場合には年剰余価値率）とによって規制されるが、上記のように、利潤率を増減させるそれぞれの諸契機が生産力の発展が進行する下では同時に対立的に作用しあうことで進行的ではない傾向的な利潤率低下という運動を引き起こす。次式の展開により、利潤率は剰余価値率には比例し、資本の価値構成の高度化には反比例することが確認される。$P'=M/(C+V)=V/(C+V)\cdot M/V=1/(C/V+1)\cdot M/V$

以上の法則の理解に立ち分析を進める[16]。まず利潤率の傾向的低下は、資本蓄積の進行とともに生じる生産力の発展によって資本の有機的構成の高度化が生じることの結果であり、その起点は資本の技術的構成の高度化にある。資本主義的生産においては技術的構成は高度化の方向へ進む。特別剰余価値（超過利潤）の生産が強制され、追求されることによって資本蓄積は労

働生産性の上昇を必然的にともなうからである。技術的構成の高度化は、一定の強度の労働が同じ時間において生み出す生産物の量が増大すること、したがってそれに転化する生産手段量の増大（労働生産性上昇）において現れる。つまり労働一単位に対して、その時々の技術革新の成果を応用し生産能力の高まった機械設備などの労働手段とそれによってますます必要となる原材料などの労働対象とがより多く配分されていく。労働生産性上昇の作用はこれだけではないが、技術的構成を高度化する労働生産性の上昇はこのようなありかたである[17]。

　先にみた図表1-4で、技術的構成の指標として1人あたり生産手段額（算出方法は同図の注参照）の推移を示している。理論上の技術的構成は使用価値量ベースであり、指数化された全産業の物量ベースでみるのが相応しいが、『法人企業統計』の価格ベースのデータを加工し近似値として用いている。これをみると1人あたり生産手段額は1960年度から96年度までほぼ一貫して増大してきた。すなわち技術的構成は継続的に高度化してきた。しかし、97年度以降はそれが低下基調に転じた。09年度の値は88年度（11年まえ）の水準まで低下している。生産手段額そのものの平均値の推移をみても図表1-5の7にみられるように、90年代までは加速的に増大してきており生産手段への追加投資が持続してきたと読みとれるが、2000年代は前期の431兆円から388兆円と大幅に減少（▲10%）している。この技術的構成の低下は、基本的には生産的資本の形態での蓄積が停滞し生産手段量が減少することによって生じているとみることができる[18]。この技術的構成の低下傾向への転換は戦後日本経済に出現した初の歴史的事態である。

　以上において利潤率の傾向的低下の要因となる社会的総資本の技術的構成の高度化は1960年代から90年代中頃までは進行してきたことが確認できた。また、90年代後半以降についてはそれが低下傾向に転じていることがわかった。原因は生産手段量の減少である。そして、これ自体は資本の有機的構成の低下を通じて利潤率の上昇要因になる。

　次に、資本の価値構成の高度化について考察する。資本の技術的構成は資本の価値構成を近似的に規制する[19]。マルクスは資本の技術的構成の変化を

反映する限りでの資本の価値構成を資本の有機的構成と規定しているが、このことは、資本の価値構成の変化は、技術的構成の変化を規定する要因とは別に、独自の諸要素を含んでいる、ということである。図表1-4で、資本の価値構成（C/V）の推移を近似値として示した。1962年度から78年度にかけて（73年度を除く）、技術的構成は持続的に高度化しているにも関わらず、資本の価値構成は急落した。その要因について考察する。図表1-6に従業員名目・実質賃金（可変資本）と生産手段額（不変資本）の前年比増加率、インフレ率（消費者物価指数の前年比増加率）を示した。同期間に従業員名目賃金の増加率が生産手段額の増加率を上回り続けた（73年度除く）ことが確認される。これは第1に、高度成長にともなったインフレ（60年～72年の年率平均5.6%）とそのテンポを大幅に上回る猛烈な名目賃金および実質賃金の上昇が73年度まで持続したことによる。第2に、73年度から77年度まで猛烈なインフレ率（73年～77年の年率平均12.8%）が名目賃金を引き上げたことによる。他方でこの間の実質賃金の伸び率は急落した。これらにより不変資本の価値増大よりも速く可変資本の価値増大が進んだ。

　このように急増する名目賃金に対して、高インフレの進展は、過去に蓄積されてきた有形固定資産価値の価格上の相対的減少をもたらした。有形固定資産額は簿価で計上するので、インフレ下では実質的に債務が切り捨てられるのと同様に、資産が過小評価されるからである。これにより不変資本の増加率は低く抑えられることになる。以上の特殊な2要因、つまり名目賃金の急騰、固定資産価値の過小評価によって、技術的構成が高度化しているにも関わらず統計上の資本の価値構成は急落するという事態が1960年代および70年代におきたと考えられる。これは利潤率に対しては上昇要因として直接に働く。

　そして、以上にみた名目賃金の急騰は剰余価値率（M/V）の急落をもたらした。この時期の利潤率は剰余価値率の傾向的低下に規制される形で低下したが、同時に価値構成の急落が利潤率の急落を緩和する形で作用してきたことが図表1-4から読みとれる。これらは、高度成長＝強蓄積に起因するインフレの進展[20]と賃金急騰が産業循環上にみられる一時的現象ではなくこ

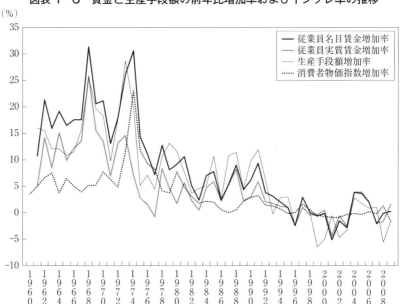

図表1-6 賃金と生産手段額の前年比増加率およびインフレ率の推移

(注) 従業員実質賃金増加率は、従業員名目賃金増加率から消費者物価指数前年比増加率を控除して算出した。
ただし、消費者物価指数 (2005年=100) は暦年単位のデータを使用している。
(資料) 同上資料および総務省『消費者物価指数』より作成。

の時期の特徴として現れたことによる。この賃金急騰は、生産力上昇にともなって労働力が排出される一方、生産規模拡大による労働力の吸引がそれを上回ることで生じた労働力に対する需給の逼迫にもとづくものと考えられる。

次に1970年代末以降は、技術的構成と資本の価値構成は並行して推移していることが確認できる〔図表1-4〕。79年度から92年度の間は資本構成は高度化し続けた。80年代以降は高インフレ、賃金急騰の終息過程であり〔図表1-6〕、これにより資本構成の高度化は、技術的構成の高度化をストレートに反映するようになった。資本の有機的構成の高度化である。この期間では、剰余価値率はその急落傾向が横ばい基調に転じたうえで、利潤率の傾向的低下がみられた。それはまさしく資本の有機的構成高度化の直接的な結果

である。

　次に1990年代以降についてみる。93年度から資本の価値構成はほぼ横ばいとなり99年度からは再び低下基調に転じている〔図表1-4〕。ここでは引き続き、価値構成は技術的構成と並行して推移している。資本の有機的構成の高度化の反転である。価値構成の低下のテンポは60年代〜70年代と比較するとかなり緩やかである。この資本構成の低下は、先にみた社会的総資本（生産的資本）の蓄積の停滞による技術的構成の低下（生産手段額・不変資本の価値量減少）を直接に反映している。90年代の利潤率の傾向的低下は、有機構成の高度化や剰余価値率の低下によるものではない。図表1-9にみられるように90年代初頭から2000年代序盤にかけては売上高が低落するとともに、営業利益の急落がおきている。つまり、この戦後初めてみられた売上高の低落、したがって実現される剰余価値量の減少を原因とする利潤率の低下が生じていた。

　以上、一般的利潤率の傾向的低下の諸要因について考察した。多少のズレはあるがわかりやすく次の3つの時期区分、①1960年代〜70年代、②1980年代、③1990年代にしたがって整理する。そのうち、技術的構成の高度化が進展した時期は主に1960年代〜80年代であったが、①60年代〜70年代は高インフレ下の名目賃金の持続的急騰を主因とする資本の価値構成の低下と剰余価値率の急落が生じ、後者の剰余価値率の低下が利潤率の傾向的低下をもたらした。②80年代に入ると高インフレと名目賃金の持続的急騰は終息し、有機的構成の高度化が直接に利潤率の傾向的低下をもたらした。③90年代には、有機的構成高度化の反転が生じ、資本構成高度化や剰余価値率の低下ではなく、売上高の低落に起因する剰余価値量の低下が利潤率の傾向的低下を引き起こした。このように60年代から90年代まで利潤率は長期に亘って傾向的に低下してきたが、その諸契機は時代により入れ替わってきた。しかし、それらはいずれも生産力の発展に結びついており、また、その作用としての相対的過剰人口の吸引・排出（賃金変動）、恐慌の問題と関連している。

　これまで利子率の傾向的低下の要因を明らかにする観点から一般的利潤率

の低下の観測とその諸要因を考察してきたところであるが、1960年代から90年代にかけての利子率の傾向的低下については、一般的利潤率の低下によるものであり、生産的資本の動向、つまり先に示した生産力の無制限的な発展が引き起こす利潤率の傾向的低下の諸契機の運動に起因するものであることを強調しておきたい。

第2節 利子率の傾向的低下

1 利子率の傾向的低下

　この節では、一般的利潤率の傾向的低下による利子率の傾向的低下そのものを観察する。利子は利子生み資本が生産的資本として機能することで生みだされる平均利潤、そして究極的には剰余価値の一部分である[21]。したがって、機能資本家が貨幣資本家に支払う利子は平均利潤そのものの範囲内で支払われる。平均利潤を超える利子の支払いが継続するならば機能資本家は借り手にならないし、また利子がゼロであれば貨幣資本家は誰も貸し手にはならないからである。ここでも当然、利潤原理が貫徹する[22]。したがって、一般的利潤率が低下すれば利子率の最高限界も低下し利子率は低下する[23]。

　図表1-7は、一般的利潤率と利子率の推移を示している。利子率は、企業の借入金利子率、国内銀行貸出約定平均金利を示した。借入金利子率は『法人企業統計』において次式によって算出されている。支払利息／（短期・長期借入金＋社債＋受取手形割引残高〔期首・期末平均〕）×100。借入金利子率の分子は支払利息、分母が借入金、国内銀行貸出約定平均金利の分子は受取利息、分母が貸出金となる。また、前者は機能資本家（企業）からみた利子率であり、後者は貨幣資本家（媒介者としての国内銀行）からみた利子率とみることもできる。

　これらの利子率はほぼ連動しながら1960年代から傾向的に低下していることが観察される。そしてこれらの変動は一般的利潤率によって与えられた

図表1-7 一般的利潤率と利子率の推移

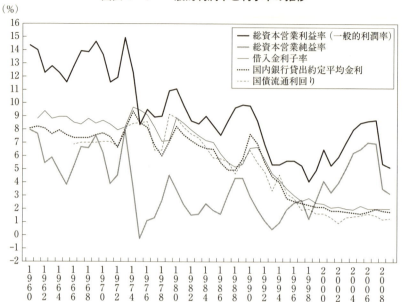

(注) 借入金利子率は『法人企業統計』上の全産業全規模（金融・保険除く）の企業の借入金に対する利子率である。国内銀行貸出約定平均金利と参考として示した国債流通利回りの算出方式は図表1-2の注に記している。ただし、両者については暦年単位の値である。
(資料) 財務省『法人企業統計調査』より作成。

振幅のなかで生じていることも確認できる。利子率は当然、一般的利潤率よりも恒常的に低くなっている。しかし、一般的利潤率と利子率との乖離幅は、年代や景気循環上の局面によって異なる。営業利益の支払利息への分割比率（利子分割率）は、その時々の借入金依存度と借入金利子率に規制される。60年代において一般的利潤率と利子率との乖離幅が大きいのは（利潤率に対する利子率の下方乖離）、借入金依存度が他の年代と比べると相対的に低い段階だったこと〔図表1-5の19、図表1-8〕、各種貸出金利の最高限を設定した「人為的」低金利政策によるものと考えられる[24]。

また利潤率と利子率は同じ方向を向くときもあれば対立するときもある。1973〜74年度、79〜80年度、89〜90年度では、利潤率は急落または停滞するなか利子率は急騰している。恐慌期に現れる特徴である。とくに75

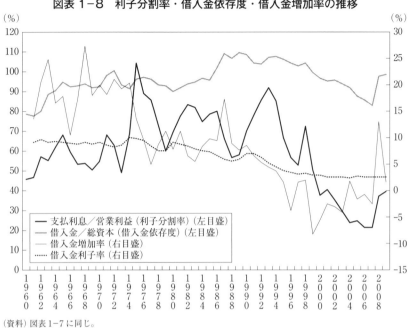

図表 1-8　利子分割率・借入金依存度・借入金増加率の推移

(資料) 図表 1-7 に同じ。

年度には支払利息が営業利益を上回ることで、一般的利潤率よりも借入金利子率の方が高くなる事態が生じ、総資本営業純益率はマイナスに陥った。営業純益は営業利益から支払利息を控除して得られるが、同年度に営業利益が大幅に減少する一方、銀行貸出約定平均金利が9％台に跳ね上がり支払利息が急増したためである〔図表1-7〕。それを受けて借入金依存度は数年に亘り下がっていく〔図表1-8〕。いわゆる「減量経営」といわれた時期である。

　以上、利子率は1960年代〜90年代まで利潤率の傾向的低下によって規制され傾向的に低下してきたことを観察した。次に、図表1-5によって、60年代以降10年ごとの借入金利子率の平均値〔図表1-5の4〕をみる。順に①8.8％→②8.4％（前期比増減率▲4.5％）→③6.9％（同▲17.9％）→④4.2％（同▲39.1％）→⑤2.1％（同▲50.0％）と累進的に低落している。60年代から90年代までにほぼ半減、2000年代にはほぼ4分の1にまで低下している。

一般的利潤率も前節でみたように、90年代まで累進的に低下してきた。総資本営業純益率の平均値〔図表1-5の5〕の推移は、①6.2%→②3.6%→③2.6%→④1.8%→⑤5.0%となっている。同利益率は60年代から90年代にかけて、借入金利子率を常に下回りつつ、一般的利潤率・利子率の傾向的低下に並行して低下してきた。

ここではまず、1960年代から90年代までの平均値においては、一般的利潤率と借入金利子率は累進的に低下していることをみておきたい。しかし、2000年代以降は剰余価値率や一般的利潤率が反転して増加しているなか、借入金利子率は低落し続け、それが総資産営業純益率を下回るという逆転現象がおきている。一般的利潤率は上昇しているのに、借入金利子率はほとんど上がらないので、営業純益率が猛烈な勢いで上昇している。そして、恐慌期においても全般的に利子率がほとんど上がらないという特異な状況になっている〔図表1-7〕。

2 利潤量と利子量の増大

1960年代から90年代にかけて、一般的利潤率と利子率は傾向的に低下してきた。その10年ごとの平均率においては両者ともに累進的に低落してきたことをみた。ここでは、一方で60年代から80年代にかけて利潤量と利子量は増大してきたことに着目する。図表1-9で、そのことが確認できる。利潤量や利子量が増大してきたのは、それぞれ総資本と借入金が増大してきたことによることも一目瞭然である。マルクスは低下法則の第2の内容として「一般的利潤率の低下には利潤量の増大がともなう」こと、つまりこの法則は「二重性格の法則」であること、そして、その条件として加速的蓄積による前貸資本量の増大がおきていることを強調している。利潤率の傾向的低下法則は同時に利潤量の傾向的増大の法則であり、前貸資本量の加速的増大の法則である[25]。また、利子率の傾向的低下は同時に利子量の増大であり、借入金の加速的増大をともなう。

すでに1960年代から80年代にかけての一般的利潤率・利子率の傾向的

図表 1-9　売上高・総資本・借入金・営業利益・支払利息の推移

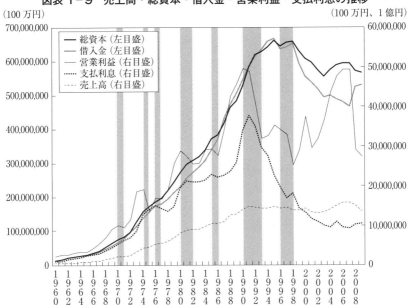

(注) 営業利益、支払利息の単位は 100 万円。売上高の単位は 1 億円。影の部分は、総資本が拡大するなかで利潤量が減少している時期を示している。
(資料) 図表 1-7 に同じ。

　低下の諸要因として、資本の技術的構成の高度化、つまり生産力の発展をともなう資本蓄積を基礎にした、可変資本価値（名目賃金）の急増による剰余価値率の低下（主に 60 年～70 年代）、有機的構成の高度化（主に 80 年代）が作用していたことを明らかにしたが、これらの利潤率・利子率低下の諸契機が運動するにはさらなる条件が実は必要だった。それは社会的総資本の加速的蓄積と貸出金の増大、その結果としての利潤量と利子量の増大、そしてさらにはそれらを販売によって実現することである。見方を変えていえば、この順調な剰余価値・利潤の実現なしには、先の諸契機による利潤率・利子率の傾向的低下はおこりえないのである。

　ところが、1990 年代についてみると、テンポは落ちながらも、資本量・借入金が増大しているなかで、利潤量・利子量が大幅に落ち込み続けた。実

現される剰余価値量の低下が生じることで、利潤率・利子率の低下が生じた。このことは前節でみた、売上高の低落に起因する利潤率の低下と照応している。その後、投下資本量および借入金の減少という事態が大幅かつ長期的に継続していく。投資・借入金を増大しても期待した収益が得られないならば、過剰資本部分は整理や輸出をしていくほかはない。この点と主に2000年代については、次節で詳説する。

第3節 1990年代中頃以降の利子率の低下

1 利潤率上昇と利子率の低位安定

これまで、1960年代から90年代までにかけての一般的利潤率と利子率の傾向的低下についてその諸契機の分析を行ってきた。しかし、90年代中頃以降では、資本の有機的構成の高度化は反転して、有機的構成は傾向的に低下し続け、2000年代以降では剰余価値率と一般的利潤率の傾向的上昇がおきていた〔図表1-4〕。ここではまず、その諸要因について考察する。

一般的利潤率にとって資本の有機的構成高度化の反転、剰余価値率の上昇は、その上昇要因となる。1990年代中頃以降、利潤率の低下を妨げ、反転させる諸契機としての運動が生じているとみることができる。つまり低下法則の第3の内容である利潤率低下の対抗要因（注15参照）が前面に現れてきたと考えられる。この時期に特徴的なのは、非正規雇用比率の増大による名目賃金の低下〔図表1-6〕および長時間労働など剰余価値率を高める労働条件の悪化が進んだこと、技術的構成そのものを低下させ資本の価値構成の低下をもたらす生産手段量の減少がおきたことである。これらにより利潤率上昇の条件が作られ、そのうえで景気の拡張期には利潤量が順調に拡大し80年代のバブル期並の水準にまでに達した。増収増益、利潤率と利潤量の同時的上昇傾向の達成である。

では、このような低落する一般的利潤率を反転する諸契機、つまり剰余価

値率の増大、有機的構成高度化の反転という利潤率上昇に繋がる諸契機の運動がなぜ生まれたのか。その要因について考察する。それは1990年代の利潤率の傾向的低下の諸要因のうちにある。すなわち、資本量・借入金が増大しているなかで、利潤量・利子量が大幅に落ち込み続けた事態である。これは売上高の低落に起因する利潤率の低下として現れた。これは、それ以前の利潤率の傾向的低下の諸契機、つまり80年代でいえば、生産力の発展過程でおきる加速的蓄積に起因する有機的構成高度化とは全く異なるものである。90年代では売上高の低落に起因する利潤率の低下と利潤量の低下が同時に何年にも亘り継続的に生じた。つまり投資を拡大しても利潤量が下がり、利潤率が低下する事態である。

　図表1-10では、1990年代において利潤率と利潤量の同時的低下が長期に亘り継続したことが確認できる。89年度から98年度まで利潤率が傾向的に低落する過程で、利潤量も91年度から98年度まで傾向的に大幅に低下した。テンポはかなり落ちながらも社会的総資本と借入金の増大傾向は98年度まで続き、99年度からその反転・急落が始まった〔図表1-9〕。利潤率も利潤量も同時に低下するという事態は過去の景気後退期にもおきている現象であるが、それがほぼ10年の間、持続するのは初めての事態である。利潤率も利潤量も低落し蓄積が阻害された諸資本は、自身が生産の制限になっているのであり、資本・商品価値の過剰部分を整理するほかない。

　これにより2000年代には生産手段・雇用・賃金・借入金の整理が大胆に進み始め、有機的構成高度化の反転、剰余価値率の上昇がおこり、強力な利潤率の反転・上昇の条件が整えられた。それにより08年のリーマンショックまで、利潤率と利潤量の長期的拡大が持続した。しかしその間、資本の有機的構成の高度化は、景気の後退期直前に若干進行したが、基本的には反転し続けた。これも第14循環の特徴であり現代資本主義の新たな特質と考えられる。

　以上、2000年代以降、一般的利潤率の上昇をもたらした諸契機を明らかにした。ところで、同時期における利子率は、過去最低の水準で推移し続けた〔図表1-7〕。一般的利潤率が上昇しても、したがって利子率の上限が拡

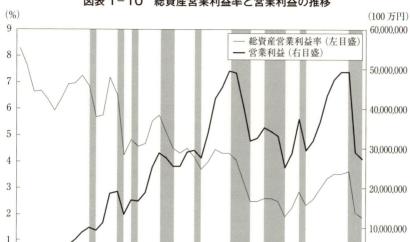

図表1-10　総資産営業利益率と営業利益の推移

(注)このグラフでは総資産営業利益率を示した。分母の総資産には棚卸資産や有形固定資産など営業資産のほかに金融資産が含まれる。本章で定義した総資本営業利益率(一般的利潤率)の総資本は不変資本と可変資本との合計であるが、総資産には可変資本は含まれていない。この総資産営業利益率においても、その傾向的低下が確認できる。影の部分は、利潤率と利潤量が同時に低下している時期を示す。
(資料)図表1-7に同じ。

大しても、上限に向かって利子率が上昇するということがおきていない。その特異な状況を示しているのが、利子率を上回る総資本営業純益率の推移である〔図表1-7〕。一般的利潤率が急増しているのに利子率は上がらないので営業純益率が跳ね上がっている。これまで、総資産営業純益率は常に利子率よりも低い水準で推移してきたが、その状況が逆転した。一般的利潤率に左右されない利子率の低位安定の到来である。

2 貨幣資本の蓄積と貨幣資本需給の緩和

「はじめに」でみたように、マルクスは「利子率が利潤率の変動にはかか

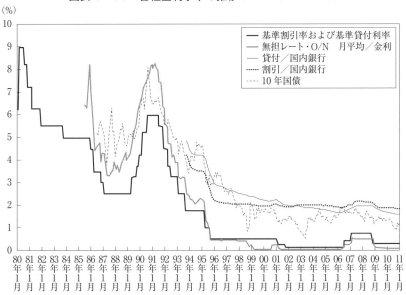

図表 1-11 各種金利水準の推移（1980年～2011年）

(注) 10年国債の利回りは各月末の値。国内銀行の貸出金利は月中の平均値。
(資料) 日本銀行『金融経済統計月報』より作成。

わりなしに低落する傾向」について指摘していた。図表 1-11 で政策金利[26]を含む各種金利の推移を示した。銀行の貸付金利は 2002 年から、長期金利は 97 年からほぼ 1％台で推移し低位安定している。ここでこの異常な低金利持続の条件としての貨幣市場における需給緩和をみていく。時々の市場利子率を決めるものは、貨幣市場での利子生み資本（貨幣資本〔monied capital〕[27]）に対する需給関係である。ここでは利子生み資本は、再生産過程の様々な源泉から銀行制度のもとに集まってきて、そこで運用を待つ貨幣資本という規定性を受けとっている[28]。90 年代中頃以降、貨幣資本に対する借入需要が減少基調である一方、運用を待つ貨幣資本は増大基調となっている。

まず、借入需要の動向をみる。図表 1-12 で、資本蓄積の絶対額の推移について示した。借入金は 1999 年度から 07 年度まで前年比で下回り続けた（04 年度除く）。この減少は 99 年度からの社会的総資本（現実資本）の減少に対

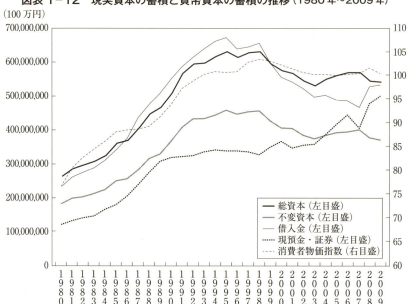

図表1-12 現実資本の蓄積と貨幣資本の蓄積の推移（1980年～2009年）

(注) 現預金・証券は本章で対象にしている『法人企業統計』上の企業が保有している残高であり、証券は株式・公社債・その他の合計である。消費者物価指数（2005年＝100）は暦年単位。
(資料) 財務省『法人企業統計』および総務省『消費者物価指数』より作成。

応しているとみられるが、総資本が増加に転じた04年度から07年度の期間においても減少が続いた。90年代末から社会的総資本の蓄積の停滞以降、借入金の整理が持続的に行われてきた。この点は図表1-8の借入金依存度の持続的低下にも現れている。

　次に、利子生み資本として運用される供給要因としての貨幣資本についてみる。図表1-12で企業が保有する現預金・証券は、1999年度から急速な増大基調に転じたことがみられる。この間に現実資本の整理が進んだが、一方で貨幣形態での蓄積が進んだ。04年度からは再び総資本が増大に転じたものの、まだ貨幣資本の蓄積の方がテンポが速かった。つまり借入金は、総資本が増大する局面においてさえ99年度から07年度までほぼ一貫して減少したのに対し、現預金・証券の保有量はほぼ一貫して増大した。この期間

についてみると社会的総資本は、基本的に貨幣資本の需要者ではなく供給者に転じている。これはいわば貨幣資本の過剰の常態化ともいうべき新たな事態である。これが貨幣市場における極度の需給緩和を招き、異常な低金利水準の持続の原因となっていると考えられる[29]。

　ところで、この利子率の低位安定については、金融政策のみで説明される場合が多い[30]。しかし、それは低下要因の一部をなすものである。政策金利は貨幣の供給要因に働きかけているのであり、貨幣資本の供給要因そのものではない。確かに、中央銀行は短期金融市場における限界的な供給者、需要者として振る舞い、そこでの金利水準を誘導することが可能である。しかし、0％台の金利に誘導しそれを長期的に維持する政策決定の根拠は実体経済の動向観察から得られるのであり、再生産過程の動向と関連する貨幣資本の需給関係（それには例えば実物投資と債券投資の間に裁定が働くこととも関連する）から多大な影響を受けているのである。また、社会的総資本が貨幣資本の供給者になっているもとで、ゼロ金利政策や量的緩和政策がマネーストックを増大させることなどに対し効力を発揮できないのは当然の帰結である。

　図表1-13で国内銀行の貸出金と預金残高の推移を示した。銀行側でも貸出金は1999年から05年にかけて急速なテンポで減少したのに対し、預金は同時期から急速なテンポで増加を続けていることが確認できる。それは99年度から始まった預貸率の低下と預証率の増大にも反映されている。しかし、利子生み資本概念を事実上否定し、再生産過程の問題をみない立場（預金の設定が貸出と同時であること、貸出の返済時点が預金の消滅となる点に大きな位置づけを与える立場）にあってはこの同じ事態を、貨幣資本の過剰からではなく、預金保護を前提した不良債権の直接償却などから説明することになる。

　以上において、「利子率が利潤率の変動にはかかわりなしに低落する傾向」について、貨幣資本の蓄積の動向との関連にもとづき明らかにした。前項で、売上高の低落による利潤率の傾向的低下を反転させる諸要因が生まれたことをみた。そのひとつは資本の有機的構成高度化を反転させる生産手段の減少であったが、そのことが利潤率回復の条件を作り出した一方で、借入金の整理、貨幣資本の形態での蓄積をもたらした。それが、90年代中頃以降

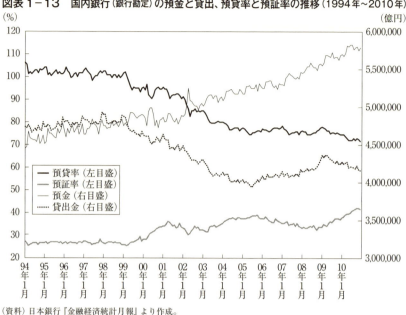

図表1-13　国内銀行(銀行勘定)の預金と貸出、預貸率と預証率の推移(1994年～2010年)

(資料)日本銀行『金融経済統計月報』より作成。

の利子率の低位安定の基本的条件となっている。

おわりに

　これまで、日本における約半世紀に亘る利子率の長期的低下の諸要因について考察してきた。利子は利潤の範疇であるという理論的認識の下、方法として一般的利潤率の傾向的低下の諸契機を分析することを軸にそれを行ってきた。1960年代～90年代においては、一般的利潤率の傾向的低下の諸契機、つまり生産力の発展過程における、名目賃金急増による剰余価値率低下(主に60～70年代)、有機的構成高度化(主に80年代)、生産力の発展の行きづまりとしての売上高の停滞・低落(主に90年代)が利潤率および利子率の傾

向的低下をもたらした。そして、主に2000年代以降においては、利子率が利潤率の変動には関わりなしに低落する傾向が生じ利子率の低位安定が続いている。その要因は次の点にあった。90年代に利潤率と利潤量の同時的低下が長く持続した結果、資本過剰・商品過剰の克服が問題となり、生産手段の減少による資本の有機的構成高度化の反転がおこり資本の価値構成の低下が生ずる一方、雇用条件悪化、賃金下落による剰余価値率の上昇がおきた。つまり利潤率と利潤量の上昇・拡大条件が作られた。そして同時に一方で、現実資本の整理の過程で生じた借入需要の減退と貨幣資本形態での資本蓄積が進行した。社会的総資本が貨幣資本の需要者から供給者へ転化している事態、基本的にはこれが貨幣市場における極度の需給緩和の要因となり歴史的に未曾有の低金利水準を、産業循環を超えてもたらしている。また、それを政策金利の誘導だけで説明するなら不十分な説明にとどまるのである。その金利政策の背後にある再生産過程の動向を分析するための理論的枠組みは、これまで参照してきたマルクスの利潤率の傾向的低下法則と利子生み資本論によってすでに与えられていた。

注

1 　同氏による分析の詳しい内容については次の文献を参照されたい。水野和夫「『利子率革命』と中産階級の危機」信用理論研究学会『信用理論研究』第31号、2013年、同『終わりなき危機――君はグローバリゼーションの真実を見たか』日本経済新聞社、2011年、共著『超マクロ展望――世界経済の真実』集英社、2010年、水野和夫『金融大崩壊「アメリカ金融帝国」の終焉』日本放送出版協会、2008年。

2 　新MEGA版第3部第1草稿（MEGA^{②} II/4.2『1864年―1865年草稿』）では、利潤率の傾向的低下法則は「資本主義的生産の進行における一般的利潤率の傾向的低下の法則」という表題をもつ第3章で展開されている。利子生み資本論は「利子と企業利得（産業利潤または商業利潤）への利潤の分裂。利子生み資本」という表題をもつ第5章で展開されている。同書からの引用には、ページ数を「第1草稿, S.～」と記す。

3 　関根猪一郎「『資本論』第3部第5篇研究の到達点――浜野俊一郎・深町郁彌

編『資本論体系 6 利子・信用』(有斐閣刊)によせて」『社会科学論集』第 51 号、1986 年、264 ～ 267 ページ。

4 そもそも利子生み資本の範疇そのものが正確に理解されてこなかった。川合一郎、藤塚知義、宇野弘蔵各氏の所説への批判として次の文献を掲げる。三宅義夫『貨幣信用論研究』未来社、1956 年、259 ～ 354 ページ。

5 谷野勝明「利潤率の傾向的低下法則の論定をめぐる論争 (1)」、都留康「同 (2)」(本間要一郎・富塚良三編『資本論体系』第 5 巻、有斐閣、1994 年)、473 ～ 515 ページ、松橋透「『収益性危機』と『利潤率の傾向的低下法則』——マルクス・ルネサンスにおける『法則』の論証と実証をめぐる論争」同上書、515 ～ 529 ページ。「低下法則」を長期的なものとして認めても恐慌との関連を切断して捉えてきた通説に対して、草稿研究により、第 1 草稿第 3 章全体の論理の流れからマルクスの課題設定を明らかにしたうえで低下法則と恐慌との関係を考察し、恐慌に対する的確な現実分析の可能性を新たに開拓した成果として次の文献を掲げる。前畑憲子「利潤率の傾向的低下法則と恐慌——『資本論』第 3 部第 15 章の主題との関連で」(大谷禎之介編『21 世紀とマルクス——資本システム批判の方法と理論』桜井書店、2007 年)、105 ～ 127 ページ。

6 大橋英五『経営分析』大月書店、2005 年、31 ページ、同『現代企業と経営分析』大月書店、1994 年、25 ページ、同「収益と費用」(成田修身ほか『企業分析と会計』(現代と会計 5) 学文社、1981 年)、90 ～ 133 ページ。

7 その成果として小西一雄の研究があげられる。同氏は、財務省『法人企業統計調査』のデータを加工・分析し、利潤率の傾向的低下を所与のものとして実証的に確定し、マルクスの理論的見地からそのメカニズムの解明と戦後日本の資本蓄積の動向についての分析を行った (「利潤率の傾向的低下と日本経済」『立教経済学研究』第 66 巻第 4 号、2013 年)。また同氏の「一般的利潤率の傾向的低下の法則と『置塩の定理』」(同上誌、第 51 巻第 4 号、1998 年) は低下法則を論証問題として捉える議論に対する批判としての意味をもつ。

8 念のため付言すれば、この認識自体もマルクスの発見によるものではなく彼が先学 (マッシー、ラムジ、古典派経済学者) から引き継いだものである。また、彼は現行版第 3 部 5 篇第 36 章 (第 1 草稿第 5 章 6) 先ブルジョア的なもの) で、利子生み資本や利子は資本主義以前よりずっとまえから存在するが、資本主義において発達した信用制度と不可分なものとして新たな形態規定を受けとり生産的資本の運動に従属するようになったことを論じることで、この篇の考察対象が近代的利子生み資本と利子であることを強調していることにも注意が払われるべきである。

9 第 1 草稿, S.433 (大谷禎之介「『利潤の分割』(『資本論』第 3 部第 22 章) の草稿について」『経済志林』第 56 巻第 4 号、1988 年、10 ページ。同論文収録の同氏による草稿からの邦訳)。

10 　第1草稿，S.434（同上論文、15ページ。同じく同氏による草稿からの邦訳）。傍点は引用者。

11 　マルクスは叙述において、利潤が商業利潤や利子などの範疇に分割されていくまえに意識的に利潤率の傾向的低下法則を展開し、剰余価値の範疇に対してこの法則が一般性をもつことを強調している。「利潤がいろいろな互いに独立化された範疇に分かれることを述べる前にこの法則を述べるのは、わざとそうしているのである。利潤がいろいろな部分に分かれてそれぞれ別々の部類の人々の手に入ることとは無関係にこの法則が述べられるということは、はじめから、この法則がその一般性にあっては利潤の分裂や利子などのような分化した利潤範疇の相互関係には関わりのないものだということを示しているのである。我々はここで利潤といっているものは、ただ剰余価値そのものの別の名前でしかないのであって、ただ、この剰余価値がその源泉である可変資本にたいする関係においてではなく総資本にたいする関係において示されているだけである。だから、利潤率の低下は、前貸し総資本にたいする剰余価値そのものの割合の低下を表しているのであり、したがってまたこの剰余価値がいろいろな範疇にどのように分かれようともそれにはかかわりはないのである。」（第1草稿，S.288、K.Ⅲ，S.224～225）。「一般的利潤率には、当然、一般的利子率が対応する。」（MEGA^{②}Ⅱ/3.5『1861年―1863年草稿』（『マルクス資本論草稿集』第7巻、大月書店、1982年）、S.1460）。

12 　しかし、これまで真摯に行われてきた、より精密な推計のための研究の意義や論争の価値を否定するものではない。ここで行う推計も今後、より精緻化を図っていかなければならないことは言を俟たない。

13 　マルクスによる「充用された資本と消費された資本」との区別（マルクス『資本論』1872年（邦訳書、大月書店、1982年）第1巻、S.635、以下、現行版『資本論』からの引用は、同邦訳書から行い、ページはK.Ⅰ，S.～のように記す）は、有形固定資産と減価償却費、棚卸資産と原材料費、つまりストックとフローの区別に対応するものと考えている。本章では総資本のうち不変資本部分の推計をストックベースで行っている。また統計上の賃金（フロー）はnVである。V（=nV/n）を求めるにはn（回転数）を推計しなければならないが、本章ではこれを行っていない。したがって、本章で算出する剰余価値率では、その計数は当然小さくなる。また、統計上から捉える剰余価値についても生産された剰余価値ではなく実現された剰余価値である。上記nの推計方法については、戸田慎太郎『現代資本主義論』大月書店、1976年、105～115ページを参照されたい。

14 　マルクスは「一般的利潤率は、簡単明瞭な確定した事実として現れることが、利子率よりもはるかにより少ない」こと、「数年の間はある諸面では利潤率がより高く、次の何年かはより低い」ので、「数年を総括して、(略)平均すれば平均利潤が出てくる」こと、「貸し主が資本家に要求するものは、一般的利潤率（平

均）を基準にして計算されており、それからの彼の個人的な偏差ではなく、平均がここでは前提になる」ことを指摘している（MEGA② II/3.5『1861年―1863年草稿』（『マルクス資本論草稿集』第7巻、大月書店、1982年）、S.1461、傍点はマルクス）。このような一般的利潤率のありかたと利子率との関係を踏まえれば、利潤率を年度ごとに過去数年の平均値を計算して繋ぐ移動平均でみるのがより相応しいとも思われる。しかし、そのようにすると利潤率は滑らかな曲線に変形され、景気循環のなかにおける上下運動が消えることになる。とくに産業循環との関係では利潤率の微細な動きが重要となり四半期別調査の計数をみることが必須ともなる。本章では産業循環を意識し、各年度の計数にもとづいて一般的利潤率の推計値を算出し、利子率についても年度単位で考察を進める。

15 　利潤率が累進的ではなく「傾向的」に低下する理由は、生産力の発展が利潤率の低下をもたらすと同時に、それに反対する諸要因、またはその低下を緩和する諸要因も同時に生み出すことである。マルクスは次のような利潤率低下への対抗要素をあげている。1）剰余価値率の上昇、2）労働力の価値以下への労賃の引き下げ、3）不変資本の諸要素の低廉化、4）相対的過剰人口の増大による低位構成産業の温存と新たな創設、5）貿易による不変資本と可変資本の諸要素の低廉化、6）鉄道などの高位構成産業（巨大装置産業）は平均利潤率の形成に参加できない。これらの諸要素は、①剰余価値率の上昇〔1）、2）、5）〕、②有機的構成の高度化への反対要因〔3）、4）、5）、6）〕に分類できる（貿易は不変資本に対しては②、可変資本に対しては①に作用する）。この2つの点は生産力の発展によって同時並行的におこりうる。しかし、これらがもたらす利潤率の上昇がまた蓄積を促すことによって生産力の発展の原因となる。そして同時にそのことがまた有機的構成高度化を通じて利潤率の低下をもたらす（第1草稿、S.301～309／K. III, S.242～250）。

16 　この法則の3つの内容の詳細については、前畑、前掲論文（注5）、106～109ページを参照されたい。

17 　「労働は、労働によって消費される生産手段の価値を生産物に移す。他方、与えられた労働量によって動かされる生産手段の価値も量も、労働の生産性が上がるのに比例して増大する。だから、同じ労働量はいつでも同量の新価値をその生産物につけ加えるだけだとはいえ、その労働量が同時に生産物に移す古い資本価値は、労働の生産性が高くなるにつれて増大するのである。」（K. I, S. 632）。同じ労働量が取り扱う生産手段量の相対的増大は、生産性上昇の結果でもあり、条件でもある。例えば、機械の使用とともに同じ時間内により多くの原料が加工されるのは、生産性の上昇の結果であり、機械などの労働手段の増大は、生産性上昇の条件である。「条件であろうと結果であろうと、生産手段に合体される労働力に比べての生産手段の量的規模の増大は、労働の生産性の増大を表している。だから、労働の生産性の増加は、その労働量によって動かされる生産手段量に比

べての労働量の減少に、または労働過程の客体的諸要因に比べてのその主体的要因の大きさの減少に、現れるのである。」(K.Ⅰ, S.651)。機械設備などの導入による生産性の向上の条件は、追加資本によって、また更新投資によっても作られる。「追加資本は、特に、新しい発明や発見、一般に産業上の諸改良を利用するための媒体として役立つ。しかし、古い資本も、いつかはその全身を新しくする時期に達するのであって、そのときには古い皮を脱ぎ捨てると同時に技術的に改良された姿で生き返るのであり、その姿では前よりも多くの機械や原料を動かすのに前よりも少ない労働量で足りるようになるのである」(K.Ⅰ, S.657)。

18 　この事態の要因や意味については詳しい分析がさらに必要である。次のデータはこの事態の証左と考えられる。経済産業省『生産動態統計調査』の生産能力指数（2005年＝100、製造工業の生産能力が標準的な状態で生産可能な最大生産量。操業日数や設備・労働力の一定の基準を設定）は、97年の110.8から05年の100へと低下しており、この間の技術的構成の低下とほぼ重なる。また、輸送機械に分類される企業の海外売上高比率（現地法人売上高／総売上高）は、99年の2割程度から07年の4割程度まで増加し製造業全体の同比率の増大を牽引してきた（加藤涼ほか「グローバル化と日本経済の対応力」（日本銀行ワーキングペーパーシリーズ2013年）日本銀行、No.13-J-13、2013年、25～26ページ）。90年代以降、製造業は400万人以上の雇用を削減し、このほぼ同数が非製造業に吸収された。02年には製造業の雇用者数が非製造業を初めて下回る（同上論文、34ページ）。この点は注 **15** の4）と関連する。一方、耐久消費財の物価指数（97年＝100）は97年の100から11年の約50まで一方的に低下しており、この間の製造業の生産性上昇を前提しないと説明がつかない価格現象も同時に生じている。この製造業の生産力の発展を前提にして第三次産業の比重が高まるような産業構造の変化が進んでいると考えられる。

19 　技術的構成が不変の場合でも価値変動があれば価値構成は変動するし、技術的構成が変化しても、価値における反対の変化によって相殺されるならば価値構成は不変でありうるし、相殺しきれないならば反比例の動きをすることもありうる。現実には蓄積が進むと労働生産性の上昇がともなうのであるから、生産手段の価値は減価していく。したがって、技術的構成の高度化によって生産手段総量は増大するが、その増え方に対して価値量の増え方は漸増である。また生産性上昇によっておきる生活手段の価値低下は労働力価値の減価要因となる。しかし、それを打ち消すような生活水準向上による生活手段量の増大、つまり労働力価値の増加も起こりうる。さらに本章での価値構成は価格ベースで表した近似値であり、生産財・消費財・労働市場での需給関係の変動にもとづく価格変動、さらに外国為替相場の変動などの諸要素も加わる。

20 　高度成長期における強蓄積は「インフレ的資本蓄積方式」である。それを可能にした諸条件の整理・解明、とくに不換制の特質に依存した金融構造からの現実

分析については、久留間健「高度成長型金融構造の展開過程」（共著『日本資本主義と金融・証券』（講座今日の日本資本主義第6巻）大月書店、1982年）、59〜96ページを参照されたい。

21　マルクスの利子論は、K.Ⅲ.「第5篇利子と企業者利得（産業利潤または商業利潤）とへの利潤の分裂。利子生み資本」の第21章から第24章で展開されているが、現行版と第1草稿とでは内容上の相違はほとんどみられない。しかし、現行版では注に入るべき文章が本文上に採用されていたりして重複した内容の記述が随所にみられ、草稿を参照した方が、論旨をよりつかみやすいと思われる。草稿訳は以下にあげる大谷禎之介の諸論文に収録されている。「『利子生み資本』（『資本論』第3部第21章）の草稿について」『経済志林』第56巻第3号、1988年、「『利潤の分割』（『資本論』第3部第22章）の草稿について」同上誌、第56巻第4号、1989年、「『利子と企業者利得』（『資本論』第3部第23章）の草稿について」同上誌、第57巻第1号、1989年、「『資本関係の外面化』（『資本論』第3部第24章）の草稿について」同上誌、第57巻第2号、1989年。

22　「剰余価値の生産、すなわち利殖は、この生産様式の絶対的法則である。」（K.Ⅰ、S.647、傍点は引用者）。

23　「もし人が借用するものの使用に対して利子として支払うところのものが、それが作り出しうる利潤の一部であるとすれば、この利子はそれら利潤によって常に規制されるにちがいない。」（*An Essay on the Governing Causes of the Natural Rate of Interest; Wherein the Sentiments of Sir William Petty and Mr. Locke, on that Head, are considered,* London, 1750, p.49.（高浦忠彦「利益率と資本利益率について（1）」『立教経済学研究』第33巻第4号、1980年、135〜136ページ）の邦訳）。マッシーは匿名でこのように述べ、当時の通説であったロックの利子論、すなわち「利子率は流通している王国の全貨幣量に依存している」との主張に対して、それでは同一国の異時点における利子率の相違、同時点における各国におけるそれぞれに異なった利子率の存在が解明できないとして否定した。「このような批判を可能にした一般利潤率概念のマッシー理論体系における直接的な働きは、具体的利子率の基準——ある国の利子率がなぜ平均5パーセントであって15パーセントあるいは30パーセントではないのかという利子水準を規定しているということにある。変動する日常的具体的市場利子率にたいしての『利子の基準』として導入されたのである。換言すれば、一般的利潤率は、具体的市場利子率の落ちつくべき点を示すものではなくして、それの変動を許容する幅・範囲を与えるのである。」（三上隆三『近代利子論の成立——ジョーゼフ・マッシー研究』未来社、1969年、330〜331ページ、傍点は引用者）。「金利の最高限は利潤率だということになります。（略）一方金利の最低限は何かというと、現実には銀行の資金コストのように思われます。今日の日本のように銀行制度が発達した世の中では、銀行が金融市場の中心になっていますから、貸し手としての銀行が、

その利ざやを確保するため、資金コスト以下に金利を下げることを欲しないからです。」（吉野俊彦・中川幸次『金利の解説（新版）』日本経済新聞社、1975 年、21 ～ 23 ページ）。

24　歴史的にみれば、当時の利子率は今日の水準に比べて相当高い。しかし、貨幣市場における資金需給の実勢（図表 1-8 の借入金増加率を参照）と一般的利潤率の高さからすれば、利子率はもっと上昇可能であったと考えられる。「人為的」低金利政策はそれを低く抑制し、現実資本の高い蓄積率を実現、維持（総資本営業純益率の高位推移）する役割を果たしたといえる。当時のオーバー・ローン（銀行の恒常的与信超過とこれが主として日本銀行からの借入に依存している現象——金融制度調査会の定義）とこの「人為的」低金利政策とは一体であり、相互補完的関係にあった。詳しくは、久留間、前掲論文（注 **20**）を参照されたい。

25　「一般的利潤率の低下には利潤量の増大がともなう」という「二重性格の法則」は次の内容である。一般的利潤率の低下を引き起こすのは、生産力の発展であり、その発展のための諸方法は、資本主義的生産ではすべて剰余価値増大の方法となる。したがって同時に資本に転化する価値量の絶対的増大がおきる。さらに、生産力の発展は、同じ価値（労働量）で大量の使用価値を生み出す。そのなかには生産手段も含まれる。そして、量的に増大した生産手段と合体される追加労働力の増大によって増進された価値増殖が行われ、加速的蓄積が進展する。そしてまた、蓄積によって与えられる資本の集積そのものが、生産力増大の手段となる。このように、利潤率の低下をもたらすのと同じ原因である生産力の発展が同時に増大する生産手段とそれに結びつく追加的労働力と利潤量増大をもたらすことになる。この二重性格の法則が発現する条件としては、超過利潤をめぐる部門内競争による加速的蓄積の強制、それを可能にするそれぞれの個別資本の獲得しうる利潤量＝剰余価値量、さらにその剰余価値量を生産しうる各個別資本のもともとの前貸資本の大きさが必要となる。そして、この法則は次の命題と関連している。生産過程で取得された剰余価値量は、流通過程でその価値を実現しなければならない（前畑、前掲論文、107 ～ 114 ページ）。マルクスがこの法則を「二重性格の法則」とよんだ意味については、研究史上、正確な理解がなされてこなかった。

26　短期金融市場金利（無担保コールレート、オーバーナイト物）は中央銀行の金融調節によって直接にコントロールされるので政策金利としての役割を担う。短期金融市場の日々の資金過不足は公開市場操作などの金融調節手段によって調節されるが、これがない場合にはここでの市場金利はそもそもジェット・コースターのように乱高下することになる（東短リサーチ株式会社編『新・東京マネーマーケット』有斐閣、2002 年、44 ページ）。中央銀行は短期市場金利の安定のために不可欠な金融調節手段を利用して操作目標である 1 日から 3 ヶ月程度を満期とする金利に影響を与え、これを金融政策の出発点としている。日本銀行の金融調節とは、銀行券と財政資金という少なくとも短期的には外生的な要因にもとづ

く資金過不足の把握とそれに対する日本銀行の信用供与による準備預金の増減であり、日本銀行がこの資金過不足をどの程度相殺するかは、日本銀行の金利目標としてのシグナルとして作用し、日々の短期金融市場金利形成に大きな影響を与える（翁邦雄『金利の知識（新版）』（第 4 版）日本経済新聞社、1996 年、47 〜 49 ページ、日本銀行企画局「主要国の中央銀行における金融調節の枠組み」（日本銀行調査論文）2006 年 6 月）。このような政策金利のコントロールと不換制の特質との関連については、前畑雪彦「政策金利の成立メカニズムと今回の世界恐慌の変容形態—不換制下の貨幣恐慌の起動と防御の力学的構造と過剰生産恐慌」『桜美林エコノミックス』創刊号（通巻 57 号）、2010 年、同「オーバーナイト金利の成立メカニズム——白川方明理論批判」同上誌、第 3 号（通巻 59 号）、2012 年、同「オーバーナイト金利と需要供給——自然利子説批判・高橋勉氏への反批判」同上誌、第 4 号（通巻 60 号）、2013 年を参照されたい。なお現在、主要国中央銀行によって実施されている「量的緩和政策」によるその資産・負債の急膨張も潜在的な兌換請求権の膨張でない限りで可能となっている点では、不換制の特質と結びついた政策である。

27　利子生み資本概念と貨幣資本〔monied capital〕との関係については、大谷禎之介「『貨幣資本と現実資本』（『資本論』第 3 部第 30 〜 32 章）の草稿について——第 3 部第 1 稿の第 5 章から」『経済志林』第 64 巻第 4 号、1997 年、59 〜 74 ページを参照されたい。第 3 部第 1 草稿第 5 章の課題と方法、構成、内容の研究と邦訳について同氏による精緻かつ膨大な蓄積がある。その過程で、現行版では読みとれなかった第 5 章におけるマルクスの課題設定とその解決について明快に解き明かされてきた。それについては、同「マルクスの利子生み資本論——『資本論』の草稿によって」同上誌、第 72 巻第 4 号、2005 年をあげる。同論文 37 〜 38 ページには、第 3 部 5 章に関連する同氏の草稿研究の成果についての一覧が収録されている。さらにその一覧に追加される論文として、同「マルクスは"monied capital"という語をどこからとったのか——『資本論』第 3 部 5 篇のキーワードの出どころを探る」同上誌、第 79 巻、第 2 号、2011 年をあげる。また、第 3 部第 1 草稿第 3 章と 5 章の研究を関連づけて発展させた成果として宮田惟史「貨幣資本の蓄積と現実資本の蓄積」『立教経済学論叢』第 75 巻、2011 年をあげる。

28　「貨幣資本〔monied capital〕とは、信用制度（Kreditwesen）のもとで、媒介者としての銀行業者の手中に集中し、彼らから利子生み資本として貸し出される、貨幣形態にある資本である。」「銀行業者を『媒介者』として把握する観点は重要である。なぜなら、それは、銀行の本質をどこに見るか、ということに関わる事柄だからである。」（大谷、前掲論文（1997 年）、64 〜 65 ページ）。貸出が預金設定という形式をとることを重視する「信用創造」論では、この関係は後景に退けられるか、極端な場合、事実上切り捨てられてきた。つまり利子生み資本論の閑

却、否定である。これは「設定された預金」と「預金の源泉」との混同による。これについては、小西一雄「信用創造論の再検討」『立教経済学研究』第 56 巻第 1 号、2002 年を参照されたい。この「信用創造」論を批判するそのほかの所説として次の文献を掲げる。井汲明夫「通説的信用創造論（所謂フィリップスの信用創造論）の批判的検討」『城西経済学会誌』第 31 巻、2004 年（主題は通説的信用創造論の批判であるが、ここで触れている信用創造論に対する一定の批判も含まれている）、伊藤武『マルクス再生産と信用理論』大月書店、2006 年、前畑雪彦「伊藤武著『マルクス再生産論と信用理論』について」『大阪経大論集』第 59 巻第 2 号、2008 年、久留間健「銀行の信用創造に関する諸問題——吉田・建部説の検討」『立教経済学研究』第 63 巻第 3 号、2010 年。この信用創造論についての議論が集中するかなり以前に次のような注意が促されていたことも顧みたい。「信用創造によって預金がつくり出されるといっても、（略）小切手を受取ってこれを預け入れた人にとっては、その預金はたとえばその人の商品の販売代金であったろうし、そしてなんらかの予備金として預けられているものであるかもしれず、この預金も（略）、銀行に預金として集まってくる貨幣、貨幣資本の例外をなすものではけっしてない」（三宅義夫『金融論（新版）』有斐閣、1981 年、27 ページ）。

29　資本金 10 億円以上の大企業の全産業に焦点を当てた貨幣資本の蓄積動向については、小西、前掲論文（注 7、2013 年）、38 〜 42 ページを参照されたい。またそこで次の重要な指摘がされている。「マルクスは現実資本が有利な投下先を見いだせずに貨幣資本として運用されること、その結果利子率が相対的に低くなる事態を貨幣資本のプレトラ（過充）として重視した。そして、貨幣資本のプレトラは景気が繁栄期から過剰生産期（過熱期）に転換する時点で、また恐慌後の停滞期にみられるとしている。今日でも産業循環のなかでのプレトラの問題は重要であるが、本節で指摘したのは 90 年代以降、日本では貨幣資本の『プレトラの常態化』とでも表現すべき事態が到来しているということである」（同上論文、41 ページ、傍点は引用者）。マルクスは、第 3 部第 1 草稿第 5 章「5）Ⅲ」の部分（現行版第 3 巻 5 編第 30 章〜 32 章　貨幣資本と現実資本）で、利潤率の運動に示される現実資本の蓄積と利子率の運動に示される貨幣資本蓄積との相互の独自性と関連とを明らかにしている。しかし、引用文中の傍点部分についてはあまり注意されてこなかった。投資需要の減退による国内でのカネ余りが金利低下に結びついているという指摘は少なからずみられ、確かにこれは認識しやすい。マルクスが、資本過剰から恐慌を説明する同じ経済学者が商品の過剰生産を否定する「奇妙な現象」（第 1 草稿，S.331）と指摘していることに照らしてこのことは興味深い。

30　「日本における一般的な受けとめ方は、利子率は市場によって決まるというよりも、政府や中央銀行の方針（金融政策）によって決まるというものであった

し、今なおそうした理解が普通だろう。(略) そうである以上、市井で利子率を云々しても始まらないという諦観が生じるし、経済学者は政府と日本銀行の動向や顔色を伺うにとどまる。(略) こうなると、利子の源泉とか資本と利潤・利子などに関する理論研究はもちろん利子率とそれ自体への関心もますます薄くなっていく。」(宅和公志「利子論についての若干の考察」『商学集志』第79巻第4号、2010年、33ページ)。

第2章
1980年代後半における銀行資本と現実資本の蓄積

はじめに

　1980年代後半の日本において土地や株式などの資産価格の急騰を、90年以降にはその急落をみた。資産価格の急騰は「資産インフレ」、その急落は「資産デフレ」とよばれ、「資産デフレ」は多くの不動産、ノンバンク[31]、建設業の経営を破綻させ、同時に銀行にはこれら3業種向けの多額の不良債権を堆積させた。この事実は、銀行とこれら3業種の資本蓄積が「資産インフレ」を引き起こした当事者として、相互に深く関わっていたことを示している。

　このバブル期の「資産インフレ」の諸要因については、様々な角度から分析されてきているが、本章では銀行による先の3業種向け貸出の急増の背景にある、高度成長期以降の企業の資金調達構造の変化に着目しながら、「資産インフレ」の展開過程で特徴的にみられた大企業のエクイティ・ファイナンスの急増のメカニズムについて考察する。

　この1980年代後半期にみられたエクイティ・ファイナンスの盛行は、「直接金融方式の開花」だとされている[32]。低成長期に移行した70年代後半以降、いわゆる金融「革新」といわれる事態とともに、高度成長期に定着した企業の資金調達構造に変化が現れ、大企業においては内部資金の充実と外部資金調達における「証券化」、または間接金融から直接金融への移行といわ

れる現象が進行してきた。つまり「大企業の銀行離れ」とよばれる現象である。実際に銀行借入金の返済超過が進み、このような文脈からあたかも大企業の外部資金調達においては銀行との関係は途絶したような印象が与えられてきた。しかし、このバブル期におけるエクイティ・ファイナンスの盛行は、株価の急騰を条件にしており、そしてその条件を作り出した要因には銀行信用の過大な拡大があった。「大企業の銀行離れ」が注目されてきたことにより、このことは見落とされてきたといえるが、この意味で大企業の「直接金融方式の開花」はこの時期の銀行信用の拡大と結びついたものであった。つまり、銀行の過剰な信用拡大[33]という基礎があったところに、「資産インフレ」が展開しエクイティ・ファイナンスの盛行があったといえる。

　以上が本章の視角である。第1節では、高度成長期の銀行資本の蓄積と現実資本の蓄積について整理する。第2節では、1970年代後半以降の銀行資本の蓄積と現実資本の蓄積について整理する。第3節では、80年代後半期の株価の急騰下でおきたエクイティ・ファイナンスの盛行のメカニズムを考察する。

第1節　高度成長期の銀行資本と現実資本の蓄積

1 高度成長型金融構造

　高度成長期の金融構造[34]は、企業の圧倒的な資金不足に対応するための銀行のオーバー・ローン、さらにそれを支えた日銀信用の膨張と人為的低金利政策によって特徴づけられる。以下では、1980年代の銀行資本と現実資本の蓄積の特徴を明確にするために必要な限りで、高度成長期の銀行資本と現実資本の蓄積の特徴を簡単に整理したい。

　その当時、どうして銀行は構造的に与信超過となりながら企業の旺盛な資金需要に応えることができたのか。それは銀行が日銀借入に依存できたからであった。日銀が積極的に銀行の資金不足を直接に補塡したのである。これ

が、銀行のオーバー・ローンといわれた事態であった。企業の資金不足を主に支えた業態は都市銀行であった。都銀は一方で中央銀行と取引関係をもち独占的に通貨の供給を受け（1955年以降、日銀貸出の対象は都銀のみに限定された）、他方で重化学工業部門の大企業に向けて集中的に貸出を行った。当然、貸出の増大は個別銀行における銀行券引き出し（預金のリーク）の増大となり、日銀準備預金への圧迫としてはねかえる[35]。当時の銀行の貸出急増を可能とした条件は、不足する支払準備を埋めるための日銀からの借入可能性にかかっていたのであり、ちょうどそれは企業の資金調達の増大が銀行からの借入可能性にかかっていたのと対応していた。

　そして、日銀貸出による都市銀行の現金準備の補填を支えたのは「人為的」低金利政策であった。この政策によって形づくられた「人為的」な規制金利の体系は、基本的には日銀が市中金利の体系に比べて相対的に低い公定歩合で、都銀に対して現金準備を供給するというシステムであり、日銀信用の膨張と不可分に結びついていた。本来、銀行は自行の資金を利用してなお資金不足が生じる場合には、まずコール資金等の取り入れに頼り、さらに資金繰りがつかない場合に日銀借入（貸出、手形の再割引）に頼るということになっている。これは少なくとも、中央銀行が最後の貸し手として位置づけられる限り正常な関係とみなされている。これにたいして、銀行は日銀借入によって調達した資金を貸し出すことによって利鞘が生じ、さらに預金を集めるより日銀借入に依存した方が有利だという局面が作り出された。こうした場合には日銀は最後の貸し手としてではなく、むしろ「最初の拠り所」としての位置づけをもつことになり、銀行は日銀借入に制約があるときのみ、コール資金の取り入れに頼ることになった[36]。

　ひとたび「人為的」低金利政策と結びついたオーバー・ローン型の金融構造が定着すると、企業は自己資金を蓄積の限界と考える代わりに、銀行からの借入可能性を蓄積の限界とみなし、銀行もまた日銀からの借入可能性を準備とみなす、という安易な行動様式が生まれた。いわゆる銀行のポジション意識の喪失といわれる事態である。そして、ひとたび銀行貸出の膨張が進み、膨張した銀行信用に対して現金通貨の追加需要が求められる段階では、日銀

は信用破綻を避ける必要からも受け身の立場に立ち、貸出を拒否することができず、なし崩し的に貸し応じざるをえないことにもなった。このように当時の都銀にみられる銀行資本の蓄積のありかたは、旺盛な貸出需要の拡大傾向を前提とし、現実資本とともに順調に蓄積を遂げることが可能であった。そして日銀準備金の不足として現れた銀行資本の蓄積の限界は、日銀貸出によって突破されたが、これもまたこの時代の特殊なありかたであった[37]。

2 高度成長期の現実資本の蓄積

次に高度成長型金融構造を定着させた現実資本の蓄積の動向について整理する。第一次高度成長期（1955年〜65年）において成長を主導したのは、合成繊維・家電・石油化学・電子工学・自動車などの新製品部門や新産業であり、これらの設備投資需要がさらに、基礎産業（産業機械、鉄鋼、電力、石油など）の設備投資を誘発し、重化学工業を中心に日本経済全体として国際的にみても高い成長率を達成していった。そして、企業はそのような強蓄積のために圧倒的に不足する[38]設備資金を銀行から借り入れ、銀行はその旺盛な需要に積極的に貸し応じた。

図表2-1ではこの時期の先進資本主義諸国における企業の設備資金に対する内部資金（内部留保・減価償却）と自己資金（内部資金・株式）との比率が示されている。アメリカにおいて設備資金はほぼ内部資金で調達されていることがわかる。イギリスは100％を超えている。そして旧西ドイツでは、設備資金の約71％が内部資金（減価償却が圧倒的）で調達されている。これらに対し、日本はかなり低く40％程度である。内部資金に株式を加えた自己資金でみると、設備資金の60％程度を調達しうる状態である。この時期の日本企業の設備資金は、外部資金（証券・借入金）ベースでは60％程度、他人資本（借入金・事業債）ベースでは40％程度が充足された。図表2-2にみるように設備資金と運転資金を合計した企業資金の調達においても、日本はとりわけ外部資金への依存が大きく、第一次高度成長期は60％強（第二次高度成長期[39]末は50％程度に低下）を占めた。そして高度成長期全般（55年〜70年）を通じ

図表2-1　各国企業の設備資金に対する内部資金、自己資金の比率（1950年代後半～60年代初頭）

(単位：％)

国名	年代	内部資金／設備資金	自己資金／設備資金
日本	1957年～62年平均	39.3	58.2
アメリカ	1957年～62年平均	99.3	123.7
イギリス	1955年～60年平均	103.2	128.5
旧西ドイツ	1956年～62年平均	70.9	85.6

(注) 自己資金は内部資金に株式を加算した計数である。
(原資料) 日本銀行『日本経済を中心とする国際比較統計』。
(資料) 中村孝俊『高度成長と金融・証券』岩波書店、1965年、14ページより作成。

図表2-2　高度成長期の法人企業の資金調達

(単位：億円、％)

		1956～58年計	1959～61年計	1962～64年計	1965～67年計	1968～70年計
資金調達	内部資金 内部留保	17,614	31,956	61,267	96,086	159,983
	減価償却	12,941	24,844	30,448	46,961	113,078
	計 (A)	30,555	56,800	91,715	143,047	273,061
	外部資金 借入金対B比率	74.4	65.9	74.7	87.6	86.0
	事業債対B比率	3.5	7.7	3.2	4.8	2.9
	株式対B比率	17.7	20.2	15.1	6.3	6.8
	対外債務対B比率	4.3	6.3	7.0	1.4	4.3
	計 (B)	47,381	88,956	139,475	150,910	269,582
	計 (C)	77,936	145,756	231,190	293,957	542,643
内部調達比率 (A/C)		39.2	39.0	39.7	48.7	50.3

(原資料) 日本銀行調査部『わが国の金融制度』1966年版、1971年版、〔内部留保、減価償却は「国民所得統計」、外部資金調達は日本銀行「資金循環勘定」〕。
(資料) 久留間健「高度成長期型金融構造の展開過程」『日本資本主義と金融・証券』（講座今日の日本主義⑥）大月書店、1982年、62ページより作成。

て、外部資金の70％～80％強を銀行借入に依存した。これが当時の法人企業の資金調達構造の内実である〔図表2-2〕。この時期の日本経済はいかに新規投資の規模が大きかったかが窺える。55年から70年までのGNPの平均対前年度伸び率は10.3％、設備投資は15.3％であり、これに対し同時期のアメリカでは、それぞれ3.7％、3.3％、西ドイツでは、それぞれ5.8％、7.3％である（日本銀行『日本経済を中心とする国際比較統計』各年度版）。

ところで、このような外部資金の調達すなわち株式・社債の新規発行と銀行借入に依存した設備投資を行うことで、当然、利子（費用として計算される）・配当（まず利益として課税される）を負担しうる利潤率の高さが必要となってくる。この点は、第1章でみたこの時期の剰余価値率の高さ（賃金爆発によって急落していたとはいえ）がこれを支えていた。しかし、当時の設備拡張は余りにも急速であったため、資金需給の実勢からいって高くなりがちな利子率は資本蓄積にとっての制限となる。その帰結として、利子支払負担の増加を少しでも軽減すべく、利子率が人為的に低く統制された。そして、利子率の統制は債券市場の発達を抑制し、増資は好況末期および景気後退初期における限界的資金調達手段として爆発的に行われるというパターンが証券市場の基本的特徴となり、一貫して銀行貸出に偏った企業の資金調達構造が再生産された。

　長期資金は本来証券市場から調達されるべきであるが、高度成長期を通して都市銀行の貸出がその供給を担った。その貸出先をみると、ほぼ70％以上が大企業向けの大口融資であった。統計上では運転資金の供給が中心であり、設備投資資金の占める比率は少ないが、実際にはいわゆる短期の転がしによって事実上の長期の設備資金供給がかなり多かったと推定されている。長期資金を供給する資本市場が安定的に機能しない代わりに、日銀借入に依存した形での資金供給が構造化したことは、単に企業部門だけではなく日本経済からみて、過去の蓄積基盤をはるかに超えたインフレ的な資金が造出されて企業に貸し出され、高蓄積を支えていったということを意味している。まず預貯金があり、それが貸出に向かったのではなく、まずは日銀借入に依拠した銀行の貸出があり、企業の投資活動を通して所得が生まれ、それが預貯金として還流していったという関係をみなければ当時の産業資金供給のありかたの特質を捉えたことにはならない[40]。つまり、「日銀借入に依存した間接金融構造は、単純化していえば、金兌換の制約をはなれた日銀の一方的な発券力を基礎として、過去の蓄積・過去の生産から独立に、大量の購買力（労働力および生産手段にたいする支配権）がつくりだされて、大企業に供与されていくシステムだったのである」[41]。

図表 2-3　実体経済の動向と主要企業における資金運用・調達の動向（年平均値）

(単位：%)

	第二次高度成長期 1965～73年度	インフレ期 1974～80年度	安定成長期 1981～86年度	バブル景気拡大期 1987～90年度	平成不況期 1991～92年度
実質 GDP 成長率	8.9	3.8	3.6	5.1	2.0
卸売物価上昇率	4.0	8.0	▲2.0	0.5	▲1.4
主要企業売上高伸び率	16.7	11.7	2.3	8.8	▲1.9
総資金運用・調達額伸び率	21.1	8.6	▲1.7	27.8	▲22.3
総資金運用・調達額対売上高比率	13.2	6.9	5.0	9.6	5.8

(原資料) 日本銀行『主要企業経営分析』、『経済統計年報』、経済企画庁『国民経済計算』。
(資料) 三菱銀行(現三菱東京UFJ銀行)「低成長経済における企業金融の展望」(『調査』1994年4月) より作成。

第2節　1970年代後半以降の銀行資本と現実資本の蓄積

1　大企業における外部資金調達の圧縮と証券化

　高度成長が終焉し低成長経済に移行した1970年代後半以降、企業の資金調達構造は大きく変わり始めた。実質GDP成長率は第二次高度成長期 (65年度～73年度) の年平均8.9%から、70年代後半 (74年度～80年度) には同3.8%へ低下し、さらに80年代前半 (81年度～86年度) には3.6%まで減速した。主要企業[42]の売上高伸び率は、第二次高度成長期の年平均16.7%から、70年代後半は同11.7%、80年代前半は同2.3%へと低下している〔図表2-3〕。このような蓄積条件の悪化のもとで企業の資金調達と運用も変化せざるをえなくなった。

　主要企業は資金運用・調達額の規模拡大ペースの圧縮を図った。主要企業の総資産運用・調達額の伸び率は、第二次高度成長期には年平均21.1%であったが、1970年代後半には同8.6%へと急減速し、80年代前半には▲1.7%に転じた〔図表2-3〕。実額ベース (年平均値) では、第二次高度成長期は6兆6,872億円、70年代後半は10兆7,975億円、80年代前半は12兆5,954億円へと推移している〔図表2-4〕。これら資金運用・調達合計の動向は、73年の第1次オイルショック、74～75年不況、そして70年代後半の

図表 2-4　主要企業の資金運用と調達（年平均値）

（単位：億円、％）

		第二次高度成長期 1965〜73年度		インフレ期 1974〜80年度		安定成長期 1981〜86年度		バブル景気拡大期 1987〜90年度		平成不況期 1991〜92年度	
			構成比		構成比		構成比		構成比		構成比
資金運用	運転資金	14,837	22.2	18,850	17.5	750	0.6	29,056	9.5	21,605	10.4
	在庫投資	9,907	14.8	15,427	14.3	▲2,326	▲1.8	26,496	8.7	16,201	7.8
	企業間信用与信超	4,930	7.4	3,423	3.2	3,076	2.4	2,560	0.8	5,404	2.6
	設備投資	27,720	41.5	53,812	49.8	82,006	65.1	123,356	40.8	161,914	78.7
	金融資産運用	15,940	23.8	23,329	21.6	32,394	25.7	107,775	35.6	▲7,058	▲3.4
	現預金	6,270	9.4	6,320	5.9	10,356	8.2	43,747	14.5	▲38,290	▲18.6
	短期有価証券	1,704	2.5	6,704	6.2	5,183	4.1	8,793	2.9	10,630	5.2
	投融資	7,966	11.9	10,305	9.5	16,855	13.4	55,235	18.2	20,602	10.0
	その他	8,375	12.5	11,984	11.1	10,804	8.6	42,518	14.1	29,394	14.3
資金調達	内部資金	21,353	31.9	42,459	39.3	76,570	60.8	130,792	43.2	146,992	71.4
	内部留保	5,262	7.9	8,607	8.0	16,240	12.9	33,820	11.2	23,325	11.3
	減価償却費	16,091	24.0	33,852	31.3	60,330	47.9	96,972	32.0	123,667	60.1
	外部資金	31,709	47.4	48,622	45.0	40,996	32.5	128,282	42.4	59,953	29.1
	借入金	26,004	38.9	31,912	29.5	10,364	8.2	34,216	11.3	16,203	7.9
	社債	3,521	5.3	9,027	8.4	15,667	12.4	49,917	16.5	39,119	19.0
	増資	2,184	3.2	7,683	7.1	14,965	11.9	44,149	14.6	4,631	2.2
	その他	13,810	20.7	16,894	15.7	8,388	6.7	43,631	14.4	▲1,090	▲0.5
	資金運用・調達合計	66,872	100.0	107,975	100.0	125,954	100.0	302,705	100.0	205,855	100.0

（原資料）日本銀行『主要企業経営分析』。
（資料）図表2-3に同じ。

　円高をきっかけにした人件費、在庫投資、設備投資をはじめとした投資の絞り込み、いわゆる「減量経営」と85年の円高不況の反映である。こうした傾向のなかで、運用面では80年代前半における運転資金、なかでも在庫投資（▲2,326億円・構成比▲1.8％）の圧縮が顕著である。調達面では同時期の外部資金（4兆996億円・構成比32.5％）、なかでも借入金（1兆364億円・構成比8.2％）の圧縮が顕著である〔図表2-4〕。

　このように、大企業は以前の借入金を返済していくことによって利払いコストを下げ、財務体質の強化を図っていったが、同時に資金調達に占め

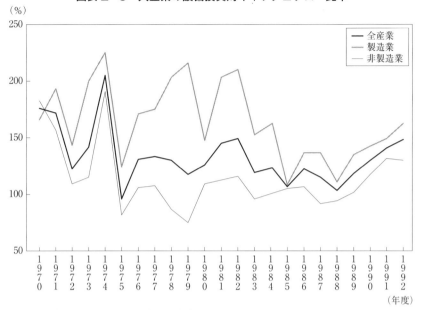

図表2-5 大企業の設備投資対キャッシュフロー比率

(注) 設備投資対キャッシュフロー比率＝設備投資／キャッシュフロー。
　　キャッシュフロー＝減価償却＋内部留保。
(資料) 日本開発銀行（現日本政策投資銀行）「法人企業統計からみた我が国企業の金融行動」『調査』第181号、1994年3月。

る内部資金（減価償却＋内部留保）の割合を増加させていった。第二次高度成長期の内部資金の構成比は31.9％、1970年代後半は39.3％、80年代前半は60.8％へと推移している。一方で、外部資金調達は同様に、47.4％、45.0％、32.5％へと推移している。高度成長期の旺盛な設備拡張のもとでは内部資金の蓄積は資金需要に追いつかず資金不足となり、常に銀行借入を中心とした外部資金に依存しなくてはならなかったが、成長速度が低下すると、内部資金の範囲で投資が実行されるようになったのである。大企業の設備資金はまず外部調達に依存するのではく、まずは手元資金で賄うことが可能になった。このような自己金融現象は第二次大戦後、アメリカや旧西ドイツで著しく現れたのであるが、70年代以降、日本の大企業にも現れるようになった。そして、80年代になると主要企業の内部資金調達の比率は外部資金調達を

上回って逆転したのである〔図表2-4〕。

　図表2-5では、1970年代以降、大企業の設備投資が内部資金によってどの程度調達されているのか、その推移を示している。同図表の「設備投資対キャッシュフロー比率」は100を切っていると、設備投資が完全に内部資金で充足されていることを意味する。これをみると、非製造業・大企業の同比率はだいたい100を大きく上回っているが、製造業・大企業のそれは75年に100を下回り、以後80年代末まで基調として100前後で推移している。このことから、「減量経営」を志向してきたのは、とりわけ製造業・大企業だったことがわかる。それでも80年代前半から85年にかけて、非製造業でも同比率は急落した。しかし、86年度以降は、全産業ベースで増大基調に転換している。

　次に、1970年代後半以降の大企業の外部資金調達における構造的な変化を詳しく観察する。これまでの借入形態中心から段々と社債・増資といった証券形態の比重が増えていき、とりわけ80年代の後半には株価急騰とともに、その傾向は加速した。大企業の「銀行借入離れ」「資金調達の証券化」とよばれる事態である。低成長経済への移行は企業に「減量経営」を迫ったため、大企業の内部資金調達比率の拡大と外部資金調達における借入金比率の低下と社債・増資といった証券形態の調達比率の増大を引き起こしたのである。外部資金調達における借入金比率は、第二次高度成長期が38.9％、70年代後半が29.5％、80年代前半が8.2％、社債比率は、同様に5.3％、8.4％、12.4％、増資比率は、同様に3.2％、7.1％、11.9％へと推移している〔図表2-4〕。80年代前半に、資本市場からの直接調達（証券形態）が借入金を圧倒的に上回っていることが確認できる〔図表2-4〕。

　ただしこの傾向は、資本金10億円以上の大企業と資本金10億円未満の中堅・中小企業とを分けてみると、やはり大企業の傾向であることが観察される。また後で述べるが、なかでも大企業・製造業でこの傾向は顕著に現れている。つまり、大企業・製造業の外部資金調達において「証券化」が進展していることに注意を払いたい。中堅・中小企業では、借入金の割合は1970年代には92％と外部資金調達額のほとんどを占め、80年代後半にはさ

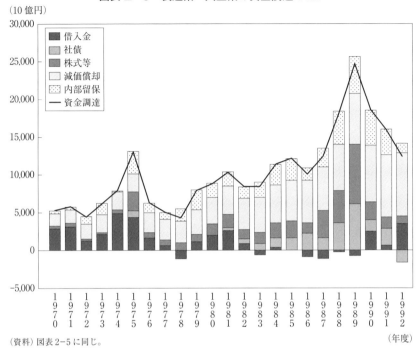

図表 2-6　製造業・大企業の資金調達 (実額)

(資料) 図表 2-5 に同じ。

らに数ポイント上昇している。このように、中小企業ではもともと証券形態は閉ざされた資金調達方法であるため、外部資金調達は銀行借入が主流となっている。また、自己金融的傾向にも企業規模間、あるいは業種間で著しい格差が存在している。自己金融的傾向は、一部の製造業優良企業で顕著に認められる。

次に、日本の大企業・製造業の資金調達における顕著な借入金比率の低下について詳しくみることにする。1980年代前半に減少傾向をみせ始めていた製造業・大企業の借入金調達額は、86年度にマイナス (返済超過) に転じて以後89年度まで4年間、バブル期を通して一貫して返済超過を続けた〔図表2-6〕。これは、非製造業・大企業の借入金調達額が、バブル前期の金利の低下により大きく増加し、調達額全体に占める構成比でも80年代を通し

図表2-7 大企業の総資本における借入金比率

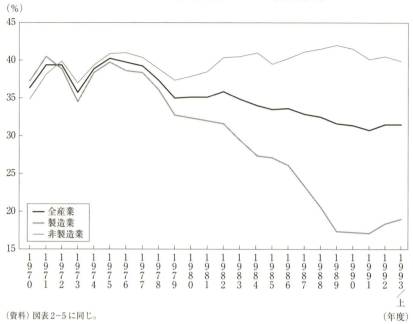

(資料) 図表2-5に同じ。

て平均40％程度を維持していたことに比べると、非常に対照的である。したがって、大企業全体では80年代後半に借入金調達額が伸びているが〔図表2-4〕、これは非製造業の動向が反映されたものであったことがわかる。

この借入金による調達傾向の相違により、製造業・大企業と非製造業・大企業とでは貸借対照表上の指標にも当然違いが現れた。まず、1975年度以降の総資本に占める借入金構成比の推移をみると〔図表2-7〕、非製造業・大企業では40％前後でほぼずっと安定しているのに対し、製造業・大企業では75年の39.6％の水準から急低下し、90年度には17.3％まで下がっている。

一方、製造業・大企業における社債・株式による調達は、1980年代に入ってから実額、構成比ともに伸びが顕著となり、借入金に代わって調達の主役といえるまでになった。バブル絶頂期の89年度にはこれらだけで全調達額

図表2-8　製造業・大企業の資金運用（実額）

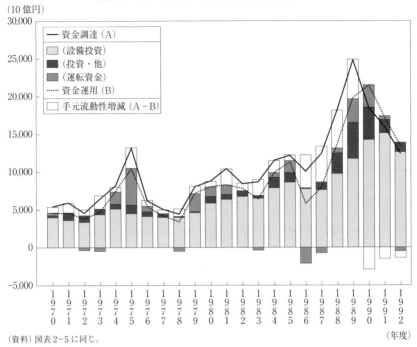

(資料) 図表2-5に同じ。

の半分を超えている。また、バブル期には設備資金を借入金に依存する必要のない状態のもと（先にみたように、この時期、借入金調達額は4年連続返済超過）で、社債、株式による資金調達が大幅に増加している。

次に製造業・大企業の資金運用についてみよう。1980年代後半は設備投資が活発化したが、それと同時に「投資・他」および手元流動性も急増したため、調達額に対する比率でみると設備投資はむしろ低下傾向にあった。このことから、借入金を返済超過にする一方でエクイティによる超低利の資金を大量に調達し、それを金融投資に充てて大きな収益をあげていた製造業・大企業の姿が浮かび上がってくる〔図表2-8〕。

以上、製造業・大企業の資金調達・運用についてまとめると、非製造業・大企業が借入金を中心とした調達を進めるなか、製造業・大企業は借入金か

ら社債・株式へ転換させてきた。そして 1980 年代後半のバブル期には、製造業・大企業は借入金を返済超過とするなかで、エクイティ関連の社債、株式や内部資金による調達を順調に伸ばした。そして、それによって調達した資金を金融資産への投資に充てていたのである。

2 金融革新と銀行資本の蓄積

　これまで、1970 年代後半から変化してきた大企業の資金調達構造に着目して、資金調達における自己金融化現象および「銀行借入離れ」「証券化」について考察してきた。このような傾向は、同時に企業の資金運用のありかたに決定的な変化を引き起こした。高度成長期には企業の資金調達面での銀行借入依存が、同時に資金運用面における預金への拘束力として機能していたが、その制限がとりのぞかれたのである。企業の短期余剰資金はより有利な運用部面を求めて活発に動きだし、運用先は現先市場、CD 市場、外貨建て短期金融市場へと次々に拡大していった。企業の短期余剰資金は、金融市場の自由化と多様化の推進力となって「金融革新」を進行させていったのである[43]。

　このように現実資本の蓄積の変容は、高度成長型金融構造に変革を迫り銀行資本の蓄積のありかたにも変化をもたらした。産業資金供給のありかたは、従来の中央銀行→大手都市銀行→大企業という単線的な経路から、多様な金融市場を経由する流れに変化していった。

　このように資金調達面のみならず資金運用面でも銀行からの「自立化」を獲得した企業は、借入金の返済が一段落した 1980 年代以降になると、キャピタルゲインの獲得を目的にして株式市場等の資本市場で余剰資金を運用するようになった。これが株価高騰をもたらし、株式時価発行や転換社債の発行による資金調達を有利にした。そこで企業は低コストの外部資金調達ルートとして、証券市場からの資金調達を積極的に活用するようになったのである。この面からも金融革新は不可避的に進行した。

　企業の借入需要の減退と返済圧力が、銀行における過剰な貸付資本を生み

出し、資金運用難に直面した銀行は新たな資金運用機会の開拓を迫られた。都市銀行の国際業務や証券業務への進出、そして中小企業および個人向け貸出の分野等への進出である。また、資金調達面でも市場メカニズムにしたがわなくてはならなくなった。例えばCD発行はその典型で、金利面での有利さから現先市場へと流出した企業の運用資金を、銀行は自ら自由金利の金融商品を新たに売り出すことで引きつけようとした[44]。

金融革新は、債務者の主体が民間企業から政府に移行したことからも強く生じた。国内の国債市場の形成・発展による売買取引の拡大、米国債投資の活発化、途上国貸付を中心とした銀行業務の国際化などである。民間企業の債務拡大を原動力とする限り実体経済の停滞は、そのまま金融活動の低迷に結果するが、1970年代後半以降の金融は国債投資を軸にして、実体経済停滞下にも関わらず銀行資本は体勢を維持してきた。この時期の資金循環は、財政資金の散布→投資活動の低迷による過剰貨幣資本の形成→国債市場への資金吸収であり、国債発行を消化する余剰資金が、実体経済の停滞によって生み出されていた。このような低成長下の金融活況を支えた政府債務の累積とは、債務者が国家だという特殊性（隔絶した信用力）にのみ依存して結ばれた債権債務関係の膨張である。この国家信用への依存は金融活動の内容を変質させ、さらには金融革新が作り出した新たな金融市場を財テクや金融投機のための市場へと転化させた。

1980年代の後半になると、各種の証券売買取引が急速に活発化し、売買高の飛躍的増加がおきた。これは、これまでの金融活動の中心が単なる政府債務の膨張とその市場拡大を担うものであったのが、キャピタルゲインの追求を目的とした証券市場での投機的・短期的な売買へと新たに転換したことを示している。この基底には、これまでの政府債務の膨張を軸に回転していた貨幣資本の流れが滞り、貨幣資本が証券市場で滞留しているということがある。

この滞留現象の一要因に、途上国政府の債務膨張を軸にした国際的資金循環の流れが、1982年8月の国際金融不安の発生以降、行きづまったことがあげられる。途上国という最大の資金需要者を喪失したユーロ市場は借り手

市場と化し、これがアメリカ、日本などの信用度の高い大企業に低利の資金調達機会を提供した。実物投資への誘因のないもとでの低利資金調達ルートの獲得は、その調達資金の金融市場での再運用を引き起こした。こうして日本企業に、その調達資金を現先市場やCD市場で運用して利鞘を稼ぐ両建て取引を急拡大させたのである。

さらに、活路としてきた途上国向け貸出が閉ざされた都市銀行等の日本の金融機関は、再び新たな資金運用機会開拓を迫られた。ディーラーとしての国債流通市場への参入、株式流通市場での活発な売買である。このように途上国債務を軸にした国際的資金循環の行きづまりは、金融活動の投機化を押し進める強い原動力として作用した。

また、日本の政府債務累積を軸とした資金循環についてみると、債務の一方的累増は国債費の増加による財政の硬直化や増税への不安を醸成し、結局緊縮財政による赤字抑制・国債新規発行の抑制を招き、債務膨張のテンポを鈍化させた。このため投資信託や金銭信託など、様々な経路から国債市場へと流入してくる過剰貨幣資本が流通市場で滞留し、市場価格の上昇を見込んだ投機的売買が活発化した。これがまた株式流通市場へも波及し、金融の投機化が一層進行した。

こうして、1970年代後半以降拡大してきた政府債務のファイナンスのしくみは、キャピタルゲインの追求とその分配機構へと転化し、金融革新が生み出した新しい金融市場も、財テクや金融投機のための市場と化した。政府債務の累積に依存した金融活況の限界が、こうした投機現象を引き起こしたのである。

この金融投機化の進行は1987年のブラックマンデーによって一時中断したが、今度は土地が新たに投機対象になり地価が暴騰していき、株価もさらに急騰していった。また、実体経済も急速に回復し「平成景気」または「バブル景気」といわれる設備投資主導型の大型の景気拡張期に入っていく（第11循環の拡張期：86年11月～91年2月）。設備投資が活発に行われる一方で、企業の金融資産投資・投機も同時に活発に行われた。このことは高度成長期にもその後の低成長期にもみられなかったことである。次節では、この景気

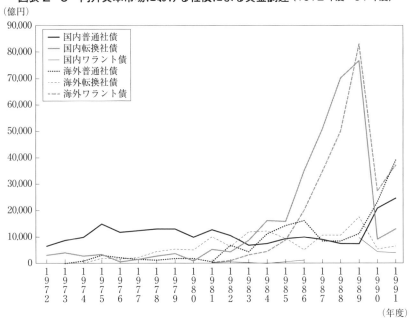

図表2-9　内外資本市場における社債による資金調達（1972年度～91年度）

（資料）公社債引受協会『公社債年鑑』各年版より作成。

拡張とバブル経済下の企業の資金調達と運用、とりわけエクイティ・ファイナンスとその調達資金の運用について詳しくみていくことにしたい。

第3節　バブル期における銀行資本と現実資本の蓄積

1　大企業におけるエクイティ・ファイナンスによる調達・運用の急増

ここでまた図表2-3をみることにしたい。1980年代後半（87年度～90年度）の実質GDP成長率は平均値5.1％、主要企業の売上高伸び率は同8.8％と、蓄積の条件は急速に改善された。それを反映して主要企業の総資金運用・調達額伸び率は前期（81年度～86年度）から飛躍的に増大して同27.8％

となり、さらに第二次高度成長期よりも高い伸び率を示した。資金運用・調達額ベースでは80年代前半 (81年度～86年度) の12兆5,954億円から30兆2,705億円に飛躍した。前期から運転資金が約38.7倍、設備投資が約1.5倍、金融資産運用が約3.3倍に増加している。設備投資の構成比は前期の65.1%から40.8%に低下、金融資産運用の構成比は25.7%から35.6%に増大している。一方、内部資金は実額ベースで前半の7兆6,570億円から13兆792億円に増大、外部資金は4兆996億円から12兆8,282億円に増大した。外部資金は内部資金の水準に拮抗するようになり、借入金、社債、増資とも実額、構成比ベースで増大した。しかし、借入金と証券 (社債・増資) との比率では11.3%対31.1%であり銀行借入離れ・証券化進展の構図は崩れていない。

いまみたように、この時期に特徴的な運転資金・設備投資の拡大と資産負債両建ての金融資産投資拡大という資本蓄積のありかたのなかで、エクイティ・ファイナンス (以下、エクイティとよぶ) は、とりわけ大企業の資金調達を特徴づけた方式であった。それは株式の発行と関わるもので、有償増資、転換社債、新株引受権付き社債 (ワラント債[45]) がその具体的形態である。したがって、エクイティによる調達という場合にはこれらを合計したものを指す。図表2-9をみると1980年代後半期は、エクイティのなかでもとくに国内転換社債、海外ワラント債の発行が急増していることがわかる。

以下ではまず、エクイティによる調達の動向、調達資金の運用方法について考察していきたい。まず、1980年代後半にどれだけの規模でエクイティによる調達が行われたのかをみていく。円高不況時の86年度に大企業[46]の資金調達額は一旦減少したものの、87年度から急増し始め、その際の調達の主流を占めたのがエクイティであった。調達額ベースでみると、長短借入金が9.8兆円に対して、社債・増資が12.5兆円であった。大企業の資金調達の総額の伸びが80年代前半と比べて2.2倍になったのに対して、長短借入金が2.0倍、社債が4.7倍、増資が3倍となっている〔図表2-10〕。このようにエクイティは87年度からとくに急増し、89年には資本市場調達に占めるエクイティの比率は9割を超えるにいたった〔図表2-11〕。

図表 2-10　1980 年代における大企業（金融・保険業を除く全産業）の資金運用・調達

(年平均、単位：兆円、倍)

運用	80~84年度(a)	85~90年度(b)	倍率(b)/(a)	調達	80~84年度(a)	85~90年度(b)	倍率(b)/(a)
固定資産	15.0	32.3	2.2	内部留保	10.3	20.7	2.0
土地	0.8	2.6	3.3	増資	2.3	6.9	3.0
（不動産業を除く）	0.7	2.0	2.9	その他固定資産	0.2	0.8	4.0
投資有価証券	1.1	3.9	3.5				
その他固定資産	13.1	25.8	2.0				
繰延資産	0.0	0.0		（基礎収支不足）	2.2	3.9	1.8
小計	15.0	32.3	2.2	小計	15.0	32.3	2.2
売上債権	3.6	6.0	1.7	支払債務	2.3	3.7	1.6
棚卸資産	1.7	3.3	1.9	その他流動負債	2.0	4.5	2.3
その他流動資産	0.6	3.1	5.2	（運転収支不足）	1.6	4.2	2.6
小計	5.9	12.4	2.1	小計	5.9	12.4	2.1
短期金融資産	2.2	7.2	3.3	短期借入金	3.0	4.5	1.5
				長期借入金	1.8	5.3	2.9
（財務収支余剰）	3.8	8.2	2.2	社債	1.2	5.6	4.7
小計	6.0	15.4	2.6	小計	6.0	15.4	2.6
合計	26.9	60.1	2.2	合計	26.9	60.1	2.2

(原資料) 大蔵省（財務省）『法人企業統計』。
(資料) 三菱銀行 (現三菱東京 UFJ 銀行)「企業金融の変化にみるバブルの実態」『調査』1992 年 8 月。

　ところで、1986 年から 89 年に上場企業が行ったエクイティの 4 割以上は、海外市場での発行であった。先に海外ワラント債の発行が 80 年代後半以降に急増したことを指摘したが、84 年以降は海外ワラント債の発行が圧倒的になっていった。為替の実需原則の撤廃により、金融取引のための外債発行が認められ、外貨建てであるにも関わらず、スワップや為替予約によって、円ベースでの低利の資金調達コストが可能になったことが、ワラント債の増大をもたらしたと指摘されている。また、こうしたファイナンスの盛行を支えたのは、実は日本の投資家の存在だった。日本の投資家が、日本企業が大量発行する外債の大半（約 8 割といわれる）を購入し続けたからである。日本の投資家が日本企業の発行した外債を購入すると、それは統計上日本の対外

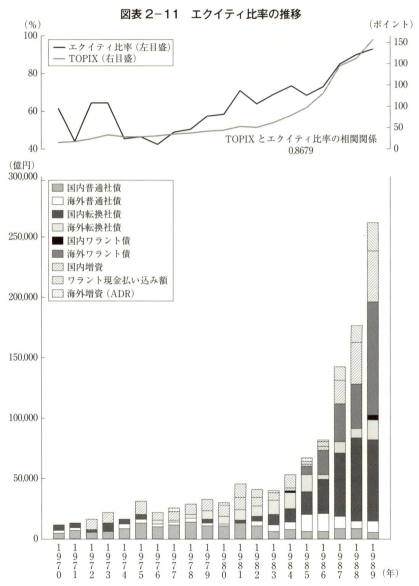

図表2-11　エクイティ比率の推移

(注) 対象は全国上場企業。エクイティ比率＝(転換社債＋ワラント＋増資)／総調達。TOPIXとエクイティ比率の相関係数は0.8679。
(原資料) 東京証券取引所『統計年報』。
(資料) 経済企画庁総合計画局『グローバル化する金融システム』大蔵省印刷局、1990年10月。

証券投資に計上され、海外へ資金が流出したものとみなされる。しかしながら、投資された資金は実際には外債発行企業の手に渡り、国内へと還流していたものと考えられる[47]。

次に調達額の動向についてみる。1987年度から89年度までの3年間に企業は約56兆円の資金をエクイティによって調達した。なかでも、上場製造業は同時期に約26兆1,873億円のエクイティを実施した。業種別では、電気機器が5兆6,912億円、化学が4兆4,485億円、鉄鋼が3兆944億円、輸送機器が2兆8,433億円と、この4業種で上場製造業の調達総額の6割を占めた。とりわけエクイティが増加した割合が大きかったのは、鉄鋼、化学などの素材型製造業であった[48]。これは「平成景気」において、素材型製造業が高付加価値化や能力増強投資に力を注ぐ一方、事業の多角化投資にも取り組むなど旺盛な資金需要があったためである。

また、1987年からの増資が急増しているのも注目される〔図表2-11〕。これは銀行が自己資本を充実させるため、大型の時価発行増資を行ったためである。銀行による増資は、87年から88年では日本の企業全体の資金調達額の20%～25%、増資だけをとれば50%以上を占めたことになる。このように銀行が大規模な増資を行った背景には、銀行に対する自己資本比率規制が強化されたことがあると指摘されている。この自己資本比率規制は、国際的な銀行システムの安定性、各国銀行間の競争条件の公平性を図るという目的のため、88年に国際決済銀行（BIS）によって導入され、銀行の自己資本比率をリスク・アセット（個々の資産項目×リスク・ウェイト）の8%以上で維持するというものであった。この基準を満たしながら投融資を拡大していくためには、日本の各銀行ともこのような大幅な増資を必要としたのである[49]。

次に、エクイティによる調達資金がどのように運用されたかをみていきたい。図表2-12をみると、上場企業を中心とする大企業で財テクの動きがみてとれる。調達面では、社債（その大宗はエクイティがらみの起債である）と増資の合計をエクイティとみなした場合、1980年代後半にはその構成比が上場製造業で14.4%→29.4%、同じく上場非製造業が8.7%→18.2%で、それぞれ前期から大幅に上昇している。運用面では短期金融資産と投資有価

図表 2-12　資金調達・運用純増額に占める主要項目の構成比の推移（80年代前半と後半）

(単位：%)

企業分類		全国上場製造業		全国上場非製造業		上場企業を除く大企業（資本金10億円以上）		中堅企業（資本金1億円以上10億円未満）		中小企業（資本金1億円未満）	
年度		80～84年	85～90年	80～84年	85～90年	80～84年	85～90年	80～84年	85～90年	80～84年	85～90年
運用	短期金融資産	9.8	11.7	4.3	11.9	4.5	10.3	10.1	6.8	11.6	11.1
	固定資産	47.4	53.3	49.7	50.0	70.5	63.4	44.6	47.9	53.8	47.9
	有形固定資産	40.3	41.0	44.3	39.9	57.4	53.4	39.2	39.5	48.7	40.4
	土地			2.7	4.3			5.1	7.5	8.2	10.7
	（不動産業を除く）			2.3	3.3			3.5	4.6	8.6	8.1
	投資有価証券	5.0	10.2	1.9	4.7	3.5	3.5	2.3	3.1	1.2	2.9
	その他	42.8	35.0	46.0	38.1	25.0	26.3	45.3	45.3	34.6	41.0
調達	短期借入金	6.2	▲3.2	15.6	9.4	0.9	10.4	22.2	9.9	15.2	12.4
	長期借入金	▲1.6	▲3.2	10.5	7.1	13.3	24.5	9.0	22.3	19.1	23.4
	社債	4.4	14.1	3.9	8.6	0.2	3.1	0.1	0.5	0.0	0.0
	増資	10.0	15.3	4.8	9.6	7.9	8.2	1.5	1.4	2.0	1.3
	その他	81.0	77.0	65.2	65.3	77.7	53.8	67.2	65.9	63.7	62.9

(注) 大企業の土地は、全国上場製造業、同非製造業、上場企業を除く大企業の合算。短期借入金には手形割引も含む。
(原資料) 大蔵省（現財務省）『法人企業統計』、日本経済新聞社『日経経営指標』。
(資料) 三菱銀行（現三菱東京UFJ銀行）「企業金融の変化にみるバブルの実態」『調査』1992年8月。

証券の割合の増加が目立つ。この合計値を上場製造業についてみると 14.8%→21.9%、上場非製造業が 6.2%→16.6% となっている。一方、有形固定資産は、同様に 40.3%→41.0%、同様に 44.3%→39.9% となっており、こちらは伸び率としては停滞している。

先の 1980 年代後半における上場製造業のエクイティ 29.4%（増資 15.3% + 社債 14.1%）分は、長短借入金の返済分▲6.4%、短期金融資産 11.7%、投資有価証券 10.2% とほぼ見合う格好になっている。増資は有価証券投資に回って株式の持ち合いという形で進められ、社債で調達された資金は既存借入の返済に回ったほかは、主として短期金融資産の蓄積に充てられたと考えられている。その短期金融資産の主たるものは特金・ファントラ[50]であった。図表 2-13 は法人企業の短期金融資産の増加分のうち、特金・ファントラがどれだけの比率を占めていたかをみたものである。80 年代後半で、その

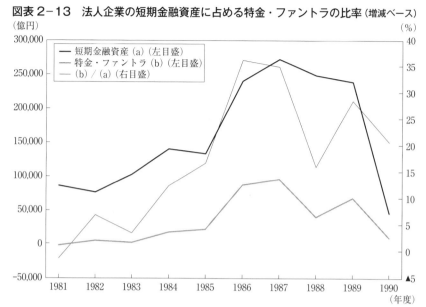

図表2-13 法人企業の短期金融資産に占める特金・ファントラの比率（増減ベース）

(注) 短期金融資産のうち短期保有有価証券は、資金循環勘定にその分類がないため、大蔵省（現財務省）の『法人企業統計』を用いて推計されている。
(原資料) 日本銀行『経済統計月報』、大蔵省（現財務省）『法人企業統計』。
(資料) 図表2-12に同じ。

比率は多いときで86年度の36.5％、平均でも約3割に達している。中堅・中小企業で特金・ファントラでの運用がさほどないことを勘案すると、大企業に限ってみればこの比率はもっと高くなっていたとみることもできる[51]。エクイティによる調達資金が特金・ファントラと直接的な株式投資の運用拡大に回り、さらに株式持ち合いを通じて株価を押し上げ、それがさらなる有利な条件でのエクイティによる調達を支えていたとすると、まさに自己増殖的な金融資産の蓄積が生じていたといえる〔図表2-11の上図[52]〕。

このように製造業・大企業が1980年代後半に借入金を返済超過する一方で、エクイティによる超低利の資金を大量に調達し、それを金融投資に充てて大きな収益をあげていた姿が浮かび上がってきた。次にこの製造業・大企業をさらに素材型と加工型に分けてみる。東証1、2部上場製造業872社の

図表2-14　1980年代における上場製造業の資金調達・運用の推移（指数および実額）

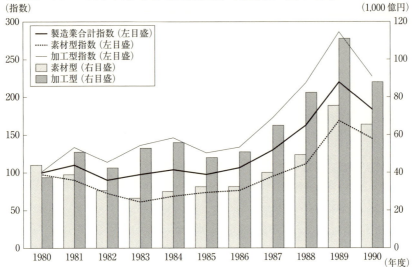

(注) 素材型：繊維、紙・パルプ、化学、医薬品、石油、窯業、ゴム、鉄鋼、非鉄金属・金属製品。加工型：食品、機械、電機、造船、自動車・同部品、その他輸送機器、精密機器、その他製造業。指数は80年度＝100。
(資料) さくら銀行（現三井住友銀行）「超金融緩和期における上場製造業の資金運用調達と企業行動」『経済情報』1992年4月。

80年代後半の調達・運用の推移をみると〔図表2-14〕、素材型（413社）、加工型（459社）とも調達・運用規模は急速に拡大しており、この部門間での傾向には相違はみられない。次に図表2-15によって、素材・加工型それぞれの86年度～89年度の調達・運用動向を項目別にみる。加工型は調達において、増資・社債調達が45.5％、借入金は▲3.1％、自己資金等が57.5％となっている。運用においては、設備投資や運転資金の割合が急低下するなかで、手元増加が30.7％と急増しており、増資・社債調達の3分の2が手元資金積み増しに充当されたとみることができる。他方、素材型は調達において、増資・社債調達（65.8％）により借入金圧縮（▲36.1％）を相当進めた。手元資金の増加は加工型に比べて約9％低い22％にとどまっている。その分、設備投資や子会社株式への投資に回っているとみることができる。加工型産業の設備投資が49.7％に対して、素材型産業は61.6％であり、素材型が積極

図表 2-15 素材型・加工型産業別の資金調達・運用の推移

(単位：%)

		製造業合計			素材型			加工型		
決算期（年度）		80～85年	86～89年	86～90年	80～85年	86～89年	86～90年	80～85年	86～89年	86～90年
資金運用	長期資金	76.3	70.2	76.6	78.7	77.0	79.2	74.6	65.9	74.9
	設備	64.8	54.3	57.5	70.7	61.6	63.3	60.6	49.7	53.7
	子会社株式	4.1	8.4	10.3	2.6	7.8	7.9	5.1	8.8	11.8
	その他	7.4	7.5	8.8	5.4	7.6	8.1	8.8	7.5	9.4
	運転資金	10.3	2.4	4.5	11.1	0.9	3.8	9.8	3.4	5.0
	企業間信用	5.1	5.7	5.6	8.5	9.2	8.5	2.7	3.5	3.6
	在庫	7.9	0.3	3.0	5.5	▲3.1	▲0.1	9.5	2.5	5.0
	その他	▲2.6	▲3.6	▲4.0	▲2.8	▲5.2	▲4.6	▲2.5	▲2.6	▲3.6
	手元増加	13.4	27.3	18.9	10.2	22.0	17.1	15.7	30.7	20.2
	現預金	8.8	23.1	14.5	5.7	15.5	10.0	11.0	28.0	17.5
	短期有価証券	4.6	4.2	4.4	4.5	6.5	7.1	4.6	2.7	2.6
	合計	100.0	100.0	100.0	100.0	100.0	100.0	100.0	100.0	100.0
資金調達	増資・社債	23.5	53.4	45.8	19.1	65.8	54.7	26.6	45.5	39.9
	増資	14.6	26.5	22.8	12.1	30.0	24.7	16.4	24.2	21.6
	社債	8.9	26.9	22.9	7.0	35.8	30.1	10.2	21.3	18.3
	借入金	5.8	▲15.9	▲8.8	10.1	▲36.2	▲23.1	2.8	▲3.1	0.6
	自己資金等	70.7	62.5	63.0	70.9	70.4	68.4	70.6	57.5	59.5
	利益	21.2	17.8	18.4	14.8	19.2	19.3	25.7	16.9	17.9
	減価償却	46.3	40.1	40.4	54.9	45.9	44.5	40.2	36.4	37.1
	引当金	3.2	4.6	4.6	1.1	5.3	4.6	4.6	4.2	4.5
	合計	100.0	100.0	100.0	100.0	100.0	100.0	100.0	100.0	100.0

(注) 資金フローベースの各期間合計額の構成比を算出。
(資料) 図表 2-14 に同じ。

的な設備投資をしていることがわかる。

このように素材型産業と加工型産業とでは、資金調達・運用構造に相違がみてとれる。素材型製造業は1986年度～89年度において、償却引当前利益を上回る長期投資を行ったが（長期資金77％・自己資金70.4％）、同利益にほぼ相当する額をまた増資・社債（65.8％）により調達した。このため借入金の返済（▲36.2％）が相当進み、さらに手元資金を積み増すことが可能となった。加工型製造業はもともと借入金依存度の水準が低かったため、80年代後半期にエクイティによる調達資金がそのまま手元資金の増加に結びついて

図表2-16 企業の手元流動性の推移（対月商比・1975年度～90年度）

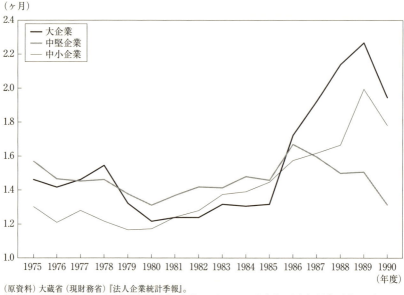

（原資料）大蔵省（現財務省）『法人企業統計季報』。
（資料）日本開発銀行（現日本政策投資銀行）「80年代のマネーフローと今後の企業金融」『調査』1992年7月。

いたといえる。したがって、製造業大企業のなかでも加工型産業がエクイティによって短期金融投資、つまり資産負債両建ての金融資産投資を行っていた傾向が強いことがわかる。

ここで大企業一般の手元流動性（現金＋預金＋短期有価証券）の動向についてさらに詳しくみておきたい。図表2-16をみると、1980年代前半の大企業の手元流動性の水準は対月商比で1.2ヶ月～1.3ヶ月の範囲で、緩やかな上昇基調で推移していたが、86年度から急上昇し89年度は2.26ヶ月まで達した。これは80年代を通しての金融自由化の流れのなかで、企業がCD、外貨預金等に加えて、85年からの大口定期預金などの自由金利商品、そして特金・ファントラなど収益性の高い金融商品による運用を拡大してきた結果であるともいえる。

さらに設備投資と手元流動性の関係をみたい。1980年代前半までは設備投資が活発化するにつれて手元流動性の増加率が鈍化し、設備投資が鈍化

すると手元流動性の積み増しが加速するといった動きがみられた。実際76年から86年までの設備投資と手元流動性の絶対水準の伸び率（前年比）の関係は、若干の時間差をもつ逆相関にあった。しかし80年代後半、とくに88年以降は設備投資が盛んに行われるなかでも、さらに積極的な手元流動性の積み増しが行われておりこれまでの関係が崩れているのが特徴的である。設備投資を積極的に拡大しても手元資金がなお有り余る事態である。

　ではこの時期になぜ手元流動性が積み増されたのか。これはまず、これまでの考察からえられているように金融資産を積み増すことが可能な資金を金融機関あるいは投資家が供給しえたからである。エクイティ[53]による特金・ファントラでの運用がその代表的な例である。企業がCPを発行して得た資金を大口定期で運用するといったリスクゼロで収益を得る手法もあった。

　さらに企業の運用側の動因としては、調達コストよりも高い運用収益が得られることで資産負債両建ての金融資産投資ができる条件が成立していたことがある。これも先に指摘した。このような条件を具体的に確認しておこう。1980年代後半は金融資産収益率が長期プライムレートを上回っていた〔図表2-17〕。ただし、両指標とも下落基調にある。そして、エクイティは他の調達手段と比べてさらにコスト面で有利であった。国内転換社債のクーポンレートと長期プライムレートの乖離は1980年代後半、ほぼ3.5％～4％の間で推移していた。長期プライムレートが低下すれば、また社債のクーポンレートも下がることになる。国内転換社債の基準レートは流通市場の実勢を考慮して決定されるが、株価の急速な上昇は投資家のキャピタルゲインを増加させることになるので、それがまた普通社債と比べて発行者の金利負担を極端に低減した。また海外ワラント債の社債部分については、スワップ、為替予約等によりゼロに近い金利負担での発行が可能であった。さらに、日本の企業の配当性向、配当利回りは欧米と比べてかなり低い水準にあった。これらの諸要因によって、企業にとってのエクイティのコストは他の調達手段と比べて著しく低水準で推移していたといえる。株価の急騰とともにエクイティ比率の急増がみられた〔図表2-11〕ことはこのことの証左でもある。

　以上にみたように、1980年代後半期にみられたエクイティの盛行の条件

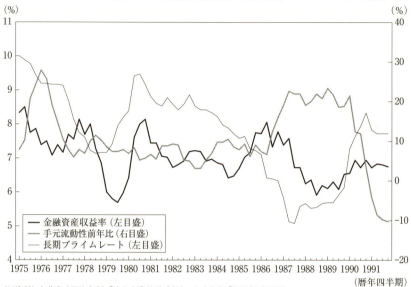

図表 2-17　大企業における金融資産収益率と長期プライムレートの推移

（原資料）大蔵省（現財務省）『法人企業統計季報』、日本銀行『経済統計月報』。
（資料）図表 2-16 に同じ。

にはいくつかの要因が重なってはいるが、土台としては株価の高騰によって調達コストが著しく低位で推移したことが決定的要因と考えられる。この株価急降下でのエクイティの盛行により、大企業の外部資金調達における証券化、銀行借入離れ（返済超過）の傾向は 80 年代後半に一層加速してきたことをみた。次にこのような現実資本の資金調達構造の変化のもと銀行資本の蓄積のありかたはどのように変容したのかみていくことにする。

2 バブル期における銀行の貸出金

1980 年代後半期に強まった大企業の資金調達における証券化、銀行借入離れ傾向が、高度成長期に大企業への融資集中機構の中核に位置づけられた都市銀行にどのような対応をとらせたかという観点から銀行資本の蓄積のありかたの変化を考察したい。

図表2-18 全国銀行業種別貸出残高（年末）の推移（1985年～92年9月）

業種	1985年	1986年	1987年	1988年	1989年	1990年	1991年	1992年
製造業	581,823	576,361	549,510	590,851	591,400	591,875	600,478	579,556
建設業	126,748	135,009	140,480	181,149	191,766	191,776	215,777	224,137
電気・ガス・熱供給・水道水	55,407	55,282	54,273		51,085	51,327	55,440	54,450
運輸・通信業	76,086	82,179	90,142	109,339	117,110	128,374	139,607	139,182
卸売・小売・飲食店	491,833	504,699	523,360	604,602	630,914	655,883	642,785	618,738
不動産業	171,739	234,983	274,577	358,133	409,857	424,269	447,248	465,993
サービス業	235,775	285,681	351,895	448,610	512,592	578,322	602,764	613,032
金融・保険						377,002	361,474	364,413
個人	205,978	239,289	303,311	442,297	541,436	611,765	649,644	656,828
その他	282,135	331,057	397,284	450,807	505,005	141,457	143,858	149,645

（注）金額の単位は億円。
（資料）向壽一「バブル経済期と複合不況期の信用乗数と自己資本乗数」『証券経済』日本証券経済研究所、第184号、1993年、81ページより作成。

　まず、銀行の貸出金の動きをみてみる。図表2-18により全国銀行の業種別貸出残高をみると、総額で1985年末の223兆円から、90年末には376兆円と約1.5倍になっている。同様に業種別にみると製造業のシェアは1985年からずっと低下を続け、26.1％から15％台に低下している。これに対し、不動産業は17兆円から46兆円台と3倍近く伸び、比率は8％弱から12％へと上昇している。また、サービス業も23兆円台から61兆円台に急増し、シェアも10.6％から15.9％へと伸びている。金融・保険業は80年代の当初

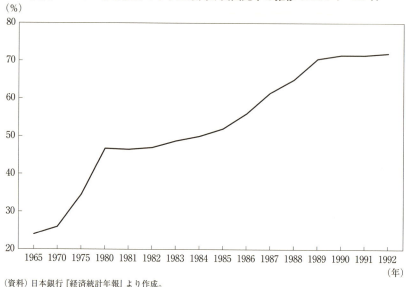

図表2-19 都市銀行の中小企業向け貸出比率の推移(1965年~92年)

(資料)日本銀行『経済統計年報』より作成。

はシェアが小さく、独自項目で表示されることはなかったが、ノンバンク等への貸出が急増し、90年末に38兆円弱という額で一気に10％の割合に増大している。さらに個人は住宅ローンを中心に85年の20兆円台から92年には65兆円台へ飛躍的に伸び、割合も9.2％から17％へと倍増している。このことから「資産インフレ」に関連する融資が急増していることは明らかである。そして、こうした全国銀行による「資産インフレ」関連融資の拡大は、中小企業向け貸出の増大という側面ももっていた。これまでみてきたような大企業の資金調達における証券化、銀行借入離れによる大手銀行の貸出機会の減少は、すでにみたように、中小企業向けおよび個人向け貸出を増大させるという対応を迫ってきたが、この傾向は1980年代後半に一層強まったのである。それは前節でみたエクイティの盛行によって大企業の資金調達の証券化・借入金の返済超過が加速したことに対応している。

図表2-19により、都市銀行の中小企業向け貸出の増加を確認したい。中小企業向け貸出は1965年の23.7％から92年には71.7％にまで急増してい

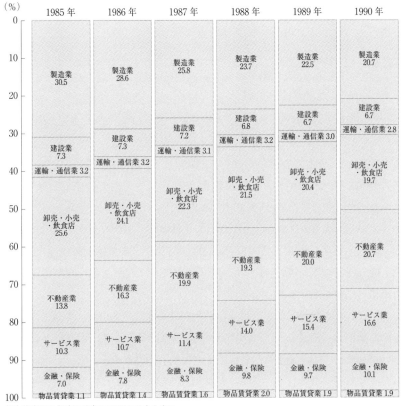

図表2-20 都市銀行の中小企業向け貸出の推移(業種別構成比)

(注) 構成比の合計は正確に100%にはならない。
(資料) 図表2-19に同じ。

る。このように都銀の貸出先は高度成長期の製造業・大企業から大きく転換し、中小企業金融が主要業務になっている。貸出の長期化も進んだ。3ヶ月以内の貸出は1965年の57%から92年には8.7%にまで減少し、その一方で1年超の長期貸出は同期間に9.3%から56.4%に急増している。貸出期間では短期業務から長期業務へと転換している。都銀がこうした比較的利鞘の大きい貸出を増加させてきた背景には、自由金利商品による調達比率が高まったことによる調達コストの上昇があることも指摘したい。

続いて業種別貸出の構成比の推移についてみる〔図表2-20〕。製造業向け貸出残高は1990年までに緩やかに増加してはいるが、構成比でみれば一貫して低下している。85年には総貸出残高の30.5％を占めていたが、90年には20.7％まで比率を低下させている。また、卸売・小売・飲食店向け貸出残高も85年の25.6％から、90年には19.7％へと大幅に比率を低下させている。その一方で比率を急速に上昇させているのが、金融・保険業、不動産業、サービス業向け貸出残高である。それぞれ、85年の7％、13.8％、10.3％から、90年には10.1％、20.7％、16.6％へと上昇し、これら3業種で総貸出残高の50％近くを占めるにいたった。また、これら3業種向けの貸出は大口化の傾向を強め、1件あたり貸出残高は93年時点で、その他の金融業（金融・保険業の大部分を占める）が25億3,000万円、不動産業が3億1,000万円、物品賃貸業が2億9,000万円とその他の業種と比べてかなり大きくなっている。以上から明らかなように、都市銀行は1990年までは金融保険業（とくに、その他金融業）、不動産業、サービス業を中心に貸出先数を増加させ、貸出残高を急増させてきた。

　しかしこのような都市銀行の中小企業向け貸出への進出は、これまで中小企業を専門に融資をしてきた中小金融機関の貸出シェアを奪うことになった。相互銀行（現第二地銀）と信用金庫の投融資の動向をみると、その特徴として次の点が観察される。まず、相互銀行（現第二地銀）においては、融資量の比率低下、有価証券投資の比率上昇が特徴的である。有価証券の比率は、1965年においては3.3％を占めるにすぎなかったが、その後徐々に上昇し、株価がピークに達する89年には16.4％にまで上昇している。信用金庫においては、有価証券の比率が高いことは相互銀行と同じであるが、現金預け金の比率が高い点がもうひとつの大きな特徴である。現金預け金の比率は86年から89年の間、16％から18％前後の高水準で推移している。これは預け金の形で、信託に資金が流入したことを示しており、有価証券投資部分とあわせれば、大量の資金が証券市場へと流入したことを意味している。

　次に、相互銀行（現第二地銀）および信用金庫の業種別貸出金の動向の推移をみる〔図表2-21、22〕。相互銀行（現第二地銀）、信用金庫ともに以前の貸

図表 2-21　相互銀行（現第二地銀）の業種別貸出金の推移（1965年～92年）

（％）	1965年	1970年	1975年	1980年	1985年	1986年	1987年	1988年	1989年	1990年	1991年	1992年
製造業	32.9	28.4	26.1	21.4	18.4	16.9	15.3	14.6	14.2	13.5	13.5	13.2
建設業	7.4	9.0	9.3	9.3	9.6	9.5	9.2	9.2	9.1	9.2	9.7	10.0
卸売・小売	31.5	30.5	28.5	27.4	23.6	22.4	20.9	19.9	19.0	18.2	17.8	17.7
不動産業	2.8	6.0	6.8	7.2	9.9	10.4	11.4	12.2	12.9	12.6	11.9	11.8
サービス業	11.6	10.5	8.8	10.4	12.8	13.1	13.3	13.6	13.4	14.2	14.9	15.6
金融・保険	2.2	2.2	1.9	3.1	3.8	3.8	4.3	3.9	4.1	5.0	4.2	4.1
個人	4.4	6.6	13.4	16.7	17.3	18.9	20.8	22.1	22.9	23.1	23.9	23.4
その他	7.2	6.8	5.2	4.5	4.6	5.0	4.8	4.5	4.4	4.2	4.1	4.2

（資料）忽那憲治「わが国中小・中堅企業の資金調達と金融機関経営」『証券経済』日本証券経済研究所、第185号、66ページ。

出先の中心は製造業と卸・小売業であり、両業種で総貸出残高の約3分の2を占めていた。しかし、両業種とも1970年以降一貫して低下し、92年時点では相互銀行（現第二地銀）の場合30.9％、信用金庫においても37％にまでその比率を低下させている。その一方で大きく増加に転じているのが不動産、個人向け貸出である。すでにみたように80年代後半に都市銀行は中小企業金融業務へ積極的に参入してきた。そして都市銀行はこれまでの中小企業金融専門機関の伝統的貸出先を中心に展開していったため、中小企業金融

図表 2-22　信用金庫の業種別貸出金の推移 (1965年~92年)

業種	1965年	1970年	1975年	1980年	1985年	1986年	1987年	1988年	1989年	1990年	1991年	1992年
製造業	33.5	29.9	28.3	23.7	23.0	22.2	21.2	20.6	20.2	19.6	19.6	19.0
建設業	8.0	9.1	10.7	11.7	12.1	12.1	11.9	11.7	11.5	11.7	11.9	12.0
卸売・小売	31.1	26.8	25.6	23.2	21.7	21.1	20.3	19.7	19.0	18.6	18.3	18.0
不動産業	2.1	4.4	5.5	6.6	7.9	8.8	9.9	10.6	11.1	10.7	9.5	9.6
サービス業	9.5	8.4	8.3	8.1	9.6	9.8	10.0	10.0	9.9	10.4	11.1	11.6
金融・保険	4.5	6.2	0.4	0.4	0.5	0.6	0.6	0.7	0.9	0.9	0.8	0.8
個人	6.0	10.0	16.1	21.7	20.8	21.3	21.9	22.8	23.7	24.4	24.7	24.8
その他	5.3	5.2	5.1	4.6	4.4	4.1	4.2	3.9	3.7	3.7	4.1	4.2

(資料) 図表 2-21 に同じ。

専門機関は貸出金であればよりリスクの高い貸出先へ踏み入れ、または有価証券投資へと向かわざるをえない状況へと追いやられ、それらの業務へ傾注していったのである。

　以上みてきたように、都市銀行の貸出がバブル関連業種に集中したこと、さらに都市銀行の中小企業金融参入により、中小金融機関の資金が証券市場へと多く流入し株価急騰の一要因になったのである。またその貸出金もよりリスクの高い部面に流入して、後の不良債権問題を醸成していったのである。

3 バブル期における銀行の有価証券投資

 ところでマネーサプライ（現マネーストック、以下マネーサプライのまま表記）(M2+CD) は、1985年から89年の間に上昇し、90年秋まで前年比2桁台の高い伸びを示した。この期間のマネーサプライの増加は、金融機関による国内非金融部門向け貸出の増加が主たる要因となっているが、これには景気拡大にともなう資金需要の増加に加え、3業種（不動産、ノンバンク〔「その他の金融業」「物品賃貸業」〕、建設）向けや、当時の金融的条件下での鞘抜きを目的とした企業向け貸出の増大が大きく影響している。そして、貸出以外の信用供与では、金融機関による事業債、CPの保有が87年～88年に毎年10兆円程度増加（ただし、マネーサプライ増加に寄与するのは、基本的にはそのうちマネーサプライ対象金融機関のみであり、生保等の保有を差し引く必要がある）しており、マネーサプライの伸び率上昇に寄与した。

 ここでは、この時期における銀行の有価証券投資のありかたについて考察する。これまでみてきたように、大企業の資金調達の証券化、銀行借入離れは現象的には確かに急速に進んだのであるが、そのエクイティのファイナンス構造をみると、1980年代後半においてもなお銀行が大企業の資金調達をかなり担っていることがみてとれる。有価証券の保有構造をみると、とりわけ活発化したエクイティの関連で重要な株式の保有構造においては、個人の比率は明確に低下してきた一方で、銀行を中心とする金融機関の比率は上昇してきた。投資部門別株式保有比率を株数ベースと時価ベースでそれぞれ時系列においてみると個人のシェアは株式ベースで78年の30.8％から91年には23.2％まで低下した。しかし、金融機関のシェアは38％から44.7％まで上昇した。時価ベースでみても大差はない。「80年代後半の株式ブームの主役は、まさしく銀行であったといってよい」〔図表2-23〕[54]。

 また都市銀行の貸出残高増加額と比べた、事業債、株式、CP保有残高増加額の割合は、1985年度には4.76％、86年度には4.1％にすぎなかったが、87年度には20.2％、88年度には26.1％と大幅に増加している。わけても株式投資の増大が著しかった。これは結局、エクイティの増大にともなう発行

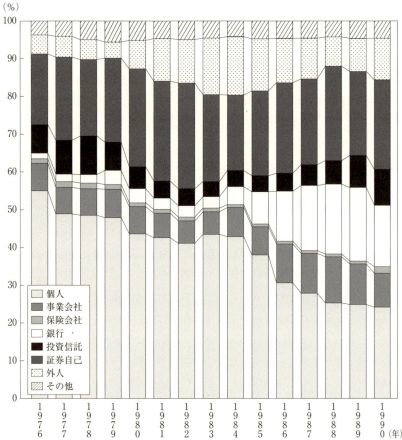

図表2-23 株式主体別株式売買代金シェア（東証第一部）

（原資料）東京証券取引所調査部『証券』各年各月号。
（資料）小松章「わが国株式市場の構造的問題」高橋昭三ほか編『資本市場の変容と経営財務』中央経済社、1992年、38ページ。

済み株式の増加、つまり株式の供給の増加に対応して都銀がこれを買い支える役割も果たしたということである。全国証券取引所協議会の調査によれば、88年度の上場企業株式数は、前年度比1,951万単位増加したが、そのうち銀行（長銀、都銀、地銀）の持株数は24％にあたる465万単位増加した[55]のである[56]。

「資金の調達手段が多様化されつつあるとか、証券化が進展しているといっても、日本の場合はほとんど金融機関を経由した資金の流れとなっていることがわかる。すなわち、例えば事業債を発行しても金融機関が消化する（一般事業債の金融機関消化率85年度60％、86年度46％）割合が高く、企業や個人が直接投資するという狭義の直接金融のウェイト（一般事業債の個人消化率85年度20％、86年度11％）は低くなっている」[57]。ここでいう金融機関とは第一に銀行であり、この傾向は1980年代後半の末期にさらに強まったのである。

　以上の本節全体の内容についてまとめたい。1980年代の大企業の外部資金調達構成をみると、銀行借入の比重が著しく低下し、証券形態による調達とりわけエクイティが増加したことは明らかであり、外部資金調達において証券化がかなりの程度進行したといえよう。しかし、それに対応して都市銀行は、中小企業、個人向け貸出の比率を増大させ、さらにそのしわ寄せを受けた中小金融機関は従来の貸出先を都銀に奪われた代わりに、証券市場に運用先を求め株価急騰の回路を形成した。株式保有構成の推移をみると金融機関、とりわけ銀行の比重が上昇する一方、個人の比重は低下していた。そして、都銀は企業のエクイティの受け皿にもなっていたのである。いいかえれば、銀行の資金は貸出金形態から証券形態に姿を変え大企業向けの金融に流れこんでいたといえる。この意味では、80年代後半のバブル期においても資金の実体的な流れは依然として「銀行」から企業へというものであった。

おわりに

　本章の議論を簡単に振り返りたい。第1節から第2節にかけては、なぜ、いかにして高度成長期に定着した企業の資金調達構造が1980年代にいたるまで変化を遂げてきたかという点を明らかにした。1970年代後半以降、経済成長の減速にともない銀行借入に依存した大企業の資金調達構造は、内部資金の充実と外部資金調達における「銀行借入離れ」がおき、証券化が進んできた。それまでは国際的にも際だった日本の高度成長にとって過去の蓄積

基盤だけでは資金不足であり、そのために日銀信用を動員した低利大量資金を、都市銀行を介して大企業に供給する金融構造が定着してきたが、同時に債券・株式市場の発展は阻害されてきた。しかし、国内の債券市場が政府債務の膨張とともに急速に発展し、また社債・株式市場にも運用資金が大量に流入できる条件ができたことにより、企業における証券発行での資金調達も次第に有利な手段となっていった。この意味では、80年代前半までにバブル経済が展開するための下地は基本的にできあがっていた。

そして第3節では、なぜ、いかにして1980年代後半にエクイティ・ファイナンスが盛んになったのか考察した。この現象は株価急騰が前提になり、それがどのようなメカニズムで生じたのかが焦点になる。

製造業・大企業の自己資本充実並びに証券化による「銀行借入離れ」は、都市銀行に従来の資金運用先を喪失させ、貸出余力をもたらした。新しい運用先として中小企業に貸出を積極的に行い、その貸出の大半が3業種であったために「資産インフレ」が生じたこと、また都銀によって貸出機会を奪われた中小企業専門金融機関の資金が信託を介して株式市場に向かっていき、それが株価急騰の一要因になったこと、そして株価急騰が大企業のエクイティ・ファイナンス盛行の条件を作り出したこと、そして都銀は同時にその受け皿にもなっていたことが明らかになった。こうした条件のもと製造業・大企業は、エクイティによる調達を盛んに実施し、その調達資金をさらに直接、間接的に証券投資の形で金融資産に振り向け、バブルを引き起こしたのである。そのような事態はまた、銀行の資金が貸出金という形態ではなく、証券形態をとって企業に流れていったことを意味する。つまり、企業の外部資金調達の証券化が進んだといえども、実質的な調達構造は依然として銀行から企業へという流れを形成していたのである。

このことから、金融危機を分析していく際に、マネーサプライ（現マネーストック）の増加を媒介する銀行信用（貸出の増大という形態だけではなく証券投資の増大という形態もとる）の動向を注視しなくてはならないのである。すなわち銀行の過剰な信用がなければ「資産インフレ」は生じなかったはずであるし、したがって大企業のエクイティ・ファイナンスの盛行もあれほど甚だし

くは起こりえなかったはずである。外部資金調達をして設備投資の拡大を実行してもなお、有り余る手元資金の蓄積が生じたという事態は、当然実物投資の計画の甘さも様々に内包していた。つまり、資本主義経済の絶対的法則である利潤原理さえもみえなくなり、結果的には社会的な資源配分に歪みが大きく出る形となった。リゾート施設などはその典型であり、不動産がらみの融資の失敗の象徴でもある。過剰な銀行信用を基礎にしたバブル経済は、のちに様々な部面での低収益資産、不稼働資産、不良資産の蓄積となり、銀行からみると不良債権の蓄積となった。バブルの崩壊と同時的なマネーサプライ（現マネーストック）の低迷はまた、以上の視点が間違いではないことの証左になっている。

　本章は「あとがき」に記したように、1995年発表の論稿を再構成し大幅に加筆・修正したものであるが、その末尾の文章をそのまま再録して本章の締め括りとしたい。

　現在（1990年代央）、経営破綻による中小金融機関の整理統合が進んでいるが、それらの貸出先を奪ってきた都市銀行も実体経済低迷下で合併を進めつつある。今後、銀行の集中化が一層進展すると思われるが、金融自由化によって銀行・証券の分離原則が崩されたことで、証券業をも含めた金融再編劇もおきうる事態である。純粋持株会社解禁が日程にのぼろうとするなか、銀行の集中化とユニバーサル・バンキング化がこれからいかにして進行していくか捉えていくことも重要な課題となってくる。

注

31　ノンバンク研究会〔大蔵省（現財務省）銀行局長の私的研究会〕の報告書（1991年4月）によると、ノンバンクとは次の業態を指す。①消費者金融会社、②銀行系クレジットカード会社、③流通系クレジットカード会社、④信販会社、⑤事業金融会社、⑥リース会社、⑦住宅金融専門会社。バブル崩壊による不動産価格の下落は、不動産投機を行っていた不動産会社等の経営破綻を招き、それに融資したノンバンクの経営も破綻した。さらにそのノンバンクへ「迂回融資」をしていた銀行の不良債権の発生へと連鎖した。

32　宮崎義一氏は、バブル期の株価急騰のメカニズムを考察するなかで、バブル期までの戦後の日本の企業金融について次のように概観している。「日本企業の資金調達方式は、高度成長期（1956―75年）までは間接金融方式であって、都市銀行からの借入金を主要な資金源として設備投資の拡大を実現してきた。ところが、石油ショック後の10年間（1976―85年）は、成長率の低下という要因もあったが、内部資金（内部留保プラス減価償却）の蓄積によって設備投資に必要な資金を自己調達する方式を積極的に採用し、いわゆる企業の銀行離れを濃厚にさせてきた。ところが、1986年頃から、エクイティー・ファイナンスを主流とする直接金融方式が一斉に花開く時期を迎えた。それはバブルの膨張期と重なり合っている。」『複合不況』（中公新書）中央公論社、1992年、169ページ。

33　証券市場の活況に目を奪われてしまい、バブルやその帰結である金融危機において銀行信用の拡大を軽視する論調が多い。それに対置される議論として次の研究を掲げる。山口義行「『資産インフレ』の金融メカニズムについて――奥田宏司氏の所説を手掛かりにして（1）（2）（3）」（『名城商学』第41巻第1号・2号・4号、1991年～1992年）および「『資産インフレ』の発生と現代の金融構造――過剰貨幣資本の運動メカニズム」高橋昭三編著『資本市場の変容と経営財務』中央経済社、1992年。

34　日銀借入に依存した銀行借入主体の企業の資金調達構造は、1951年～53年にはほぼ完成したものとして形を整え、産業資金供給方式として主流を占めるにいたっていた。その後一時その構造は解消の方向に向かったものの、1956年以降本格的な高度成長が始まるとともに、オーバー・ローンは再び常態化し、かえって高度成長期における特徴的な金融構造として定着し、拡大されていくことになった。

35　これへの対応として積極的な系列融資が重視された。「リークを減らすには、他行に流出する分を減らせばよい。企業の支払先企業も同じ銀行の取引先であれば、また入金され、日銀に預けてある準備預金が他行への支払いのために減らなくてすむ。企業の他企業への支払いでいちばんはっきりしているのは、生産手段購入関係である。こうして、原材料、部品、機械などの購入関係を、産業連関的に連結することが、銀行にとっても重要となる。高度成長期には、銀行は系列づくりに努力を傾倒した。」熊野剛雄「日本の金融」『現代日本の金融』大月書店、1992年、13ページ。

36　このため、資金需要が恒常的に超過傾向にあった高度成長期にはコールレートは常に割高の状態にあり、とくに金融引き締め期にはコールに対する需要が増大してレートの異常高が現れることになった。コールレートの異常高は、このように「人為的」低金利政策と結びついたオーバー・ローン型金融構造全体の歪みを反映していると同時に、また逆に公社債市場の発達を遅らせ企業の銀行借入依存を再生産する役割を果たすことにもなった。そしてコール市場は、金融機関相互

の余裕資金の一時的運用の場というより、中小企業金融機関にとって投資市場としての性格をもつことにもなった。また、公開的な公社債流通市場が発達せず、企業や個人も参加しうる裁定的な短期金融市場が存在しなかったため、短期金融市場としては金融機関相互の閉鎖的な市場としてのコール市場だけが独自の発展を遂げた。

37　高度成長期の金融構造については次の文献を参照されたい。久留間健「高度成長期型金融構造の展開過程」、熊野剛雄「証券資本と証券市場の変遷」『日本資本主義と金融・証券』（講座今日の日本主義⑥）大月書店、1982年、中村孝俊『高度成長と金融・証券』（岩波新書）岩波書店、1965年。

38　当然ながらこの時期にも、再生産過程から一時的に遊離する貨幣資本として余剰資金は存在した。ただし、銀行は資金調達を銀行に依存していたため、これは預金として事実上拘束された。

39　「65年不況」は、59年～61年の巨額の設備投資を背景とする過剰生産恐慌の性格をもち、これまでの民間設備投資主導、国内市場拡大を基調とした成長構造の限界を示した。それ以前の不況は主として「国際収支の壁」による金融引き締めによって生じたものであり、引き締めが解除されると、比較的速やかに設備投資が回復してきたのに対し、この不況は同様に金融引き締めをきっかけに生じたものであったが、引き締めが解除されても設備投資は回復しないまま企業倒産が相次いだ。しかし、66年以降景気の回復も速やかであり、なお高度成長が持続し、その過程でGNPはアメリカに次ぎ、西側世界第2位となった（68年度）。だが60年代後半の第二次高度成長は、戦後初の赤字国債の発行による財政支出増大に下支えされながら輸出主導によって達成された。民間設備投資はなお高い水準を維持したとはいえ、設備の大型化を中心とし、資本集中と系列化が強められた。

40　しばしば高度成長期における法人企業の投資を賄ったのは、個人部門の貯蓄超過であると説明されるが、これは事後的に両者のバランスがとれたということであって、高度成長のプロセスを動態的に把握すると必ずしもそのように進行したわけではない。個人部門において、巨額の貯蓄が行われたということは、法人企業の巨大な投資が先行し個人部門に所得が生まれたからであり、しかも個人企業の投資が立ちおくれたからでもあった。そして、法人企業の投資が行われたのは、個人部門の貯蓄超過もさることながら、銀行の信用創造が先行したからであり、さらに日銀の信用創出がこれを支えたからであった（中村、前掲書（注37）、60～61ページ）。

41　久留間、前掲書、92ページ。

42　主要企業とは日本銀行『主要企業経営分析』の対象で、資本金10億円以上の上場企業（金融・保険業除く）である。

43　金融革新の進展に関する詳しい研究については次の文献を参照されたい。山口

義行「金融『革新』と日本経済」久留間健・山口義行・小西一雄編『現代経済と金融の空洞化』有斐閣、1987 年、同「金融肥大化とその危機的諸相」『現代日本経済の構造と政策』ミネルヴァ書房、1989 年。

44　こうした事情により、85 年に自由金利となった大口定期預金には貸出金利よりも高い金利がつけられた。その限りでは銀行にとって逆ざやとなってしまうが、まだ規制金利のままであった小口預金の低金利によって埋め合わせていた。こうして大口取引者は、銀行から資金を借りて、預金をすれば利鞘が稼げる状態になり、資産・負債両建ての金融取引が増大して、マネーサプライは膨張していった。

45　1981 年の商法改正によりワラント債の発行が解禁された。ワラント債とは、社債を購入した投資家がその会社の発行する新株をある一定価格（これを「行使価格」といい、時価を基準に決定している）で、ある一定量（これを「付与率」というが通常は社債額面と同額の 100％である）を買うことができる権利がついた社債をいう。この権利をワラントとよんでいる。ワラント債はワラント（新株引受権）部分と普通社債部分から構成されているが、ワラントが社債と切り離されずに流通する非分離型ワラント債（この場合のワラントを「新株引受権行使票」という）と、ワラントが社債と切り離されて流通する分離型ワラント債（この場合のワラントを「新株引受権証券」という）の 2 種類があり、大量に発行されているワラント債はほとんどすべてが分離型ワラント債である。転換社債は株式に転換されると社債としての企業債務は消滅するが、ワラント債は社債部分が消滅せず満期時に額面で償還される。また、転換社債は株式転換時には企業に新しい資金は入らないが、ワラント債は新株引受権が行使されると（現金払い込み型の場合）、そのときに一種の時価発行増資を行うこととなり、追加資金の調達がおこる。このようにワラント債には新株引受権が付与されているため、普通社債より低い利率で発行することができる。85 年から国内でも分離型の発行が認められ、以後国内発行のワラント債はすべて分離型になった。

46　大企業とは大蔵省（現財務省）『法人企業統計』による資本金 10 億円以上の金融・保険を除く全産業。

47　東京銀行（現三菱東京 UFJ 銀行）調査部「『バブル崩壊』で変化した日本の対外資金還流」『東京銀行月報』1993 年 5 月号。

48　さくら銀行（現三井住友銀行）「バブル期の企業行動と今後の企業財務の課題」『経済情報』1993 年 10 月、2 ページ。

49　岡崎守男・濱田博男編『日本の証券市場』有斐閣、1990 年、81〜82 ページ。

50　特定金銭信託とファンドトラストの略称。特金は金銭信託の一種であるが、株式や転換社債、外国株式などの投資対象を投資家があらかじめ指定する。会計処理上、同一銘柄の簿価の上昇や意図せざる含み益の吐き出しを回避できた。ファントラは金外信託とよばれ、信託会社が直接に自由裁量で投資家から預かった資金を運用する。特金と同様に会計処理上のメリットがあった。

51　三菱銀行（現三菱東京UFJ銀行）「企業金融の変化にみるバブルの実態」『調査』1992年8月、16ページ。
52　TOPIXとエクイティ比率の相関係数は0.8679と高い相関関係にあることがわかる。
53　エクイティの増加については、金融自由化の流れを受けて1980年代後半に制度改革が進んだこともあげられる。転換社債については、完全無担保債の許可、発行基準の改正、適債基準の緩和、償還期限の多様化がなされ、またワラント債については、とくに海外発行ワラントの国内持ち込み解禁が行われた。これらの制度改革が大きく影響していることは明らかである。
54　小松章「わが国株式市場の構造的問題」高橋正三編著『資本市場の変容と経営財務』中央経済社、1992年、37ページ。
55　山口義行、小西一雄『ポスト不況の日本経済』（講談社現代新書）講談社、1994年、65～66ページ。
56　一方で、先に1987年から銀行による増資が急増していることも指摘した（本書59ページ）。銀行による増資は、87年から88年では日本の企業全体の資金調達額の20％～25％、増資だけをとれば50％以上を占めた。
57　日本開発銀行（現日本政策投資銀行）「80年代のマネーフローと今後の企業金融」『調査』1992年7月、34～35ページ。

第3章
日本における金融持株会社制度導入の契機

はじめに

　1998年に日本では金融持株会社制度[58]が初めて導入され、2000年以降その制度のもとで、みずほフィナンシャル・グループの発足を皮切りに、大手銀行を中心にした金融機関の大がかりな再編が具体化しつつある。現在（01年1月時点）、発表されている大手銀行同士の合併、統合の計画が実際にすべて具体化されるならば、大手銀行の経営組織はこの金融持株会社の形態が主流となり、同時にこの制度を軸に、大手銀行は巨大な総合金融機関[59]に転化しながら01年4月には4大グループ（ビッグ4）に再編されることになる。

　上記の急速な大手金融機関を中心にした金融再編の動向は、次の3つの課題を提起している。第一に、金融持株会社はいかなる制度的枠組みと機能を備え、いかなる契機によって導入されたのかという点である。第二に、金融持株会社の導入の契機は、大手銀行の資本蓄積のいかなる動向によって生み出されたのかという点である。第三に、金融持株会社制度のもとで、いかにして大手銀行の資本蓄積の動向は変化していくのかという点である。

　本章では、上記第一の課題について分析を進め、第二と第三の課題に取り組むための基礎的な視角を得ることを試みていきたい。第一の課題の分析対象は、金融持株会社の制度的枠組みと機能的な側面である。次のような問題意識と方法でこの対象に迫っていきたい。この金融持株会社制度は、日本

版「ビッグバン」の過程で導入され、1993年の金融制度改革の「総仕上げ」と位置づけられたように、銀行にとっては、総合金融機関化の一方式である。これは1993年の金融制度改革法の施行以降、実際に業態別子会社方式によってすでに銀行の総合金融機関化が進展してきているので、銀行の総合金融機関化のための新しい方式の追加となる。つまり、この限りでいえば金融持株会社制度と業態別子会社方式は、総合金融機関化の方式であるという共通項をもっている。しかし、この金融持株会社制度は、産業界全体を規制の対象とする企業結合規制・独占禁止法9条が、大手銀行の利害によって突破されることで導入された経緯をもっている。したがって、金融持株会社制度は単に総合金融機関化の一方式として選択肢のひとつになるだけではとどまらない、資本の集中という独自な契機によって導入されたと位置づけざるをえない。

　この金融持株会社の導入の独自な契機は、金融持株会社制度と業態別子会社方式の制度的枠組みとを、それぞれのケースで想定される銀行の資本蓄積のありかたから比較検討することで、明確になると思われる（第1節および2節）。そして、金融持株会社制度の導入の契機をさらに制度の導入過程の考察、金融持株会社解禁論の検討を通して明らかにすることで第1節と2節で行った分析に具体的内容を与えたい（第3節）。最後に、この制度の導入契機をアメリカの銀行持株会社制度との比較を通して考察することで、日本におけるこの制度の独自な導入契機を明確に把握したい（第4節）。

第1節　業態別子会社方式による銀行の総合金融機関化

1　1993年の業態別子会社方式の導入

　業態別子会社方式と金融持株会社制度とを、銀行の資本蓄積のありかたから考慮しながら比較するための前提作業として、第一に1993年の金融制度改革で導入された業態別子会社方式による銀行の総合金融機関化の制度的枠

組みとそのもとでの銀行の資本蓄積のありかたを考察したい。

　まず、考察の出発点として、戦後の金融制度が、1950年代前半までの戦後復興期に金融機関の再編整備が進行するなかで、「専門制・分業制」をひとつの軸にしながら再形成されたことを確認したい。銀行の総合金融機関化を問題にする限りでは、「専門制・分業制」については次の点に着目できる。すなわち各業法が整備されることにより金融機関ごとに特定の業務内容が定められ、具体的には「長短金融の分離」「銀行・信託の分離」「銀行・証券の分離」という業務分野規制が設けられた点である。業務分野規制が設けられた背景には、健全経営の観点から普通銀行に短期金融を担わせるという商業銀行主義が存在していたとされている。この業務分野規制によって、長期資金の供給を長期信用銀行、信託銀行が担い、短期資金の供給を普通銀行が担うべきものとされ、普通銀行は預金または定期積金の受けいれ、資金の貸付または手形の割引、為替取引をその固有業務とされた。また50年代前半にすでに産業資金供給方式の主流を占めていた都市銀行のオーバー・ローンの状態を正常化することも期待された。このようにして、金融分野は銀行（短期・長期）・信託・証券・保険の分野に分割され、業法により本体での異業種分野への参入は禁止された。

　しかし、1970年代後半以降、戦後の金融規制の基本要素であった金利規制の緩和と並んで業務分野規制の緩和が問題となり、この「専門制・分業制」はその役割について見直しが求められるようになった。79年6月、金融制度調査会は「普通銀行のあり方と銀行制度の改正について」という答申で、これまでの業務分野規制を有効としていた立場を転換し「銀行の業務範囲の弾力化」を打ち出した。この答申にもとづき、81年に銀行法、証券取引法が改正され、新銀行法では先述の銀行の固有業務のほかに、公共債等証券業務についての明文規定がおかれ、1983年から銀行による国債の窓口販売が、1984年からは国債のディーリングが開始された。このようにして80年代前半には、銀行による証券業務が法的に追認されることになったが、これは50年代前半に再形成された「専門制・分業制」の制度的枠組みを維持したまま、あくまで「業務範囲の弾力化」として実行されたといえよう。

しかしながら、1980年代後半に入ると、「専門制・分業制」の制度的枠組みそのものを見直すことが本格的問題となり始めた。85年9月、金融制度調査会に制度問題研究会が設置され、そこでは長短分離規制を中心とした「制度問題」について議論が進められ、87年12月に「専門金融機関制度のあり方」という答申が出された。この段階では、長期信用銀行制度、信託銀行制度、外国為替専門銀行制度、相互銀行制度についての問題整理にとどまっていたが、「金融の証券化」が世界的潮流となっているなかで、制度の枠組みについても広い角度から検討する必要があるとして総合金融機関化の方向が示唆された。そして、銀行の証券業務、信託業務への異業態参入の問題についても初めて言及された。

　このような制度問題研究会の報告を受けて、金融制度調査会は1988年2月に第一委員会と第二委員会を設置して「制度問題」について本格的な検討を進めた。銀行の異業態への参入問題が具体的に取り上げられたのは、89年に金融制度調査会第二委員会で「新しい金融制度について」の第1次中間報告がまとめられ、その第6章「金融制度見直しに当たって考えられる方式」のなかで、総合金融機関化を進める方式として「5つの考え方」が公表されて以降である。この「5つの考え方」で、①相互乗入れ方式、②業態別子会社方式、③特例方式、④持株会社方式、⑤(本体での) ユニバーサル・バンク方式が示された。ここで注目されるべき点は、この段階で、総合金融機関化のひとつの選択肢として初めて「持株会社方式」が提示されたことである。しかし、90年の第2次中間報告を経て、91年6月に最終的に答申された「新しい金融制度について」では、総合金融機関化を図る方式として、上述の「5つの考え方」のなかの②業態別子会社方式が採用された。

　これを受けて、1992年に「金融制度および証券取引制度の改革のための関係法律の整備等に関する法律」(以下、「金融制度改革法」とよぶ)が成立し、93年に業態別子会社方式による銀行・証券・信託の相互参入が図られた。金融制度改革法は、銀行法に子会社規定を設ける形になっている。具体的には普通銀行、長期信用銀行、外国為替銀行、農林中央金庫および協同組織金融機関の連合会に証券子会社と信託銀行子会社を、信託銀行には証券子会社

を、証券会社には銀行子会社または信託銀行子会社を、それぞれ50％超の出資比率で所有することを認める内容である。

しかしこの場合、新設会社の子会社化が原則とされ、既存の信託銀行・証券会社の子会社化は破綻会社の買収に限定された。つまり、基本的には既存資本の買収は認められなかった。この新設会社の子会社化とは、個別銀行にとっては直接に蓄積にもとづく経営規模の拡大を意味することにほかならない。実際、97年12月時点で大手銀行のほとんどは、それぞれ個別に証券子会社と信託銀行子会社を新設（例外的に救済買収）していることが確認できる〔図表3-1〕。

また、この方式の導入の前提になるが、業態別子会社が設立・買収される場合には、独占禁止法11条の「5％ルール」は、公正取引委員会の認可を得たうえで適用除外とされた。これにより銀行は、証券子会社と信託銀行子会社を所有する限りでの「事業持株会社」として経営することが可能になった。

しかし、この業態別子会社には、業務制限が課せられた。これは、上記子会社の新設限定の原則とセットになっている。証券子会社の業務範囲については、株式ブローカー業務の当面の禁止措置以外は、法律上の制限はつけられていなかったが、大蔵省は「金融制度改革実施の概要」（1992年）をまとめ、証券子会社、信託銀行子会社の当初の業務範囲や弊害防止措置などをさらに詳しく規制する内容の骨子を発表した。このなかで、証券子会社の当初の業務範囲は、公共債、普通社債などについては、フル業務が認められるが、エクイティもの（転換社債、ワラントなど）については、発行業務が認められるものの、ディーリング、ブローカー業務が禁止されるなどの措置がとられた。また、信託子会社の当初の業務範囲として、金銭以外の信託は認められたが、金銭信託のうち貸付信託、年金信託、特金などは禁止される措置がとられた。

このような業務制限は、例えば証券取引審議会の基本問題研究会が1991年6月に公表した「証券取引に係わる基本的制度のあり方について」という報告書にみられるように、証券市場への新規参入については、当面、発行市

図表 3-1　業態別子会社による相互参入状況と破綻救済子会社の状況（1997年12月現在）
業態別子会社による相互参入状況

親会社	証券子会社	信託銀行子会社
日本興業銀行	興銀証券	興銀信託銀行
日本長期信用銀行	長銀証券	長銀信託銀行
日本債券信用銀行		日債銀信託銀行
あさひ銀行	あさひ証券	あさひ信託銀行
第一勧業銀行	第一勧業証券	第一勧業信託銀行
さくら銀行	さくら証券	さくら信託銀行
富士銀行	富士証券	富士信託銀行
東京三菱銀行	東京三菱証券	東京信託銀行
三和銀行	三和証券	三和信託銀行
住友銀行	住友キャピタル証券	すみぎん信託銀行
東海銀行	東海インターナショナル証券	東海信託銀行
北海道拓殖銀行	北海道拓殖証券	
横浜銀行	横浜シティ証券	
三菱信託銀行	三菱信託証券	
住友信託銀行	住友信託証券	
安田信託銀行	安田信託証券	
三井信託銀行	三井信託証券	
東洋信託銀行	東洋信託証券	
農林中央金庫	農中証券	農中信託銀行
全国信用金庫連合会	しんきん証券	しんきん信託銀行
野村証券		野村信託銀行
日興証券		日興信託銀行
山一証券		山一信託銀行
大和証券		大和インターナショナル信託銀行

業態別子会社による相互参入状況

救済会社	子会社
大和銀行	コスモ証券
東京三菱銀行	日本信託銀行
さくら銀行	わかしお銀行

（資料）藤原英朗『金融持株会社のしくみと実際』経済法令研究会、1997年、85ページに掲載された表にもとづき作成。

場を中心に新規参入を進めること、別法人の形態で参入する場合、弊害防止措置を法令で定めること、参入は「漸進的、段階的」に進めるといった内容の提起が、行政に反映された結果である。すなわち、この業務制限は参入先の市場で既存資本が収益の柱にしている業務については当面は禁止し、徐々

に業務規制を緩和するという考え方にもとづいている。したがって、93 年に導入された業態別子会社方式は、大手銀行の資本蓄積にとっては子会社新設のために新たな巨額の投下資本を必要（出資比率は 50% 超と優遇措置がとられているが）とし、かつ当面十分な収益は見込めないという不十分な総合金融機関化の方式であったといえる。

　しかし、証券会社と信託銀行の新設に限定され、かつこのような激変緩和措置により子会社に業務規制が課せられており、事業持株会社としては制限が多いが、1993 年の金融制度改革法の施行は、「専門制・分業制」にもとづく業務分野規制を事実上突破させ、銀行の総合金融機関化の端緒をなしたといえる。総合金融機関の類型にあてはめれば、それはイギリス型の総合金融機関に形式的には近似した金融機関に転化したといえる。

　ところで、1991 年の金融制度調査会の最終答申「新しい金融制度について」は以上の「業態別子会社方式」を採用したが、「持株会社方式」を採用しなかった理由についても確認しておきたい。89 年の「新しい金融制度について」の中間報告書は「持株会社方式」を採用しない理由について次のように述べている。「わが国では独占禁止法により持株会社が全面的に禁止されている（第9条）ので、この方式を実現するには、まず独占禁止法との調整を図らねばならない」。しかし、「独占禁止法第 9 条はひとり金融機関について持株会社の設立を禁止したものではなく、いわば産業全体についての規定であり、金融制度見直しのために、独占禁止法の改正を提起するのは適当とは考えられない」。こうした認識が 91 年の最終答申にも同様に反映され、93 年に業態別子会社方式が導入されたのである。

　しかし、この「持株会社方式」も「業態別子会社方式」と同様に、銀行がいかにして個別に総合金融機関化するかという観点で問題になったことに留意しておきたい。つまり、この方式においても個別銀行が直接に蓄積にもとづく経営規模の拡大をすることが前提になっている。だから、1989 年の同報告書では「持株会社方式」の導入のメリットについては次の点のみ言及されている。すなわち「複数の関係会社が持株会社を介して水平の関係、いわば兄弟会社の関係になるので、関係会社間の直接の影響が遮断され、この点

では、銀行の健全経営や預金者保護が図りやすく、また、親子関係の場合に比べれば利益相反の防止を図りやすい」。このように、経営リスクの遮断効果、利益相反の防止のみがメリットとして指摘されるだけで、後節で触れることになる既存金融機関の統合の円滑化、分社化の円滑化といったメリットについては全く指摘されていない。

2 業態別子会社方式の規制緩和

　1993年から実施された業態別子会社方式は、日本版「ビッグバン」の過程で規制緩和が実施された。この過程で銀行は、金融会社の所有に限定されるという条件は残るものの、独占禁止法11条（5%ルール）の制約を突破している。97年12月に、公正取引委員会は「独占禁止法第11条の規定による金融会社の株式保有の認可についての考え方」を公表して、株式保有の認可対象を次のように拡大した。①株式発行会社が金融会社である場合と、②株式発行会社が非金融会社である場合である。②の場合には、収入依存度が50％以上の従属会社、準金融会社（債務保証業務・ベンチャー・キャピタル業務、リース業務など）、子会社が金融会社と準金融会社のみである持株会社に限定されるが、①の金融会社の場合については条件なしに認可されるようになった。

　したがって、前項で述べたように、これまでは銀行が子会社にできる金融会社は、原則的には新設の信託銀行・証券会社に限定されてきたが、この独占禁止法11条の運用の変更に対応して1998年の金融システム改革法で銀行法が改正され、銀行が子会社にすることができる金融会社の対象は拡張されることになった。これにより銀行の子会社となることが可能になる対象は銀行、長期信用銀行、証券専門会社、そして保険会社等に広げられた。

　1993年に導入された業態別子会社方式の制約について、馬淵紀壽は次のように指摘していた。「日本がここ数年進めてきた業態別子会社方式は、イギリス型に近いが、(1) 保険会社が認められていないこと、(2) 証券子会社の業務範囲に制限が加えられていること、(3) 分厚いファイヤー・ウォー

ルが設定されていることなどの違いがあり、実態は似て非なるものである」（馬淵紀壽『金融持株会社——金融システム再編の主役』東洋経済新報社、1996年、86ページ）。しかし、これらの制約（1）〜（3）は規制緩和によってすべて解消されることになった。（1）については上記の法改正によって00年10月から既存保険会社の子会社化が認められた。（2）については、99年10月から業態別子会社に対する業務規制が撤廃され、証券子会社、信託銀行子会社は、すべての業務が営業可能となった。（3）については、金融監督庁と大蔵省が99年4月に、銀行と証券子会社のファイヤー・ウォール規制を緩和したことで、銀行と証券子会社は一体営業が可能になった。

そして、以上の制約の突破とともに、銀行による子会社の所有は新設会社のほかに、既存会社の統合・買収でも認められるようになった。これは、業務制限付きで新設の証券子会社と信託銀行子会社を所有する限りでの「事業持株会社」であった銀行が、完全な事業持株会社としての総合金融機関に転化したことにほかならない。独占禁止法11条の突破はいわば完全な事業持株会社としての銀行を生み出したといえる。すなわち、銀行は直接に蓄積にもとづく規模拡大のみに限定されるという、従来の総合金融機関化にとっての制限を突破することができたのである。

以上、銀行の総合金融機関化の方式としての業態別子会社方式について、そのもとでの銀行の資本蓄積のありかたを中心にして考察してきた。これまでに明らかになったことは次の点である。旧業態別子会社方式は、個別銀行が直接に蓄積にもとづく規模拡大を行うという蓄積のありかたであった。具体的には新設の子会社設立のみに限定され、買収は認められなかった。また、総合金融機関化の一方式として検討された持株会社方式も同じ前提であった。しかし、規制緩和によって現行の業態別子会社方式は、個別銀行が直接に蓄積にもとづく規模拡大に限定されないで、総合金融機関化を進めることが可能にした。具体的には、銀行が子会社として既存の金融機関を買収することが可能になった。したがってまた、子会社に対する業務制限も解除されることになった。

次節では、金融持株会社制度の導入による銀行の総合金融機関化につい

て、その制度的枠組みと資本蓄積のありかたを確認して、本節で確認した業態別子会社方式と比較検討したい。

第2節 金融持株会社制度の導入による銀行の総合金融機関化

1 金融持株会社制度の枠組み

　ここでは、独占禁止法9条が改正されたことにより、1998年に新たに導入された金融持株会社の制度的枠組みそのものを確認しておきたい。具体的には銀行持株会社とその子会社についての法的規定をみることにする。97年12月に制定された金融持株会社関連二法のうち、銀行持株会社等を規制する「銀行持株会社整備法」は、銀行法、預金保険法の一部をそれぞれ改正する形式をとって銀行持株会社制度を導入し規制を行っている。したがって、銀行持株会社の制度的枠組みは、法的には改正銀行法で追加された銀行持株会社の定義規定により明らかになる。

　まず第一に、銀行持株会社についての定義規定を確認する。改正銀行法では、同法における「持株会社」が独占禁止法9条③項に規定された「持株会社」である旨を規定したうえで、銀行持株会社の規定を行っている。独占禁止法上の持株会社とは、子会社の株式の取得価額の合計額が会社の総資産額の50％を超える会社である。銀行持株会社は銀行法で独自に規定され、「銀行を子会社とする」持株会社で、銀行持株会社となることについて監督当局の認可を受けているものと定義されている。ただし、銀行法上の銀行持株会社に該当するためには、単に「銀行を子会社とする持株会社」であるだけではなく、監督当局による認可を受けることが要件となる。なぜなら、銀行持株会社は具体的には子会社である銀行の経営管理を中心に行うので、持株会社の経営のありかたが、子銀行の経営や業務内容に影響を与えることから、銀行持株会社についても銀行に準じた規制が課せられるからである。

　第二に、銀行持株会社の要件を満たすことで銀行持株会社本体では何がで

きるのか、その業務範囲について確認する。上記のように銀行持株会社は子銀行の経営管理を行う会社である。銀行持株会社の業務は、専らその子会社に対する経営管理とこれに附帯する業務に限定される。これは、銀行が他業禁止の規制を課せられていることに対応している。「経営管理」については、典型的には、銀行持株会社が、株主権の行使を通じて子会社の取締役を選任し、子会社の業務について銀行持株会社の方針を踏襲した決定をさせることや、銀行持株会社の方針に沿って代表取締役が業務を行うよう取締役会に監督させることにより、実質的に、銀行持株会社が子会社の業務を管理・監督することが想定されている。このように銀行持株会社は株主権を行使することにより子会社の経営管理機能をもち、その経営方針の決定や業務内容についての指示を行うことができる。また、銀行法はこれに対応して、銀行持株会社がその子会社の経営管理を行うにあたっては、子銀行の経営の健全性と適切な運営の確保に努めなければならないと規定している。これも銀行経営の健全性確保や預金者保護といった銀行法の趣旨に則ったものである。

第三に、銀行持株会社の「子会社」となる「銀行」について確認したい。この場合の「子会社」は、持株会社によって発行済み株式（銀行法の場合には議決権のあるものに限定される）の50％を超える数または額の株式を所有されている会社をいう。この場合の「銀行」とは銀行法にもとづいて設立される銀行業を指している。すなわち、都市銀行、地方銀行、第二地方銀行、信託銀行がそれにあたる。

先に、銀行持株会社に対しても子銀行の経営の健全性を確保するために銀行に対する他業禁止の規制が適用され、その業務範囲が子会社の経営管理を行うこととそれに附帯する業務に限定されていることをみたが、それと同じ基準で銀行持株会社による一般事業会社の子会社化を禁じている[60]。しかし、今回の銀行法改正では、金融に関連する業務を営む会社であれば、広い範囲で子会社化することを認めている。同法では、銀行持株会社が「銀行」以外の会社を子会社にすることが可能な対象として、次の金融会社を定めている。①長期信用銀行、②証券専門会社[61]、③保険会社[62]、④銀行業を営む外国の会社、証券業を営む外国の会社、保険業を営む外国の会社、⑤従

属業務を営む会社[63]、⑥関連業務会社（クレジット・カード業務や投資顧問業、投資信託委託会社、ベンチャー・キャピタルなど）、⑦ベンチャー・ビジネス企業、⑧これらの会社のみを子会社とする持株会社（中間持株会社）である。

　以上、形式的に銀行持株会社の制度的枠組みを確認した。これまでに明らかになった点は次のことである。1993年の金融制度改革法の施行段階では、金融持株会社による参入方式が独占禁止法9条の規制により断念されていたが、1998年の段階で銀行の資本蓄積にとっての独占禁止法9条の制限は突破された。これにより銀行は金融持株会社を設立できるようになり、「専門制・分業制」にもとづく業務分野規制は業態別子会社方式と並んで金融持株会社制度によっても、事実上突破されることになった。銀行は金融持株会社を介して証券業等の非銀行業務へ進出し、総合金融機関へ転化するという選択肢をもったのである。

2 業態別子会社方式と金融持株会社制度との比較

　次に、金融持株会社制度の枠組みのもとでの銀行の資本蓄積のありかたについて確認したい。第一に、銀行持株会社の定義上、銀行がその子会社になりうることは確認したところであるが、ひとつの銀行持株会社が複数の銀行や長期信用銀行を同時に子会社化することも可能になっている点が注目される。

　第二に、銀行持株会社を介した銀行、長期信用銀行、証券専門会社、保険会社との兄弟会社化についても新設会社、既存会社を問わず可能になっている点が注目される[64]。すなわち、金融持株会社でも、直接に蓄積にもとづく経営規模拡大に限定されない蓄積のありかたが前提になっており、合併・買収は制限されていない。

　したがって、現行の業態別子会社方式、金融持株会社制度の双方とも既存資本の統合、買収をも含めた総合金融機関化が前提になっている方法だという点では共通項をもっているということができる。1993年に導入された当初の旧業態別子会社方式は、個別銀行の直接に蓄積にもとづく経営規模拡大

のみを前提にした新設会社による総合金融機関化の方法であったのに対し、現行の業態別子会社方式と金融持株会社制度は、それは必ずしも前提にはなっていない[65]。

　この新設会社に限定した総合金融機関化と既存資本の統合・買収を制限しない総合金融機関化との間には重要な相違がある。この相違を資本蓄積のありかたから理論的に考察するなら、既存資本の統合・買収による子会社化は、直接に蓄積にもとづく経営規模拡大とは区別され、すでに形成されている諸資本の集中による集積、あるいはそれらの個別的独立の解消によって経営規模が拡大されることを意味する。すなわち「諸資本の集中」を意味する。

　さらに詳しく区別すれば、個別資本の蓄積の総計は、社会的総資本の蓄積を意味するのに対し、諸資本の集中過程はただすでに存在し機能している社会的資本の配分の変化を前提するだけであり、したがってそれが行われている範囲は、社会的富の絶対的な増加または蓄積の絶対的な限界によって制限されていない。集中の進展は決して社会的資本の大きさの絶対的増大には依存しないのであり、社会的資本の諸成分の単なる量的編成の変化によって、おきうる。すなわち、集中の過程とは個別資本の直接に蓄積にもとづく規模拡大の制限を突破する過程である。

　したがって、既存資本の統合・買収を制限しない総合金融機関化は、集中という契機を含んでいるのであり、現行の業態別子会社方式と金融持株会社制度とは、どちらも金融機関の集中が可能である総合金融機関化のための枠組みであるということができる。あるいは同じことであるが、それらは個別銀行の直接に蓄積にもとづく経営規模拡大の制限を突破して総合金融機関化する契機を含んでいる。

　しかし、このように考察するならば、独占禁止法9条の突破によって純粋持株会社を解禁し、金融持株会社制度を導入した契機そのものが問題になってくる。独占禁止法9条も11条も、どちらも一般集中規制に関わる条項であるが、11条は**銀行**が**事業持株会社**になることを原則的に禁止してきたのに対し、9条は**産業界全体**に対して**純粋持株会社**の設立・転化を禁止してきた。

したがって、事業持株会社による集中と純粋持株会社（金融持株会社）による集中とは、相違が認められるのか、認められるとすればどのような相違があるのかという問題が生じる[66]。

　また、次のような問題もある。すなわち、事業持株会社としての銀行が子会社として別の銀行を所有する場合、親銀行は銀行を所有していても、法的には銀行持株会社とはみなされない。なぜなら、①子会社株式の50％超の所有、②これらの所有株式の取得価額の合計が会社の総資産の50％を超える、の2点が銀行持株会社の基本的要件であるが、この場合は、①の要件を満たしていても、②に該当しないからである。そうであれば、銀行持株会社と事業持株会社としての銀行との形式的な差異は、次のようになる。銀行持株会社本体には業務範囲に制限があり専ら子会社の経営管理に限定されているのに対して、事業持株会社としての銀行は本体で事業を営みながら、なおかつ子会社の銀行を支配することができる。しかも銀行持株会社の子会社と銀行の子会社の範囲は、基本的に同一である。このように両者の差異は、親会社が銀行業を営めるかどうかの相違でしかなくなり、制限の度合いの大きさからいえば、かえって事業持株会社としての銀行の方が自由度が大きいということになる[67]。このように、一見すると独占禁止法9条を改正した意義が不明になってしまう。

　以上の問題は、銀行の資本蓄積において、いかなる集中の契機が独占禁止法9条を制限たらしめ、それを突破せしめたかという問題に集約される。あるいは金融持株会社の組織形態をとることで、事業持株会社としての銀行では制度上不可能なことが可能になると指摘できるかという問題でもある。そこで、金融持株会社制度の導入の経緯の考察、金融持株会社解禁論の検討を通して、金融持株会社制度の導入のより具体的な契機を明確にしたい。

第3節 金融持株会社制度の導入の契機

1 金融持株会社制度導入の経緯

　1993年に業態別子会社方式が導入された翌年、94年3月に経団連が独占禁止法9条の見直しを提言し、同年11月には経済同友会が持株会社解禁の要望を表明することで日本では再び「純粋持株会社解禁論」が本格的に主張されだした。95年3月には「規制緩和推進計画」が政府で策定されたが、その計画のなかで、財界から出された解禁論を反映させる形で純粋持株会社禁止条項の規制緩和が重要項目として浮上した。それに先立つ同年2月には、通産省産業政策局が設置した企業法制研究会による「報告書」が提出されており、解禁に向けての理論的な準備も進んでいた。同研究会の報告書「純粋持株会社規制および大規模会社の株式保有規制見直しの提言」[68]は、「解禁論のバイブル」とよばれたように、解禁の方向に向けて政策に大きな影響をもたらしたとされている。

　こうした産業界や通産省から出された規制緩和の一環としての「純粋持株会社解禁論」が昂揚しその解禁が政治日程にのぼった段階で、都市銀行10行で構成される都銀懇話会は1995年9月に「金融持ち株会社の研究」をまとめ、同年11月には金融持株会社の解禁を大蔵省へ公式に要望した。ここで注目されるべき点は、そのなかで、89年に金融制度調査会が示した相互参入のための金融持株会社の類型以外にも①既存金融機関の統合、②既存金融機関の経営組織再編（銀行本体の分社化）を実現する金融持株会社の類型が示されている点である。

　そして、1995年11月には金融制度調査会の金融機能活性化委員会が、金融持株会社構想の検討入りを決めた。また、同年12月には公正取引委員会の独禁法第4章改正問題研究会[69]が、その中間報告書（「持株会社禁止制度の在り方について」）で「持株会社禁止制度の目的に反しないと考えられる」4類型を発表し、そのなかのひとつとして、「金融業において異業態間の相互参

入方式として持株会社形態を利用する場合」が示された[70]。しかし、この報告書のなかで示された金融持株会社は、類型としては①異業種金融会社の新規設立、②破綻金融会社の救済の2類型に限定されており、都市銀行が要求した既存金融機関の統合を実現する類型は排除された。

このように公正取引委員会の態度は、部分的に上述の4類型に限って持株会社を解禁するというものであったが、これに対する財界や自民党の反発が強かった。全国銀行協会連合会の会長も「部分解禁は不十分」として不満を示した。ところが年が改まった1996年1月中には公正取引委員会の態度は「全面解禁」「原則自由」の立場に豹変した。独占禁止法の執行機関である公正取引委員会の態度豹変により、独占禁止法9条は持株会社を「一律禁止」にするのではなく「弊害規制」に転換する方向へと確実に動きだした。したがって、都市銀行が要求していた既存金融機関の統合を実現する類型も解禁されることになった[71]。

その後、当時の連立与党（自民党・社民党・新党さきがけ）間、経団連と連合の間の調整が遅れたため1996年中の立法化は見送られたが、同年10月に経済審議会行動計画委員会の金融ワーキンググループが金融制度改革を提言し、その提言のなかで97年度中の金融持株会社解禁が主張された[72]。続いて96年11月には日本版「ビッグバン」が首相によって指示され、経済審議会の提言に沿った形で金融持株会社の導入が盛り込まれた。そして97年3月に独占禁止法の改正案が国会に上程され、同年6月に独占禁止法の9条の緩和改正が実現し、純粋持株会社の設立が解禁された[73]。

こうして独占禁止法の緩和改正が可決された直後に、金融制度調査会は日本版「ビッグバン」の一環として金融持株会社制度をその要として位置づけ、その導入を答申した。それにもとづき金融持株会社を銀行法で規制するための法改正（金融持株会社関連法）が行われ、1998年3月に実質的な解禁となった[74]。このように、規制緩和論の潮流に金融持株会社解禁論が合流する形で独占禁止法9条が改正され、金融持株会社の設立が可能となった。

戦後、幾度か純粋持株会社解禁論が浮上しては立ち消えになってきたが、これまで浮上してきた解禁論の背景には、資本自由化による外資の参入、プ

ラザ合意後の急激な円高、そしてバブル崩壊後の長期不況がありきっかけは様々である。しかし、これまでの解禁論の主張は「日本企業は、効率経営が可能な手段を禁止されている。国際競争でも不利。だから、独占禁止法9条は、一律禁止から弊害規制にして、国際的法制度に調和させるべき」と要約することができ[75]、今回の純粋持株会社一般の解禁論にも、基本的には改めて解禁の実現を左右する説得的な新主張はみられない[76]。

しかし、ここで注意されるべき点は「金融持株会社の必要性は今回の持株会社解禁論推進の中で大きな役割を果たしてきた」[77]のであり、「独禁法9条撤廃のメリットをフルに享受するのは金融機関である」[78]と指摘されたことである。つまり、1990年代の純粋持株会社解禁論が成就した経緯を振り返るならば、「金融持株会社の解禁」という新しい論点、より厳密にいえば「既存金融機関の統合、合併代替を可能にする金融持株会社の解禁」が金融の側からつけ加えられ、これまでの解禁論には存在しなかった銀行業界からの圧力が存在したことがわかる。そして、表面的には産業界が先行的に解禁論を提唱するという形式がとられたが、実際に解禁の必要性を切実に認識していたのは都市銀行をはじめとする大銀行であったことが確認できる[79]。

つまり、独占禁止法9条の改正すなわち純粋持株会社制度の実現の過程を考察すると、産業界全体を規制する独占禁止法9条の改正は、実は銀行の資本蓄積にとっての制限突破の法的表現であると分析することができる。すなわち、従来、業法の規定を突破することで銀行は総合金融機関化を進めてきたのであるがそれでは不十分であり、独占禁止法の一般集中規制に位置づけられる企業結合規制の9条が、大銀行を中心とした既存金融機関の統合、合併代替を実現するうえで障害物になっていたということができる。

2 金融持株会社解禁論の検討

都銀懇話会がまとめた「金融持株会社の研究」（1995年）や馬淵紀壽らが主張した金融持株会社解禁論そして金融持株会社の導入を答申した金融制度調査会の「わが国金融システムの改革について」(1997年) で、日本の金融

制度に金融持株会社制度を導入する意義として指摘されている主要な点を整理すれば、次の3点に大別される。①総合金融機関化（業務多角化）の手段、②既存金融機関の分社化による経営組織再編を円滑化する手段、③既存金融機関の統合の円滑化の手段＝兄弟会社化による合併代替。

そこで、①～③についてそれぞれが、事業持株会社の銀行に対して、金融持株会社の導入の独自な契機となっているかを検討する。以下、順番に検討していくことにしたい。

①総合金融機関化（業務多角化）

金融持株会社と事業持株会社としての銀行はともに、集中が可能な総合金融機関化の手段であることは第2節 **2** で言及した。したがって、①は金融持株会社の導入だけに独自な契機となっていないことはすでに明らかになっている。事業持株会社としての銀行では金融子会社が親会社に支配されるのに対して、金融持株会社ではすべての金融子会社が兄弟関係として銀行持株会社の下に統合されるという相違を除けば、総合金融機関化が可能という点で両者に相違はない。ただし、金融会社が親子関係におかれるか兄弟関係におかれるかの相違で、経営悪化によるリスクの波及のしかたが両者では異なるとされている。金融持株会社の場合、すべての金融会社が兄弟関係にあり、それぞれの金融会社の経営状況が相互に直接的に影響を与えにくいしくみであるので、親子会社の場合よりもリスクの遮断効果が高いとされている。また親子会社間の利益相反の防止も可能とされている。この限りでいえば、1993年の金融制度改革法の施行時に、専らこのメリットが強調された「持株会社方式」が独占禁止法9条のために回避され、いわば「次善の策」として「業態別子会社方式」が導入されたという意味での制限は突破された。

②既存金融機関の分社化による経営組織再編の円滑化

純粋持株会社一般の解禁論で「分社化」[80]による経営組織再編の円滑化が問題になる場合は、「事業と経営の分離」[81]の角度から問題にされる。この「事業と経営の分離」によるメリットを金融持株会社制度にも適用させることが②の考え方である。それにより金融持株会社は、経営管理に特化され

た「戦略本社」として、専門化・高度化した金融サービスを提供する子会社を所有し、グループ全体の経営戦略にたって判断をすることにより子会社の新規参入や不採算部門からの撤退を円滑化することが期待されている。確かに、形式的には親会社そのものの純粋な「事業と経営の分離」は純粋持株会社によってしかなしえないことである。ただし、銀行持株会社の場合、持株会社の業務内容については、子会社の経営管理とそれに附帯する業務に法的に限定されることを先にみたが、むしろ純粋な「事業と経営の分離」は銀行子会社経営の健全性確保の面から強制的に実行される点に注意をしておきたい。

　しかし、分社化一般についていえば、これは純粋持株会社に限定される企業の子会社化の方法ではなく、むしろ事業持株会社が従来行ってきた方法である。前述したように銀行は事業持株会社としての総合金融機関に転化できる条件がすでに与えられている。したがって、確かに純粋な「事業と経営の分離」は形式上不可能にはなるが、事業持株会社としての銀行においても分社化は可能であり、その枠組みでも論理的には「事業と経営の分離」の程度は限りなく純粋に近づくまで実行することが可能である。すなわち、分社化それ自体は純粋持株会社としての金融持株会社に固有の機能ではなく[82]、また純粋な「事業と経営の分離」によるメリットも実際には存在するのか不明確である[83]。アメリカの事例をみても、銀行持株会社の大半はシェルカンパニーであるといわれる。実態的には持株会社傘下の中核商業銀行（リードバンク）が、グループ全体の運営も含めて戦略を担っているとされている。したがって、②は金融持株会社制度の導入の独自な契機であるとは明確にはいえない。金融制度調査会が示す資料「資産規模上位30社の格付けおよび組織形態」〔図表3-2〕をみても、純粋に「事業と経営の分離」が可能な純粋持株会社の組織形態が経営上の優位性に繋がっているとは認めがたい。

③既存金融機関の統合の円滑化＝兄弟会社化による合併代替

　既存金融機関の統合の円滑化＝兄弟会社化による合併代替とは具体的には何を意味するのか。金融持株会社方式は合併と比べて結合度が弱い企業結合方式[84]だとして、藤原英郎はそのメリットを次のように整理している（「金

図表 3-2　資産規模上位30行の格付けおよび組織形態（スタンダード・アンド・プアーズ社格付け）

S&P社 長期格付け	銀行名／銀行持株会社名	組織形態（中核銀行）
AAA	ドイツ銀行 (1)	事業持株会社
AA+	スイスユニオン銀行 (16) ドレスナー銀行 (17) 西ドイツ州立銀行 (22) スイス銀行 (29)	事業持株会社 事業持株会社 事業持株会社 事業持株会社
AA	農林中央金庫 (8) ABN-amro (14) バークレイズ (26) ナショナル・ウェストミンスター (27)	※制限付きの事業持株会社 純粋持株会社（オランダ銀行） 純粋持株会社（バークレイズ銀行） 事業持株会社
AA-	CSホールディング (12) ソシエテ・ジェネラル (18) コメルツ銀行 (23)	純粋持株会社（クレディ・スイス） 事業持株会社 事業持株会社
A+	三菱銀行 (7) パリ国立銀行 (19) シティコープ (28)	※制限付きの事業持株会社 事業持株会社 純粋持株会社（シティバンク）
A	三和銀行 (2) 住友銀行 (3) 第一勧業銀行 (4) 日本興業銀行 (11) HSBCホールディング (13)	※制限付きの事業持株会社 ※制限付きの事業持株会社 ※制限付きの事業持株会社 ※制限付きの事業持株会社 純粋持株会社（香港上海銀行）
A-	富士銀行 (5) さくら銀行 (6) 東海銀行 (20) パリバ金融投資会社 (24) あさひ銀行 (25)	※制限付きの事業持株会社 ※制限付きの事業持株会社 ※制限付きの事業持株会社 純粋持株会社（パリバ銀行） ※制限付きの事業持株会社
BBB+	クレディ・リヨネ (15) 日本長期信用銀行 (21)	事業持株会社 ※制限付きの事業持株会社
BBB-	中国工商銀行 (10)	不明
格付け なし	クレディ・アグリコール (9) バイエリッシュ・フェラインスバンク (30)	事業持株会社 事業持株会社

(注) 格付けは1997年4月時点。カッコ内の数字は総資産規模順位。
　※制限付きの事業持株会社とは、新設の証券子会社と信託銀行を所有する限りでの「事業持株会社」を意味する。
(原資料)『日興リサーチセンター投資月報』等。
(資料) 金融制度調査会「資料 銀行持株会社等について」(1997年6月) により作成。

融持株会社について——業務多角化と業界再編成の枠組み」『国府台経済研究』第 8 巻第 1 号、1996 年 8 月、220 ページ)。

(1) 個別金融機関の相当程度の独自性を維持しながらの統合が可能。

　　規模の異なる金融機関でも結合可能、異業種の専門性維持、本店統合不要、異なる人事制度や報酬体系の併存可能、分社化並の活力向上。

(2) 時間をかけた統合の推進。必要に応じ合併も可能。

　　協調と合意にもとづく日本的風土に適した方式。合併までの過渡的形態として利用可能。

(3) 合併による合理化効果も部分的に実現可能

　　重複店舗や関連会社の整理、統合。ロゴの統一など。

以上に整理されている点は、純粋持株会社一般の解禁論で問題となる「組織・人事面での摩擦を回避した企業統合の手段」という意義を金融持株会社に適用したものである。その企業統合の手段とは、合併にともなう企業間の組織・人事面での摩擦を回避するために、それぞれの企業を独立したままにして、それを統合する形で純粋持株会社を設立し、合併と同様の効果をあげていくという「合併代替」の方法である。これを金融持株会社に適用すれば、金融機関同士の対等合併を円滑に進めることができ、かつ異業種の金融機関同士との企業結合も可能となる。

　この点でいえば確かに、金融機関の対等な統合をより円滑に進める方式としても、異業種の金融機関の統合を進めるうえでも、純粋持株会社としての金融持株会社は最適な形態であるといえる。合併する金融機関をそのまま傘下におけば、合併と同じ効果を上記の「摩擦」を回避しながら獲得できるとともに、従来の合併方式では制限される異業種金融機関との間の対等な統合(例えば銀行と証券、銀行と保険) を実現することが可能となるからである。

　では、この点は金融持株会社の独自な機能だと指摘できるのかが問題になる。既存金融機関の集中が可能であるという点でみれば、事業持株会社組織の銀行と金融持株会社ともその機能に相違はない。しかし、両者では集中の形態が異なり、事業持株会社組織の銀行の場合には親会社となる銀行の傘下

に金融子会社が統合されるのに対し、金融持株会社の場合には、すべての金融会社が子会社として金融持株会社の傘下で兄弟関係になる。では、金融会社が親子関係におかれる場合と兄弟関係におかれる場合ではどのような相違が生じるのか。

　事業持株会社組織としての銀行では、例えば、銀行が銀行の子会社になるといったように、親子関係のもとに資本が構成されることにより、その間で支配―従属の関係が生じる[85]。このような関係では、大手の既存金融機関同士の対等な統合は不可能となる。これに対し、金融持株会社では、その傘下の金融会社すべてが持株会社に支配される関係におかれる。しかし、持株会社の子会社と孫会社との関係を度外視すれば、持株会社の子会社におかれるすべての金融会社との間では、支配―従属の関係は生じない。つまり、この場合には大手の既存金融機関同士の対等な統合が可能になる[86]。そのことは、上記のように事業持株会社としての銀行には機能的に不可能である。したがって、既存の大手金融機関同士の対等な統合を合併代替により円滑化できる点が、金融持株会社の独自な機能であると指摘できる。

　以上のように検討すると、唯一③既存金融機関の統合の円滑化＝兄弟会社化による合併代替が、金融持株会社を導入する独自な契機となっている。したがって、ここで明らかになった点は次のことである。事業持株会社の銀行であっても金融持株会社であっても、金融機関の集中が可能である総合金融機関だという点で両者は共通項をもっていたが、金融持株会社は合併代替による大手金融機関の集中の円滑化が可能となっており、事業持株会社の銀行に対しては、独自な総合金融機関だという点である。既存の大手金融機関の集中によって、このような金融機関を生み出すことが、金融持株会社制度の導入の、より具体的な契機なのである。

　ここで、金融持株会社制度の導入の独自な契機が明らかになったが、大手金融機関の集中が進展することを是とする立場で、藤原は意識的に「今後一層の促進が期待されている金融再編成」（同上論文、219ページ）を進めるために金融持株会社制度を導入する必要があると指摘している。日本版「ビッグバン」の中核に金融持株会社の導入が据えられたのは、大手金融機関の集中

と総合金融機関化を同時に進める金融再編成を押し進めるために、金融持株会社がその手段として意識的に位置づけられたことにほかならない。

　上記、金融持株会社の導入の独自な契機をなす、③既存金融機関の統合の円滑化＝兄弟会社化による合併代替は、1995年に都銀懇話会によって示され、97年の金融制度調査会答申（「ビッグバン答申」）で結実した、金融持株会社の活用に対する新たな視点である。93年に施行された金融制度改革法の審議過程では、金融持株会社方式は専ら個別銀行の直接に蓄積にもとづく総合金融化の角度から問題にされただけであり、この新しい視点の導入は、従来なされてきた金融持株会社制度に対する位置づけの変化である。つまり、「大手金融機関の集中が可能となる総合金融機関化」という視点が新たに追加されることで金融持株会社制度が位置づけ直されたのである。この位置づけの変化が、一度は回避された独占禁止法9条の突破を実現させ、金融持株会社制度を生み出したのである。

　したがって、①総合金融機関化（業務多角化）で検討をした際に言及した、経営リスクの遮断と利益相反の防止に関わる金融持株会社のメリットの活用は、金融持株会社制度を導入した積極的な意義ではなくなっているのである。だから、第1節でみたように、独占禁止法11条の運用が緩和され銀行が完全な事業持株会社となったこと、その子会社に対する業務規制や親子会社間の業務隔壁が取り払われたり、子会社の範囲が金融持株会社の子会社の範囲と同一とされたことは整合性があるのである[87]。

　ところで、②既存金融機関の分社化による経営組織再編の円滑化についても、1995年以降に初めて導入された視点である。しかし、この分社化に関わる視点は、上記の「大手金融機関の集中が可能となる総合金融機関化」という視点とは、異なる契機をなしている。既存の個別資本の純粋持株会社化による分社化は、同一資本内における経営組織の編成の変更にすぎず、その点だけをみれば資本の規模、蓄積の規模において変化はみられない。NTTの純粋持株会社による分離・分割はこのケースに該当する。つまり、このメリットは個別銀行内の次元での経営組織上の選択の問題に属することになる。したがって、大手金融機関の集中の進展を是とし、産業界全体を対

図表3-3　金融持株会社の類型

(1) 統合型金融持株会社（既存金融機関の統合の円滑化）
① 合併代替

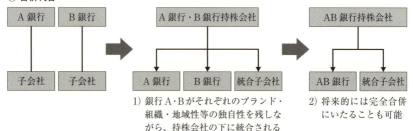

1) 銀行A・Bがそれぞれのブランド・組織・地域性等の独自性を残しながら、持株会社の下に統合される
2) 将来的には完全合併にいたることも可能

② 総合金融機関化（業務多角化）

(2) 分社型金融持株会社（既存金融機関の経営組織再編の円滑化）

（資料）都銀懇話会「金融持株会社の研究」1995年、金融制度調査会「資料 銀行持株会社等について」1997年、藤原英朗『金融持株会社のしくみと実際』経済法令研究会、1997年、89ページに掲載された図にもとづき作成。

象とする一般集中規制＝独占禁止法第9条を突破した大手銀行の立場からしても、②は積極的な意義をもつとはいえない。

　これまでの検討を踏まえて金融持株会社を類型化すると次のようになる。すなわち、③既存金融機関の統合の円滑化＝兄弟会社化による合併代替を可能にする金融持株会社の枠組みを「統合型金融持株会社」に、②既存金融機関の分社化による経営組織再編の円滑化を図る金融持株会社の枠組みを「分社型金融持株会社」に類型化することができる〔図表3-3〕。さらに「統

合型金融持株会社」は、①合併代替、②業務多角化の2つのタイプに分類される。しかし、これまで考察してきた大手金融機関の集中が可能となる総合金融機関化の枠組みとなる金融持株会社は、この2つのタイプを重ね合わせたものになる。この2つのタイプを重ね合わせた「統合型金融持株会社」が金融持株会社制度の核心をなす類型であるといえる。

第4節 アメリカの銀行持株会社制度との比較

　前節で明らかにしたように、日本における金融持株会社制度導入の契機は、大手金融機関の集中の円滑化、具体的には大手銀行同士の合併代替、大手銀行と大手非銀行金融機関の合併代替の円滑化である。日本で具体化しつつある大手銀行同士の共同持株会社設立の動きを捉えるならば、それは大手金融機関における「資本の集中」を円滑化する手段としての金融持株会社が形成されていると把握できるのであり、先に整理したところの「統合型金融持株会社」が類型的には一般化しつつあるといえる。

　一方、アメリカでは1920年代に初めて銀行持株会社が設立され、70年代以降に銀行の経営組織としてそれがすでに一般化するにいたっている。97年6月現在、銀行持株会社は5,114社あり、銀行総数9,231行のうち、銀行持株会社傘下の銀行は行数シェアで77.2％に達する7,130行で、これら銀行持株会社傘下の総資産は全銀行資産の94.5％を占めている[88]。つまり、商業銀行の大半が、親会社である銀行持株会社の子会社として運営されている。

　このように、アメリカの銀行の経営組織として銀行持株会社が一般化した契機は、①銀行の営業活動に対する地理的制限（銀行の市場が細分化されている）の突破、②グラス・スティーガル法の規制の突破の必要性である。これらの規制を回避するために、純粋持株会社組織としての銀行持株会社が一般化するにいたった[89]。一方で、この銀行持株会社はいわゆる銀証分離および経済力集中の抑制という観点から、銀行持株会社法によって規制の対象となり、非銀行業務を営む子会社の保有および他州銀行の買収禁止措置により、

その将来の膨張を規制することが企図されてきた。したがって、アメリカで銀行持株会社が発達してきた主要な理由は「資本の集中」を実現することであり、類型的には日本の大手銀行の間で一般化しつつある「統合型金融持株会社」とこの点では共通性を見出せる。しかし、日本の大手銀行で一般化しつつある金融持株会社と比較する場合、①の地理的制限の回避は、特殊アメリカ的な事情であり、日本では従来から支店銀行制度が採用されているので、地理的制限を回避する手段としての銀行持株会社が設立される前提が存在しない。

②のグラス・スティーガル法の制限回避という点では、この法律が日本の戦後の金融制度に移植され「銀行と証券の分離」規制がアメリカと同様に敷かれてきたので、日本の事情と共通性を見出せる。預金・貸付という伝統業務での収益が低下してきて、銀行の業務多角化が検討されるなかで、日本でアメリカの銀行持株会社制度が注目されたことは、日米とも「銀行と証券の分離」規制という同一の前提が存在するので根拠があった。金融制度調査会は、1988年に銀行の証券進出を大幅に認める法案であるプロクシマイヤー金融近代化法がアメリカの上院で可決された後（下院で廃案となるが）、89年に銀行の業務多角化の方式として「持株会社方式」を提示した。

アメリカで銀行業以外の事業分野への参入経路として銀行持株会社が利用されるようになったのは、1960年代の終わり頃からである。銀行持株会社の子会社が従事できる非銀行業務の範囲は、当初は連邦準備制度理事会の「レギュレーションY」によって規制されていた。傘下にできるのは、(制限付きの) 証券会社、モーゲージ会社、クレジットカード会社、信託会社、リース会社、貯蓄貸付組合 (S&L)、投資顧問会社などであった。

しかし、1980年代の中頃以降、連邦準備制度理事会は銀行業界からの強い要請に応えて、銀行持株会社の証券業務に関する規制を次第に緩和してきた。とくに87年以降は、一部大手銀行持株会社に対して、従来は認められなかった社債や株式についても、それらの収益が証券子会社 (第20条子会社) の収益の10％ (97年3月からは25％に引き上げられた) を上回らないという条件で、その取り扱いを認めるようになった。

また、銀行子会社と証券子会社との間に連邦準備制度理事会はいくつものファイヤー・ウォールを課していたが、1997年10月からファイヤー・ウォール条件を大幅に整理し、規制の緩和を行っている。そして、また証券子会社の収入制限の緩和により、大手商業銀行はほとんどの証券会社（投資銀行）を銀行持株会社の傘下に組み込むことが可能になった。このため、97年以降になって大手商業銀行による証券会社（投資銀行）の買収が相次いでいる。

　また、同時に大手有力銀行持株会社同士の合併が相次いでいる。この事態の背景には、比較的最近まで、1927年マクファーデン法によって、多くの州で商業銀行の支店設置が制限され、必然的に州境を超えて他州に支店を設置することも厳しく制限されてきたことがある。このような支店活動の規制を回避する手段として、1920年代以降、銀行持株会社が活発に利用されるようになったことは先に触れたが、94年にリーグル＝ニール州際業務・州際銀行支店設置効率化法が成立したことによって、97年6月から銀行の州境を超える支店設置が原則として自由化された。すなわち、銀行にとってはアメリカ全土がひとつの市場になったのである。98年に発表されたネーションズバンクとバンカメリカの合併は、銀行業を中心とした全米的な広域金融機関の成立を意味しているとともに、大手金融機関の「資本の集中」の実現を意味している。

　そして、1999年にグラス・スティーガル法は撤廃された。98年に発表されたシティーコープとトラベラーズ・グループの合併は、銀行、証券、保険の分野の大手金融機関が単一の持株会社の支配下に入る巨大でグローバルな金融持株会社の成立を象徴している。

　以上の点を踏まえて確認しておきたいことは次の点である。アメリカの銀行持株会社は、地理的規制と業務分野規制を突破するために発生し、それを規制する銀行持株会社法がありながらも何十年も経てアメリカの銀行業全体を特色づける経営組織に発展した。それに対し、日本では、戦後50年に亘って国内市場を規制してきた独占禁止法9条が短期間の審議のうちに改正されて銀行持株会社制度が導入され、急速に金融持株会社が大手銀行間で一

般化されようとしている。それは、1990年代に入って、とりわけリーグル＝ニール州際業務・州際銀行支店設置効率化法の施行以降、アメリカの銀行持株会社が大手金融機関の集中において積極的な機能を果たし、その間に米銀が巨大な総合金融機関に転化して、国際市場において日本の金融機関が劣位に立たされていることと無縁ではない。日本における金融持株会社制度は、当初から独自な役割として、大手金融機関の集中を円滑化する役割を担っており、アメリカの銀行持株会社の発生根拠とは、全く異なっている。アメリカでは銀行の集中を規制するために銀行持株会社法が制定されたのに対して、日本では、大手金融機関の集中を促進するために金融持株会社制度が導入されたのである。

おわりに

　以上において、本章の冒頭で示した第一の課題、日本に導入された金融持株会社はいかなる制度的枠組みと機能を備え、いかなる契機によって導入されたのかという点について、業態別子会社方式との比較、導入の経緯の考察、解禁論の検討、アメリカの銀行持株会社制度との比較を行って分析してきた。すなわち、金融持株会社制度の導入の契機とは、合併代替による大手金融機関の集中の円滑化によって巨大な総合金融機関を生み出すという点である。そして、それは日本独自の発生根拠をもっている。日本の大手銀行の総合金融機関化の傾向は1990年代前半までは、既存金融機関の集中を前提しないものであったが、90年代後半以降はそれを前提とするようになった。すなわち、社会的富の蓄積の絶対的な限界に直面しているもとでの制限突破の一方途として金融持株会社制度が生み出されたのである。そして、そのような集中という資本蓄積のありかたは世界市場での競争戦においても強制されているのである。
　では、なぜ日本においては、このような契機が生み出されたのか。すなわち、大手銀行の資本蓄積のいかなる動向によってその契機が生み出されたの

か。この問題に取り組むにあたってはとくに次の3つの点を具体的に考察することが重要であると思われる。①国内市場における大銀行の資本蓄積の限界、②構造的な過剰貨幣資本の形成、③世界市場での競争における邦銀の地位低下についてである。

そして、金融持株会社制度のもとで、大手銀行の資本蓄積の動向はいかにして変化していくのか。この問題については、大手金融機関の集中過程、巨大総合金融機関化とそれによって可能となる大手銀行グループの投下資本量の増大（IT投資の増大）、非金利収入の増大について詳しい分析をすることが必要である。残された課題について、さらに取り組んでいくことにしたい。

注

58　1997年に改正された独占禁止法では、金融業を営む会社を子会社とする持株会社を「金融持株会社」と規定している。同法でいう「金融業」とは、銀行業、証券業、信託業、保険業、無尽業を指している。しかし、同年に制定された金融持株会社関連法は、銀行法、長期信用銀行法、外国為替銀行法、保険業法、証券取引法の改正を骨子とし、金融持株会社を業態ごとに定義したので、金融関係法では「金融持株会社」という用語は使用されていない。これらの法律で解禁された金融持株会社は、銀行持株会社、長期信用銀行持株会社、外国為替銀行持株会社、証券持株会社、保険持株会社である。ただしこのなかで証券持株会社、保険持株会社は銀行を子会社とすることができない。本章では銀行の総合金融機関化について着目しているので、「金融持株会社」と表現する場合には、銀行法で定められる銀行持株会社を念頭においている。

59　総合金融機関またはユニバーサル・バンクという用語は、ドイツにおける銀行本体で銀行業務と証券業務を兼営する銀行制度を表す用語として伝統的に使われてきたが、現在では、銀行の同一資本系列に非銀行業務を営む金融子会社（証券会社、保険会社等）を所有している場合も、総合金融機関あるいはユニバーサル・バンクという用語を使うことが一般的となっている。この後者の総合金融機関は、主として事業会社である基幹銀行が子会社を通じて非銀行業務を営む金融子会社を設立するという方式をとるイギリス型、銀行持株会社が銀行子会社と非銀行業務を営む金融子会社を所有する方式をとるアメリカ型とに大別される。日本に導入された金融持株会社はこのアメリカ型に分類される。

60　独占禁止法ガイドラインにおける事業支配力が過度に集中することとなる場合

の「第2類型」で、「大規模金融会社と、金融または金融と密接に関連する業務以外の事業分野の事業者を擁する場合」があげられ、その具体例として「持株会社が都市銀行とともに総合商社、不動産会社等を傘下におくような場合」が示された。これはかつて銀行が財閥の中核となって強力な経済支配力を築いたことを考慮している。この禁止類型によって独占禁止法上でも金融持株会社は原則的に事業会社を子会社とすることはできない。

61　金融システム改革法により証券会社は、専業制が廃止され、一般事業の兼営が生じうることから、「証券専門会社」でなければ銀行持株会社の子会社となることはできない。

62　1998年の3月に施行された金融持株会社関連法では、銀行持株会社の子会社として保険会社は認められなかったが、同年12月に金融システム改革法が施行され、銀行持株会社の子会社への保険会社等の追加が認められた。同法施行時には、銀行持株会社が保険会社を子会社とする場合には「破綻保険会社」に限ってのみ認められることになっていたが、2000年10月からはこのような制限も取り払われた。また子会社化できる保険会社は、株式会社で相互会社は対象外である。大手生命保険会社の多くは相互会社形態をとっているが、金融持株会社を視野に入れた株式会社化を図ろうとする会社も出てきている。

63　従属業務とは、従属する先の銀行等の業務に関わる事務のうち、その業務の基本に関わることのないものであり、かつ、その業務の遂行上必要となるものである（木下信行編『解説　改正銀行法──銀行経営の新しい枠組み』日本経済新聞社、1999年、201ページ）。

64　木下、前掲書、199ページ参照。

65　1989年の段階で総合金融機関化の方式として「持株会社方式」が問題になったときは、個別銀行の直接に蓄積にもとづく経営規模の拡大が前提であり、したがってそれは専ら個別銀行による非銀行金融機関の新規設立の枠内でのリスク遮断効果、利益相反の防止という観点から検討されたにすぎないことは先に言及した。

66　角度を変えていえば、現行の業態別子会社方式は、独占禁止法11条の運用を変更して銀行法を改正するだけで実現したのに対して、金融持株会社制度は、戦後経済憲法として堅持されてきた同法9条が軋轢をともなって改正されることによって実現した。したがって、金融持株会社制度の導入契機は、業態別子会社方式と並列の関係で、金融機関の集中を可能にする総合金融機関化の選択肢を追加するという単なるバリエーションの問題ではないといえる。

67　この点については、次のように指摘されている。「銀行持株会社の業務範囲に関する制限にもかかわらず、銀行が銀行業務を営みながら、別の銀行を所有支配することが可能になりました。ただし、この場合は銀行持株会社の定義に該当せず、法的には銀行持株会社ではありません。このため銀行持株会社に関する諸規

制も及びません。この問題に対処するため、別途の法的な手当が検討されていますが、法律関係が複雑になります。銀行持株会社の定義の見直しが必要と思われます。」金融財政事情研究会編『金融持株会社Q&A設立手続と活用戦略』、きんざい、1998年、92ページ。

68　この報告書は、1995年4月に通商産業省産業政策局編『企業組織の新潮流──急がれる持株会社規制の見直し』(通商産業調査会出版部)という書名で出版された。

69　この研究会の座長である館龍一郎氏は、前回の金融制度改革で金融持株会社の採用を断念し、業態別子会社の採用を答申した金融制度調査会の委員長をつとめていた。同氏は「子会社による相互参入方式には問題が多いと考えていたが、独禁法で禁止されている持ち株会社を、金融の側から真っ先に提起するのは適当ではない、との判断から持ち株会社方式を見送った」(小林剛「銀行が熱望する持ち株会社解禁の日」『エコノミスト』毎日新聞社、1995年5月30日号)と明かしている。

70　「持株会社禁止制度の目的に反しないと考えられる」4類型は次のものである。①小規模な持株会社、②純粋分社化、③ベンチャーキャピタルの持株会社化、④金融持株会社。

71　公正取引委員会の根来委員長は1997年1月に日本経済新聞社と会見し金融界が幅広い解禁を求めている金融持株会社について、「相互参入や破綻処理以外にも、大蔵省が活用したいというなら検討する」と、2類型だけに限定しない考えを表明した。金融界は銀行同士が共通の持株会社の傘下に入る「合併代替型」も認めるよう求めているが、委員長の発言は大蔵省の判断次第では認める可能性を示したものだ(『日経金融新聞』1997年1月21日)。

72　「1995年12月の公正取引委員会の研究会報告書で提言されている三つの形態(①相互参入の場合、②破綻救済の場合、③純粋分社化の場合)に限定することなく、これ以外の意図での戦略的買収や対等合併の変形の場合も含めて、あらゆる形態の金融持株会社を解禁する」経済審議会行動計画委員会金融ワーキンググループ「わが国金融システムの活性化のために」(1996年10月17日)。

73　1997年6月に改正される以前の独占禁止法9条の①項は「持株会社は、これを設立してはならない。」と「絶対禁止」の立場であったが、改正後は「事業支配力が過度に集中することとなる持株会社は、これを設立してはならない。」と弊害規制に改められた。「事業支配力が過度に集中すること」の定義は、97年12月に公正取引委員会から公表されたガイドライン「事業支配力が過度に集中することとなる持株会社の考え方」で示されている。また、③項では持株会社は「株式を所有することにより、国内の事業活動を支配することを主たる事業とする会社」とされていたが、改正により前記の文言を外し、単に会社の総資産中に占める子会社株式取得の比率で規定されることになった。改正後の持株会社は子会社

の株式の取得価額の合計が会社の総資産額の 50% を超える会社である。したがって、会社資産中に占める子会社株式の取得価額の合計が 50% 以下なら持株会社には該当しない。

74　1997 年 6 月に独占禁止法改正案が成立した際、別途行われる予定の金融関係業法の整備に合わせるため、金融持株会社については「別に法律で定める日」までその解禁を見送る旨の規定が設けられた（独占禁止法 116 条）。与党独占禁止法協議会による「独占禁止法改正に関する三党合意」のなかで、「別途金融関係業法（金融持株会社法制定を含む）の整備を早急に行い、独禁法施行に間に合わせ国会に提出する」とされたが、実際に法整備は独禁法改正までに間に合わなかったからである。銀行持株会社等整備法の附則において独占禁止法 116 条を削除することによって銀行持株会社等整備法の施行と同時に独占禁止法上も金融持株会社の設立・転化が可能となった。

75　詳しくは、小林、前掲誌、下谷政弘『持株会社解禁――独禁法 9 条と日本経済』中央公論社、1996 年、116 ページを参照されたい。

76　1947 年に制定された原始独禁法の経済力集中に関わる関連規定は、49 年の第 1 次改正（法人による株式所有の容認等）、53 年の第 2 次改正（独禁法適用除外カルテルの容認等）により、一般的な独占禁止主義の思想が完全に失われた。かわって独占の存在を前提したうえで、それが生み出す「弊害規制主義」に基本的に転換されたと指摘されている（柴垣和夫『日本金融資本分析』東京大学出版会、1974 年）。そのため純粋持株会社解禁論の主要な議論のひとつは、絶対禁止の持株会社規制を「弊害規制」へと促し、条文上の不整合を衝くものとなっている。すなわち、一方で事業持株会社を全面的に解禁しながら、他方の純粋持株会社の解禁はなぜ許さないのか、その根拠は何かと問うものである。あるいは、そもそもこれら二様の持株会社の間の差異は、一方を解禁し他方を禁止しなければならないほど大きいのか、という議論である（鞠子公男『持株会社――その機能と独占禁止法上の問題点』商事法務研究会、1971 年など）。独占禁止法 9 条を「弊害規制」に転換せよという主張は、再び唱えられ（産業構造審議会「21 世紀に向けた経済システムの自己改革のための問題提起」『基本問題小委員会中間的とりまとめ』1993 年、松下満雄監修『持株会社解禁』朝日新聞社、1996 年、鶴田俊正『規制緩和――市場の活性化と独禁法』筑摩書房、1997 年など）、今回の解禁論にとって大きな拠り所を提供することになった。さらにそれを敷衍して、現実を反映した解禁論には、次のような主張がある。すなわち、日本企業は本社のスリム化戦略による分社化（スピンオフ）やカンパニー制などによって純粋持株会社に無限に接近している。しかも、形だけでも事業をしていれば、純粋持株会社に近い経営ができるという、事実上の抜け道もある。したがって、純粋持株会社と事業持株会社の間には実質的な差異はないので、純粋持株会社を解禁しても大きな影響はないというものである。これに対しては、同じ理由をあげることで、

反論、疑問が示された。すなわち、日本の企業はすでに事業持株会社として「持株会社」のメリットを十分に享受しているはずであり、純粋持株会社を解禁する必要性を疑問視するものである（下谷、前掲書、下谷「『持株会社天国』日本の核心衝けない解禁論議」『エコノミスト』1997年4月1日号）。あるいは、同様の理由で産業界が純粋持株会社を要求する理由が理解できないとしながらも、銀行等については、独占禁止法11条の株式保有制限で自由に事業持株会社になることができないので（当時）、純粋持株会社としての金融持株会社には意義を認め、その解禁を求めた見解がある（馬淵紀壽『金融持株会社――金融システム再編の主役』東洋経済新報社、1996年）。

77 發地敏雄・箱田淳哉・大谷隼夫『持株会社の実務――経営戦略から設立、運営まで』東洋経済新報社、1997年、51ページ。

78 小林、前掲誌。

79 実際、1997年時点の産業界の純粋持株会社の利用についての反応は鈍かった。日本経済新聞社が行った大企業の社長109人（銀行頭取8名と信託銀行社長1名を含む）を対象にしたアンケート（『日本経済新聞』1997年4月21日に掲載）において、持株会社の導入について「導入する方向で準備に入っている」と答えた割合は0.9％、「連結納税など制度整備があれば導入」が1.6％、「関心はあるが、時期尚早」が51.4％、「全く考えていない」が7.2％であった。このように、導入する方向で答えた割合は2.5％（2～3社程度）にすぎず、このアンケート結果は、産業界が純粋持株会社の導入を急ぐメリットは乏しいとの認識を示していたといえる。一方、同年に、大手金融機関は早々と金融持株会社の設立をにらんだ経営組織の再編構想を公表してきた。同年2月に三井グループ（旧三井財閥系）金融4社が金融持株会社を設立するという構想を、三井生命社長が表明した（ただし、後になって否定した）。同年7月には芙蓉グループ（旧安田財閥系）金融4社が、金融持株会社設立を視野に入れた資本・業務提携の強化を行うとの報道がされた。

80 分社化とは、企業が傘下に子会社をもつ方途のひとつで、自らの組織の一部分を切り離し別会社とする方法で、「スピンオフ」ともよばれる。企業が子会社をもつ方法としては、ほかに、既存の他企業をM&A（吸収・合併）によって取り入れる方法、他企業との資本提携によって設立する方法がある。

81 「事業活動と経営管理とをすべての事業分野で分離することは、純粋持株会社でなければできない。事業持株会社では、子会社について事業と経営を分離することはできるが、親会社そのものの事業と経営の分離ができないのである。純粋持株会社は、事業と経営を分離することにより、経営者は個別事業の判断業務から解放され、経営管理と戦略的な意志決定に特化し、一方、事業責任者は権限が増し、自律的な展開が可能になるという点がメリットになる。」ダイヤモンド・ハーバードビジネス編集部編『持株会社の原理と経営戦略』ダイヤモンド社、

1996 年、63 ページ。

82　2000 年 6 月 15 日に行われた三和銀行と東海銀行の頭取の記者会見で、当初の 3 行統合の合意を白紙にし最終的な組織形態としてこの 2 行の合併合意にいたった経緯の理由のひとつとして「合併でも、社内分社化をすれば地域性をもった事業が展開できる」(『朝日新聞』2000 年 6 月 16 日) と述べられていることは注目できる点である。

83　純粋な「事業と経営の分離」によるはっきりとした経営上の効果＝経営組織再編の円滑化を実証している研究は今のところないようである。むしろ、「事業と経営の分離」についていえば、「これは、そもそも本来の事業部制が目指したものであった。また、日本企業が戦後においてすでに追求してきた分社制、あるいは本社のスリム化 (戦略本社の形成) という方向が目指してきたものであった。日本の大企業は、すでにそれなりに (つまり日本的に) 両者を十分に分離してきたのである。」「両者の分離は、事業部制や分社制 (事業持株会社) の形態で、あるいはそれらの組合わせによってでも十分達成可能であるし、達成されている。」「かつてはまったく逆に、戦略的決定部署と事業現場の両者が欧米企業のように完全に分離しきっていないことこそが『日本企業の強み』と主張されてきた」(下谷、前掲書、189 ページ) という指摘もある。したがって純粋な「事業と経営の分離」にもとづく分社化による経営組織再編の円滑化を純粋持株会社の機能だとは断定しがたい。ただし、純粋持株会社の分社化機能自体は否定されるわけではなく、個別資本の経営上の選択の問題として、その分社化機能による経営組織再編を志向するケースはありうるし、現に大和証券グループ本社にみられるように存在している。

84　この点については「純粋持株会社の下に『独立的』企業のままで置くか、一挙に合併してしまうか、いずれも『統合の形態』をめぐる企業戦略に関わることであって、どちらがより強い形である、などとは軽々に言えることではない」(下谷、前掲書、196 ページ) という指摘がある。金融持株会社制度の導入以降、住友銀行とさくら銀行、三和銀行と東海銀行は統合の形態として合併を予定しているが、どちらのグループもさしあたり合併 (三和・東海の合併行は持株会社を設立してその傘下に入る) を選択した理由として「組織の効率化・合理化のスピードアップ」をあげている。

85　銀行による銀行の子会社化の解禁を機に都銀が、本体では大口取引、国際業務、市場取引などリスクの大きい業務に特化し、子会社化した地銀が小口取引に専念するという業務分担が進む可能性がある。また地域ごとに複数の地銀を子会社にすることもできる (『日本経済新聞』1998 年 1 月 16 日)。このように、事業会社としての銀行の子会社には大手銀行ではなく地方銀行が想定されている。

86　しかし、そのことをもって、大規模と小規模、小規模と小規模の金融機関の統合の組み合わせを排除するものではない。実際に、地方銀行同士である北洋銀行

と札幌銀行が2001年4月に共同で金融持株会社（札幌北洋ホールディングス）を設立する計画が存在している。

87　この点については次のような指摘がある。「金融制度調査会は、その報告書で金融持株会社による金融業務の拡大の必要性を認めながら、他方で業態別子会社の業務の拡大を容認している。しかしながら、金融持株会社設立が認められるようになったら、業態別子会社方式は放棄すべきである。利益相反を根本的かつ完全に防止することがほぼ不可能であるとすれば、やはり、より好ましい方向を模索すべきであるからである。」（相沢幸悦『金融持株会社で業界はこう変わる』日本実業出版、1997年、196ページ）。このように指摘されているのは、金融持株会社に対する位置づけの変化とその導入の本質的な契機が既存の大手金融機関の統合の円滑化にあることを認識されていないからであると思われる。

88　高木仁「業際問題と金融持株会社」グラス・スティーガル法研究会編『業際問題を超えて』日本証券経済研究所、1998年、10ページ。

89　アメリカにおける金融持株会社制度の発達について詳細に分析をされている研究論文および著作としては、次のものを参照されたい。高田太久吉「銀行業の地理的規制と銀行持株会社」『商学論纂』第37巻2号、1996年1月。滝川敏明「金融持株会社と金融規制改革――日米比較による検討（上）（中）（下）」『貿易と関税』日本関税協会、1999年1月〜3月。馬淵紀壽『アメリカの銀行持株会社』東洋経済新報社、1987年。

第4章
1990年代後半以降の大手銀行の再編とその動因

はじめに

　本章では1990年代後半以降に日本で生じた大手銀行（都市銀行・信託銀行・長期信用銀行）の再編の諸契機について考察を行う。この直接的な諸契機についてはおよそ次のように整理できるであろう。まず国内的、国際的な競争激化という側面である。国際的競争の問題としては、90年代以降の邦銀の経営指標の低下である。相次いだ欧米の「メガ金融再編」の結果、邦銀の資産規模の劣位、情報システム投資の遅れ、低収益性が鮮明に現れている。こうしたなかで国際金融市場からの撤退を余儀なくされた邦銀も出現した。一方で日本版「ビッグバン」による欧米金融機関の国内金融市場への本格的参入による競争激化という新たな側面も加わった。国内的競争の問題は、いわゆる「オーバー・バンキング」と指摘される事態である。これにより、80年代後半に過剰融資が生じ、バブル崩壊後、不良債権を多く抱え込んだ相対的に経営体力の弱い銀行は市場淘汰されることになった。そして、97年〜98年の金融危機後、大銀行の生き残りを賭けた大規模な合併・統合が生じた。これらの競争戦は、資本集中の梃子としての競争の作用として位置づけられる。

　本章ではこの競争激化の背後にある大手銀行の蓄積上に現れたその制限の問題に限定してその集中の契機について考察を行う。したがって、現実には

蓄積制限の一突破形態としての集中は個別資本間の競争に媒介されながら進行していくが、競争の具体的問題、すなわち海外銀行との競争、邦銀間の競争の問題は本章では捨象することになる。もっとも大手銀行については、合併・統合・買収に関わっていない銀行は現時点で1行のみであるので、再編（集中）の動因は 大手銀行総資本としての蓄積制限の突破であるとみている[90]。そして、90年代後半に大手銀行が直面した蓄積制限の一突破形態としての集中には、過剰資本としての資本の整理と収益源多角化を図るための総合金融機関化という契機が含まれている。

以上の問題意識にもとづきながら、本章では大手銀行とりわけ都市銀行全体の蓄積制限がどのように現れているかという見地から、その集中の動因を分析する。まず、大手銀行の集中がどの程度進んでいるのか確認し、それがどのような性格をもっている集中なのか整理する。次に大手銀行の収益性の低下について分析し、資本としての大手銀行の資本蓄積の限界という視点から集中の契機を考察する。次に大手銀行の収益構造の変化とその限界による蓄積制限に着目して大手銀行の集中の契機について考察する。

第1節　1990年代後半以降における大手銀行の集中の性格

1 急速で高度な集中

日本では1990年代以降、合併・統合、経営破綻、吸収による銀行数の減少、すなわち銀行の資本集中が急速に進展している。まず90年代前半は、91年の東邦相互銀行の経営破綻から始まって、乱脈融資による不良債権を大量に抱え込んだ信用金庫、信用組合の経営破綻が相次いだ。90年代後半には中小金融機関の経営破綻が一挙に加速するとともに、97年11月には北海道拓殖銀行、98年11月には日本長期信用銀行、その翌月には日本債券信用銀行といった大手銀行にも経営破綻が及んだ。また山一証券、日産生命の破綻なども同時期に生じて97年から98年は金融危機の状態が続いた。そ

の後、経営破綻を免れている金融機関は生き残りを賭けて合併・統合を進めてきた[91]。この結果、90年末には日本の銀行、信金・信組の数は、大手銀行22（都市銀行12、長期信用銀行3、信託専業銀行7）、地方銀行64、第二地方銀行68、信用金庫451、信用組合407であったが、01年9月末現在では大手銀行17（都市銀行8、長期信用銀行3、信託専業銀行6）で▲22%、地方銀行64±0%、第二地銀56で▲18%、信用金庫369で▲19%、信用組合275で▲32%となっている。

　1990年12月末から01年9月末までの約11年で以上のように銀行・信金・信組の集中が進んだが、これ以降、銀行等の合併は次のように進んでいく。まず大手銀行をみると、三菱東京グループではすでに01年10月に三菱信託銀行と日本信託銀行とが合併して三菱信託銀行が設立された。UFJグループでは、02年1月に三和銀行と東海銀行とが合併してUFJ銀行が設立された。みずほフィナンシャル・グループでは、02年4月に、第一勧業銀行、富士銀行、日本興業銀行の3行がみずほ銀行（主に個人、国内一般事業法人、地方公共団体等を取引先とする。存続銀行は第一勧業銀行。）とみずほコーポレート銀行（主に大企業、金融法人、海外法人、公団、事業団等を取引先とする。存続銀行は富士銀行。）に統合再編される。これにより大手銀行は02年度中には14行になる見通しである。行数を90年末と比較すると▲36%となる。さらに、都銀だけでみるならば6行となり▲50%と半減することになる。これは、他の業態と比較しても一番大きい減少率を示している。

　ここでさらに、1990年代以降の大手の銀行数の減少について詳しくみておきたい。都銀は90年代以降、02年度まで次のように12行から6行への減少がみられることになる。北海道拓殖銀行の経営破綻・譲渡以外はすべて合併による減少である。消滅した（あるいはこれから消滅する）銀行は次の通りである。すなわち91年の埼玉銀行、96年の東京銀行、97年の北海道拓殖銀行、01年のさくら銀行、02年の東海銀行、富士銀行（ただし、みずほコーポレート銀行・長信銀の存続銀行になる）である。したがって、02年以降に存続している都銀は、三井住友銀行、東京三菱銀行、みずほ銀行、UFJ銀行、大和銀行、あさひ銀行の6行となる。信託銀行はすでに2行減少した。すなわ

ち00年の三井信託銀行と01年の日本信託銀行である。現在残っている信託銀行は、住友信託銀行、中央三井信託銀行、三菱信託銀行、安田信託銀行（02年4月にみずほアセット信託銀行に改称予定）、東洋信託銀行（02年1月にUFJ信託銀行に改称）の5行である。長信銀は、新生銀行（旧長銀）、あおぞら銀行（旧日債銀）、みずほコーポレート銀行（旧興銀）の3行で構成数は変化しない。

　では、2001年10月以降の第二地銀・信金・信組の減少についてみていきたい（01年10月現在で把握しているもの）。第二地銀では、01年3月に九州銀行（第二地銀）と親和銀行（地銀）とが合併を前提とした持株会社方式による経営統合を発表している（02年4月九州親和ホールディングス設立予定）[92]、また、信用金庫では01年10月以降に合併を公表しているものは10件あり、予定通り合併が実行されるなら、02年1月までに信用金庫の数は新たに14金庫減り、総数で355金庫となる。90年末と比較すると▲21％となる。信用組合については金融庁によって破綻認定を受けていてまだ事業譲渡先、譲渡日が決まっていないものは01年9月現在、27組合ある。01年10月以降に合併を公表している計画がひとつあるので01年10月時点では今後28組合が消滅する見通しである。もし02年度中にこの通りになると仮定して90年末の組合数と比較すると▲39％となる。以上の中小金融機関は98年4月に導入された早期是正措置によって一層の淘汰を余儀なくされてきたが、依然としてこれからも減少傾向はおさまる気配がない[93]。また、注意を払っておきたい点は中小金融機関においては規模が小さいほど、減少率が大きいことである。地方銀行では、早期健全化法にもとづく資本不足を補う公的資金の注入はいくつかの銀行で実施されているものの[94]、経営破綻や合併などは現在のところ表面化していない。

　以上のように地方銀行を除いて、都市銀行、信託銀行、第二地方銀行、信用金庫、信用組合では短期間のうちに大幅な行数の減少がみられる。とくに大手銀行とりわけ都市銀行の減少率が一番大きい点が注目される。とくに、金融危機以降この減少率は加速している〔図表4-1〕。

　このように大手銀行の集中がとりわけ急速に進展していくとともに、各大手銀行の証券子会社や信託銀行子会社は整理の対象になっていった[95]。この

図表 4-1　日本における 1990 年代以降の銀行・協同組織金融機関の減少

	大手銀行			地方銀行		協同組織金融機関	
	都市銀行	信託銀行	長信銀	地銀	地銀 II	信用金庫	信用組合
1990 年 12 月末 (A)	12	7	3	64	68	451	407
2001 年 9 月末 (B)	8	6	3	64	56	369	275
減少数・減少率 (A−B)	▲4(▲33%)	▲1(▲14%)	0(±0)	0(±0)	▲12(▲18%)	▲82(▲19%)	▲132(▲32%)
2002 年度中 (C)	6	5	3	64	55	355	247
減少数・減少率 (A−C)	▲6(▲50%)	▲2(▲29%)	0(±0)	0(±0)	▲13(▲19%)	▲96(▲21%)	▲160(▲39%)

(注) 2002 年度中の計数は 01 年 10 月現在で公表されている合併計画により計算した。経営破綻等は考慮していない。ただし、信用組合については金融庁による 01 年 9 月末現在の破綻認定先 27 組合が 02 年度中にすべて消滅すると仮定して計算した分も含んでいる。また、みずほ銀行は都銀とみなし、みずほコーポレート銀行は長信銀とみなしている。みずほ銀行は、国内有人拠点を 664 とし、みずほコーポレート銀行は国内有人拠点を 18 としていることと、日本興業銀行で行われていた金融債の発行は大部分がコーポレート銀行に引き継がれることになっているため。
(資料) 日本銀行『金融経済統計月報』、日本経済新聞社『日経金融年報』等より作成。

　業態別子会社は 1998 年以降に清算、被買収、譲渡、合併が相次いだ。01 年 10 月現在で大手銀行の証券子会社はみずほ証券、東京三菱証券、UFJ キャピタルマーケッツ証券、コスモ証券の 4 社 (97 年 12 月との比較で▲76%) に減少した[96]。信託銀行子会社はみずほ信託銀行、さくら信託銀行[97]、あさひ信託銀行[98]、新生信託銀行、あおぞら信託銀行の 5 社 (97 年 12 月との比較で▲58%) に整理されている。とくに、信託銀行の証券子会社 5 社 (三菱信証券、住友信証券、安田信証券、三井信証券、東洋信証券) は全滅している。このような事態は、個別銀行が独立銀行として独自に新設子会社を設立して総合金融機関化していくという業態別子会社方式の当初の制度的目的がすでに破綻していることを示している。

　ところで、大手銀行間では単なる同一業態内での資本集中ではなく、従来の業務規制を乗り越えた形での経営統合が生じている。すなわち、例えば既存の都市銀行 (普通銀行) 間だけでなく、信託専業銀行 (信託業) と長期信用銀行 (債券発行銀行) との統合が初めてみられた。図表 4-1 では、大手銀行は 2002 年度中に都銀 6 行、信託銀行 5 行、長信銀 3 行の計 14 行になることを示しているが、実態はこの業態の枠を超えて 5 大グループ (7 つの会社) に加速的に集中される。これは主に 98 年に導入された金融持株会社制度によっ

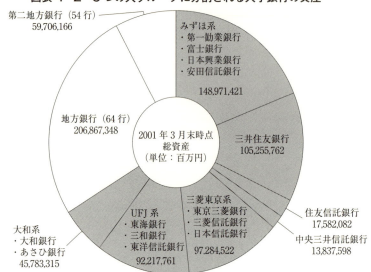

図表4-2 5つの大グループに分割される大手銀行の資産

(注) 2001年3月末時点総資産額。新生銀行、あおぞら銀行は計数から除外。
(資料) 全国銀行協会『全国銀行財務諸表分析』2000年度版より作成。

て媒介されている[99]。これにより三井住友系(三井住友・住友信託・中央三井信託)[100]、新生・あおぞら以外の大手銀行はすべて金融持株会社の傘下に入ることになった。新設された金融持株会社は、みずほ、三菱東京、UFJ、大和銀ホールディングスの4社である。これにより大手銀行は急速に5グループに分割された〔図表4-2〕。そして、金融持株会社制度の下では潜在的に既存の大手証券、大手保険会社との経営統合もありうる状況となっている〔図表4-3〕。

2000年度末(01年3月末)時点の大手銀行18行(旧長銀・旧日債銀を計数から除く)の資産(約538兆円)は、地方銀行64行と第二地方銀行54行の合計資産(約266兆円)の約2倍あり、全国銀行136行の合計資産(約804兆円)の約67%を占めている。実質的には、大手銀行は地域金融機関に対して圧倒的な資産規模を維持しながら、約538兆円の資産をわずか5つの金融グループ(7つの会社)で分割し、残りの33%を地銀、第二地銀110数社で分割してい

図表 4-3　5つの金融グループ（2002年1月現在）

系列	〈みずほ系〉	〈三井住友系〉	〈三菱東京系〉	〈UFJ系〉	〈大和・あさひ系〉
銀行持株会社	みずほホールディングス	―	三菱東京フィナンシャルグループ	UFJホールディングス	大和銀ホールディングス
設立年月	2000年9月	2001年4月(住友・さくらの合併)	2001年4月	2001年4月	2001年12月
銀行	日本興業銀行※ 第一勧業銀行※ 富士銀行※ みずほ信託銀行※ 安田信託銀行 資産管理サービス信託銀行 千葉興業銀行	三井住友銀行 住友信託銀行 中央三井信託銀行 さくら信託銀行 ジャパンネット銀行 日本トラスティ・サービス信託銀行 関西銀行 みなと銀行 わかしお銀行	東京三菱銀行※ 三菱信託銀行※ 日本マスタートラスト信託銀行	UFJ銀行※ UFJ信託銀行※ 日本マスタートラスト信託銀行 岐阜銀行 泉州銀行 大正銀行	大和銀行※ 近畿大阪銀行※ 奈良銀行 大和銀信託銀行※ 日本トラスティ・サービス信託銀行 (あさひ銀行) (あさひ信託銀行)
証券会社	みずほ証券※ 新光証券 みずほインベスターズ証券	大和證券SMBC さくらフレンド証券 明光ナショナル証券 DLJディレクト・エスエフジー証券	東京三菱証券 東京三菱パーソナル証券 国際証券 東京三菱TDウォーターハウス証券	UFJキャピタルマーケッツ証券 つばさ証券 東海東京証券 カブドットコム証券 日本ティー・ピー・ビー証券	コスモ証券 (あさひリテール証券)
リース会社	興銀リース 東京リース センチュリー・リーシング・システム 芙蓉総合リース	三井住友リース	ダイヤモンドリース 東銀リース	日本ビジネスリース 三和ビジネスクレジット 東洋信託総合ファイナンス	大和ファクター・リース (あさひリース) (昭和リース)
資産運用会社	興銀第一ライフ・アセットマネジメント 第一勧業アセットマネジメント 富士投信投資顧問	大和住銀投信投資顧問 さくら投信投資顧問	東京三菱投信投資顧問 三菱信アセットマネジメント	UFJパートナーズ投信 UFJアセットマネジメント	(あさひ東京投信)
クレジットカード	第一勧銀カード ユーシーカード 富士銀カード	三井住友カード さくらカード	ディーシーカード 菱信ディーシーカード	UFJカード	大和銀カード (あさひカード)
貸金業	ハートクレジット ハートファイナンス	アットローン	東銀ファクター	モビット	(あさひ銀リテールファイナンス)
ベンチャーキャピタル	興銀インベストメント 東京ベンチャーキャピタル 富士銀キャピタル	SMBCキャピタル	ダイヤモンドキャピタル エムティービーキャピタル	UFJキャピタル	あさひ銀事業投資
損害保険会社	日動火災 安田火災 日産火災 (大成火災)	三井住友海上	東京海上 日新火災海上	日本興亜損害保険	富士火災海上
生命保険会社	朝日生命 第一生命 富国生命 安田生命	三井生命 住友生命	明治生命	大同生命 太陽生命	

(注) 保険会社以外は、主に各銀行持株会社およびその子銀行のホームページに掲載されているその国内における「関連会社」および「グループ企業」にもとづき整理している。※を付した銀行および証券会社は、銀行持株会社の直接の子会社である。興銀、第一勧銀、富士銀は、2002年4月にみずほ銀行とみずほコーポレート銀行とに分割・合併する予定。安田信託は02年4月にみずほアセット信託銀行に改称予定。中央三井信託は02年2月に銀行持株会社三井トラスト・ホールディングスを設立する予定。さくら信託は02年2月に三井アセット信託銀行に改称予定。あさひ銀は、02年3月に大和銀ホールディングスの傘下に入る予定。大和銀信託は01年12月に設立され、02年3月に営業開始予定。また、同行にあさひ信託が統合される予定。東京三菱証券、東京三菱パーソナル証券、一成証券は、02年7月をめどに合併する予定。合併新会社の名称は三菱証券。UFJキャピタルマーケッツ証券とつばさ証券は02年上期中をめどに合併する予定。第一勧銀カード、ユーシーカード、富士銀クレジットは02年4月に合併する予定。新社名はユーシーカード。三菱東京グループの貸金業では02年3月から東京三菱キャッシュワンが営業を開始する。安田火災と日産火災は02年7月に合併予定。新社名は損害保険ジャパン。この合併に加わるはずであった大成火災は01年11月に会社更生手続き開始の申立てを行った。東京海上と日動火災は02年4月に持株会社ミレアホールディングスに統合される予定。その後、04年をめどに朝日生命が持株会社への合流を目指している。安田生命と明治生命は04年4月をめどに相互会社合併を行う予定。大同生命と太陽生命は株式会社化を経たうえで03年以降、共同保険持株会社の設立を予定。三井住友銀行は、次の各社と提携、アライアンスを結んでいる。三井住友海上、住友生命、三井生命、住友信託銀行、中央三井信託銀行、大和證券。三菱グループ金融4社（東京三菱、三菱信託、東京海上、明治生命）は、98年9月に投信評価会社など共同事業を展開することを発表。

ることになる。90年末時点では22の会社で大手銀行の資産が分割されていたので、02年度には実に3分の1以下（▲68%）への会社数の減少という高度な集中が生じていることになる。大手銀行の枠組みだけをみれば、歴史的にみて非常に急速で高度な集中が生じていることが確認できる[101]。そして、この集中の過程には上述した金融持株会社の設立にみられる集中の加速化とともに収益源多角化を図る総合金融機関化という契機も入り込んでいることを確認したい[102]。

2 収益力改善を促迫されるなかでの集中

　大手銀行では歴史的画期をなす急速で大規模な合併・統合による集中が進みつつあるが、これが銀行の収益力改善を強制する政策的介入によって促進されていった点をまずここで確認しておきたい。

　1997年～98年の金融危機後、これを沈静化するため99年3月に大手銀行15行に対する公的資金による資本注入が行われた[103]。資本増強行は金融再生委員会（現金融庁）へ収益改善のための「経営健全化計画」の提出を求められ、その計画が予定通り達成されているか当局に監視されている。この時点での15行合計の収益改善の内容は、収入面では03年3月期に業務純益を3兆3,900億円（99年3月期の約1.7倍）にすること、支出面では同時期に営業経費の削減すなわち人件費を2万人分、営業店舗450店舗削減し、経費削減額を3,035億円にすることになっている。このように大手銀行は収入の増加と支出の削減による収益力の向上を約束して公的資金による資本注入を受けいれた。

　この資本増強の実施と前後する時期から、大手銀行の合併・統合の計画が相次いで公表された。この経過については、前項 1 の注91を参照されたい。これをみると、1999年当時の大手の資本増強行は住友信託銀行のほかはすべて合併・統合を行っている。収益性向上をあてにした公的資金の返済をある期限までに約束したことが、好景気による増収がしばらく見込めないもとで合併・統合への促進要因になっていることは明らかである[104]。

単独銀行よりも合併銀行の方がより多くの収益力向上を目標としてはじき出している例を三井住友銀行の事例で確認しておきたい。2001年2月に住友銀行とさくら銀行によって両行合併後の三井住友銀行の業績目標[105]が公表されている。まず経費削減についてみることにする。98年3月末時点での従業員数は両行合計で3万2,531人であった。それを両行の提出した旧経営健全化計画の合計では03年3月末時点までに6,331人減らして2万6,200人（98年3月末対比▲19%）にするとしていた。しかし、三井住友銀行の新しいリストラ計画ではさらに3,000人を上積みして04年3月末時点で2万3,200人（同▲29%）に減少幅を拡大している。同様に、国内支店数735、海外支店数60を、旧経営健全化計画では584（同▲21%）、28（同▲53%）にするとしていたが、新計画ではさらに470（同▲36%）、22（同▲63%）と減少幅を増やしている。この人件費削減、店舗網削減で04年度にはそれぞれ220億円、60億円の経費削減になるとしている。このほかシステム関連の削減分220億円を加算して合併効果による削減額を500億円と計上している。さらにこれに一般経費削減分510億円を加算して経費削減額の合計を1,010億円としている。これからIT関連支出増220億円、システム統合経費などの310億円を差し引くと正味の年間経費削減額は476億円となる。これにより99年度では年間経費が7,276億円であったものを04年には6,800億円（▲7%）にすることにしている。

　収入面では、1999年度の連結業務純益7,822億円から04年度には1兆1,500億円（+約50%）を見込んでいる。04年度の連結業務純益の内訳は次の通りである。個人は200億円から2,480億円（+1140%）に、中堅中小法人は、3,480億円から5,460億円（+57%）に、大企業は1,150億円から1,400億円（+22%）に、国際業務では380億円から630億円（+66%）に、トレジャリーでは2,710億円から1,690億円（▲38%）に、その他が▲38億円から▲160億円（+321%）になっており、合計で3,618億円の増益である。この連結業務純益から個人、中堅中小法人、大企業、国際業務（「マーケティング4部門」）だけを取り出すと、4,760億円の増益となる。これから銀行単体の粗利益増加分を取り出すと3,370億円となる。そして、さらにこれから

「流動性預金の収益性改善効果」930億円を控除した分を「戦略施策推進による利益」2,440億円（内訳は、個人900億円、中堅中小法人1,170億円、大企業180億円、国際業務190億円）としている[106]。

　この増益分2,440億円のうち金利収益は40％、非金利収益は60％と見込んでいる。金利収益増益分は、個人住宅ローン＋360億円、中堅中小法人の貸出金利鞘改善＋710億円、小口無担保貸金等＋160億円、大企業の貸出金利鞘改善＋50億円等が中心となっている。非金利収益増益分は、個人の預かり資産＋550億円（うち投信手数料＋340億円）、手数料＋100億円、中堅中小法人のシンジケートローン手数料およびEB手数料等＋600億円、大企業のシンジケートローン手数料およびEB手数料等＋320億円などが中心内容となっている。その他、金利収益か非金利収益かの区別が不明であるが「非戦略的資産」の削減による減収が全体で▲670億円となっている。このように今後は貸出金利鞘の拡大、非金利収入の拡大と、非効率分野からの撤退で収益力向上を図ろうとしていることが読みとれる。

　さらに、1999年度には両行合算で約1,000億円のIT関連支出があったが、04年度でもIT関連支出を合併効果により1,000億円程度を確保するとしている。システム統合による支出削減効果220億円を「戦略的支出」増加にそのまま振り向けるためである。これにより、データベース・マーケティング高度化、中堅・中小企業顧客のネットワーク化推進、eビジネス展開におけるインフラ作り等の先端的金融サービス分野へ重点投資を行うこととしている。すなわち、経費のなかでは人件費、店舗、一般経費については確実に減らすが、IT関連の設備投資だけは確保しようとしている。

　そして、同行の計画では最終的に以上の収益力向上により、剰余金を用いて2004年度までに公的資金を7,500億円返済するとしている。その結果、優先株式1兆3,010億円は7,510億円に、永久劣後債2,000億円はゼロになり、公的資金は半減すると結論づけている。以上のように、政策的な介入で収益力改善を強制することによる集中の促進を確認できる。

　しかし、この合併行の2004年度における業績目標は、収入面では合併によるメリットで増益できるとは強調していない。その前提としている経済環

境がプラス成長で金利上昇下にあると仮定している点だけが増益に結びつく要素であるように捉えられる（統合形態では一般にシナジー効果が強調される。しかし、それを金額で示すことは不可能であろう）。このように合併前の両行それぞれの業務粗利益の増加率よりも合併行のそれの方が高く伸びていくという根拠は薄い。現実に、合併・統合が進展しても不良債権処理費用は減少しないという事実と同様である（集中とは関係ない事柄だからむしろそれは増大しさえする。そして、合併・統合によって上昇した銀行株価はこの不良債権処理費用の増加によって急落した）。確かに、合併前の各単独行の業務粗利益よりも合併後の合算された業務粗利益が大きくなるのは当然であり、これだけでも社会的蓄積が制限されているなかで個別的蓄積が増大できる方法として経済学的には意義が認められることではある。しかし、この業績目標にある個人向け貸出拡大による増益、企業向け貸付の貸出金利鞘の拡大、既存の手数料収入による増益等による収益性向上は集中によって直接に媒介される契機ではないことは明らかである。

　しかし、この合併行の業績目標にも示されているように、一般的に経費削減は集中によって直接的に媒介されることは明らかである。とくに不況下では経費（人件費、物件費）削減効果はより発揮しやすい。少なくとも、2000年代前半中に大手4グループで500店舗、2万5,000人以上と、大和銀行グループ・あさひの統合による230店舗、6,300人の削減はより確実に実行されていくであろう。その数は、大手銀行が合併・統合するまえに各個別銀行として提出した旧経営健全化計画の計数を確実に上回っている[107]。そして、集中による経費削減がもたらす、蓄積増大の可能性は社会的富の蓄積が制限されているもとでもある限度までは確実に保証されている。したがって、現在以上に経費削減効果が求められ、しかもそれによる蓄積増大が保証される限度内なら、さらなる集中が進む可能性も排除できない。

3 集中による蓄積規模の拡大

　ここでは、銀行の損益計算書にもとづきながら銀行の資本蓄積の過程に

図表 4-4　銀行の損益計算書

都銀 9 行の総合損益計算書（2000 年 4 月 1 日〜2001 年 3 月 31 日）　　　　（単位：兆円）

収益（利益金）	当期計数	構成比	費用・利益（損失金）	当期計数	構成比
経常収益	12.08	100.0%	経常費用	11.98	100.0%
資金運用収益	8.14	67.0%	資金調達費用	3.92	32.7%
役務取引等収益	0.95	7.8%	役務取引等費用	0.32	2.7%
特定取引収益	0.29	2.4%	特定取引費用	0.05	0.4%
その他業務収益	0.58	4.8%	その他業務費用	0.26	2.2%
			業務粗利益	5.41	
			営業経費	2.93	24.5%
			人件費	1.22	10.2%
			物件費	1.56	13.0%
			税金（固定資産税、事業税等）	0.15	1.3%
			業務利益	2.48	
その他経常収益（臨時的収益）	2.08	17.0%	その他経常費用（臨時的損失）	4.50	37.6%
株式等売却益	1.75	14.5%	株式等売却損	0.17	1.4%
			株式等償却	0.45	3.7%
			貸出金償却	1.76	14.7%
			貸倒引当金繰入額	1.18	9.8%
金銭の信託運用益	0.02	0.1%	金銭の信託運用損	0.04	0.3%
その他臨時収益	0.31	2.5%	その他経常費用	0.90	7.6%
信託報酬	0.05	0.5%			
			経常利益	0.11	
特別利益	0.24		特別損失	0.37	
			税引前当期純利益	▲0.02	
			法人税・住民税および事業税等	0.13	
			法人税等調整額	▲0.02	
			当期利益	▲0.13	
			前期繰越利益	0.39	
			積立金取崩額		
			中間配当額	0.17	
			......		
			当期未処分利益	0.12	

(注) 構成比の合計は正確に 100% にはならない。
(資料) 全国銀行協会『全国銀行財務諸表分析』2000 年度版より作成。

ついて確認し、資本集中と蓄積拡大の関係を整理しておきたい〔図表4-4〕。銀行利潤は業務粗利益段階では①金利収入である資金運用収支、②非金利収入である役務取引等収支（手数料）、特定取引等収支（ディーリング）、その他業務収支で構成される。銀行利潤の大宗をしめる資金運用収支は資金量と利鞘によって決定される。業務利益段階では、業務粗利益から営業経費が控除される。経常利益段階では、業務利益に臨時損益として株式売却益が加算され、株式売却損、貸出金償却や貸倒引当金の繰入（主として不良債権処理費用）が控除される。当期利益段階では特別損益（動産・不動産の売却損益など）、法人税・住民税等の支払いが反映される。最終的には当期利益と前期繰越利益、積立金取崩額が加算され、これから配当金、役員賞与等の外部流出を控除した金額が内部留保として貸借対照表の資本勘定に計上される[108]。

　集中による効果が蓄積上直接に現れるのは、一般的に業務粗利益の変動に関わらず営業経費削減の加速による業務利益の拡大であることは第1節 **2** での確認で明らかである。そして、とくに業務粗利益の増加率が不変あるいは高まるならば集中による経費削減加速の効果はより強く発揮される。また集中によって、経費のなかでも削減が許されないIT関連等の設備投資の負担軽減も図ることができるので、これも業務利益の拡大に繋がる[109]。

　しかし、今回の集中には新たに金融持株会社での統合による総合金融機関化という契機が入っている点を考えると、集中によって多角化を実現し直接的に業務粗利益の増大を図ることが求められていることは明らかである[110]。今回の集中が大手銀行間で全面的に生じる以前から業務粗利益中の非金利収入の割合増大が求められてきたが、単なる銀行同士の合併では従来の銀行勘定同士の単なる合算になり非金利収入の割合の拡大は直接には不可能である。第1節 **2** で取り上げた事例は都銀同士の合併であった。しかし、金融持株会社によって事実上銀行勘定以外との合算が可能となった。例えば都銀にとっては信託銀行との統合は事実上銀行勘定と信託勘定が結合したのと同様の効果をもっている。

　すなわち、同じ資本集中でも統合形態では非金利収入の増大による事実上の業務粗利益の増大が直接的に媒介される。合併形態では業務利益の増大が

直接的に媒介される。そして、両方のメリットを複合的に狙った集中が現実に一般的現象となっている。現在のところ、みずほ、三菱東京、UFJ の各グループでは金融持株会社のもとでの銀行同士（都銀同士、信託銀同士）の合併と既存の信託銀行、証券会社との兄弟会社化がみられる。

したがって、経費削減（業務利益増大）として現れている過剰資本の整理と収益源の多角化（業務粗利益増大）として現れている総合金融機関化は、どちらも蓄積制限の一突破形態としての集中によって直接に媒介されると捉えることができる。1990 年代末以降の大手銀行の集中による蓄積力増大の狙いはこのように整理することができる。第 2 節ではこの集中による経費削減と収益源多角化の動因として位置づけられる蓄積制限の内容について詳しくみていくことにする。すなわち、大手銀行の収益性の低下、換言すれば銀行本来の収益源である貸出資産による蓄積の一定の限界について分析する。

第2節 銀行資本の収益性の低下

1 銀行資本と貸出金残高の拡大の限界

図表 4-5 で確認できるように、都市銀行の総資本は 1989 年度末に約 465 兆円のピークに達するまで戦後一貫して増大し続けてきた。とりわけ 80 年代後半はバブル経済を反映してその増加割合は大きくなり、80 年度末の値を 100 とすると、89 年度末の値は、都市銀行で 323、地方銀行で 264、信託銀行で 546、長期信用銀行では 293 であった。この間に都市銀行は約 3.2 倍に、信託銀行は約 5.5 倍に総資本を急拡大させた。しかし、大手銀行の総資本は 90 年代に入って戦後初めて減少を示しだした。89 年度末の値を 100 とすると、99 年度末は都市銀行で 77、地方銀行で 104、信託銀行で 75、長期信用銀行で 44 である。地方銀行では微増となっているが、都市銀行▲23％、信託銀行▲25％と 2 割以上も総資本を減らしている。すなわち、90 年代において大手銀行は戦後初めて資本蓄積が制限されるという意味での過

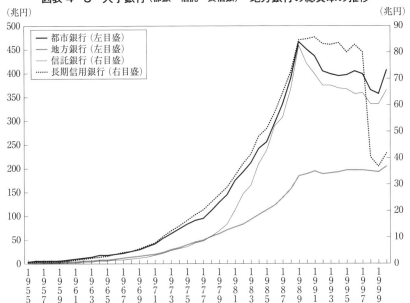

図表4-5 大手銀行(都銀・信託・長信銀)・地方銀行の総資本の推移

(注) 総資本とは各年度末時点の総資産残高を指している。ただし、支払承諾(見返)を控除している。資産は同額の負債・資本であり、銀行の場合、負債の大宗は預金であり、資本はいわゆる自己資本として捉えられる。この負債と自己資本によって投下されている資産(大宗は貸出金)を総資本と捉えている。表示変更により、99年度以降の貸倒引当金を加算している。97年度以降、北海道拓殖銀行の計数は除外されている。98年度以降は旧日債銀、旧長銀の計数が除外されている。
(資料) 全国銀行協会『全国銀行財務諸表分析』各年度版。

剰資本として存在している。

　次に、都市銀行の貸出金残高の推移についてみる〔図表4-6〕。投下資本の大宗[111]を占める貸出金残高は、1990年代に入りほぼ横ばい(微減)になり、95、96年度は微増するものの97年度以降ははっきりと減少に転じている。すなわち、96年度にピークに達した後(約283兆円)、99年度には約241兆円に減少し、ピーク時から▲15％を記録している。その要因は、一般的には不況の長期化による貸出需要の長期低迷による貸出資産の伸び悩み、不良債権の最終処理による貸出資産の縮小によるものと考えられる(その結果、自己資本中の剰余金が減少する)。また、98年4月から導入された早期是正措置による、一定の自己資本比率を維持するための貸し渋りや貸出金回収の影響

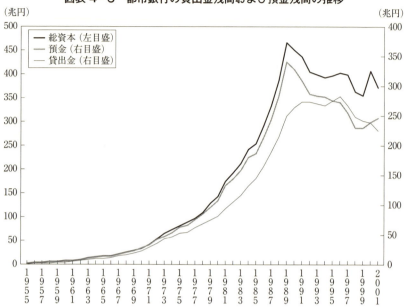

図表4-6　都市銀行の貸出金残高および預金残高の推移

(資料) 図表4-5に同じ。

もあると指摘できる。

　一方、負債・資本の側では1990年代に入って都市銀行の預金残高が減少している。90年3月期の預金残高は約340兆円であったが、99年3月期には約230兆円と▲32％の減少となっている〔図表4-6〕。預金の種類別にみると90年代以降、定期性預金がほぼ一貫して減少している一方で、要求払預金はほぼ一貫して増大している。

　自己資本の部分ではとりわけ剰余金の残高が縮小してきた。1990年3月期の都市銀行 (13行) の「資本の部合計」は約13兆7,000億円、そのうち剰余金は約6兆7,000億円であった。99年3月期 (9行) になると、公的資金の注入によって「資本の部合計」は約17兆7,000億円に増加 (+29%) しているが、剰余金は約2兆4,000億円と▲64%減少している〔図表4-7〕。

図表4-7 都市銀行の資本金・法定準備金・剰余金の推移

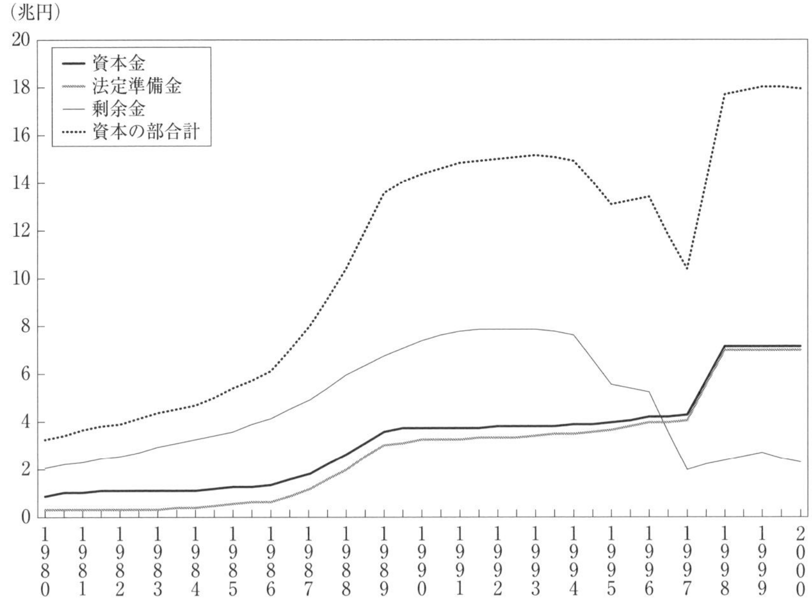

(兆円)

凡例：
― 資本金
― 法定準備金
― 剰余金
…… 資本の部合計

(資料) 図表4-5に同じ。

2 経常利益率の急落

　次に、銀行利潤について着目する。まず、銀行の1年間の営業活動に投下した総資本額（資産合計額）にたいして、利益がどれだけであったかという比率、すなわち資本利益率の動向について確認すると、1990年代に入って経常利益率の急低下がみられる。とりわけ、都市銀行は90年代に急落の度合いが激しく、95、97、98年度はマイナスに落ち込んでいる。第2節 **1** で90年代に入って総資本が減少していることを確認したが、それ以上に経常利益の絶対額が急速に減少しているので利益率が急低下しているといえる。95年度と97、98年度に経常利益は赤字に転落している〔図表4-8〕。

　経常利益は営業経費と臨時損益としての貸倒引当金繰入額、貸出金償却、株式3勘定尻、その他の経常収入（土地建物賃貸料＋その他〔不用品の売却代金、

第**4**章　1990年代後半以降の大手銀行の再編とその動因　　**135**

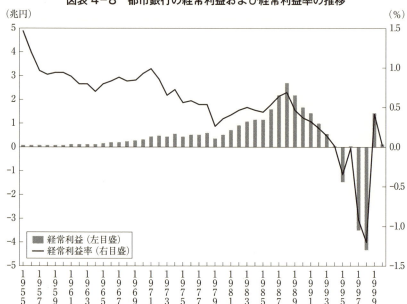

図表 4-8 都市銀行の経常利益および経常利益率の推移

(注) 経常利益率＝経常利益／総資産。ただし、総資産額から支払承諾（見返）を控除している。また、99 年度以降は表示変更により貸倒引当金を加算している。80 年度までは半期決算であったため、経常利益は上期と下期の計数を合算している。
(資料) 図表 4-5 に同じ。

各種保険金等]）、その他経常費用（貸出金およびこれに準ずる債権の売却損＋その他〔共同債権買取機構向け売却損、関係先・取引先支援損を含む]）が反映される。これらの動向をみることで、1990 年代における経常利益の急落の要因をみることができる〔図表 4-9〕。

　1990 年代の経常利益段階における収益の動向は、株式売却益による収益の積み増しが特徴的である。90 年代後半は顕著にそうした傾向にある。さらに、役務取引等収支、特定取引等収支は収益拡大にはそれほど貢献していないことも確認できる。費用面での動向では、営業経費はほぼ一定で推移しているが、貸倒引当金繰入額、貸出金債権の売却損が大幅に増加している。また、98 年度以降は、貸出金償却も大幅に進んでいる。すなわち、92 年度以降、不良債権処理費用が大きくかさんでいることが確認できる。そして、

図表 4-9　1990 年代における都市銀行の経常利益の要因分析

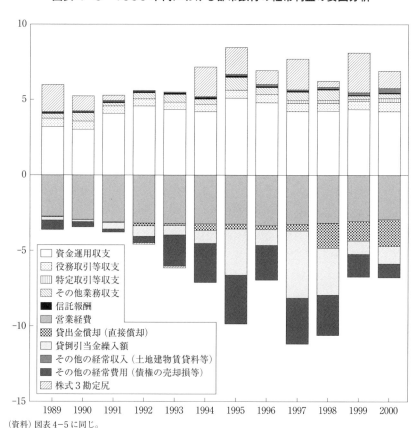

(資料) 図表 4-5 に同じ。

　資金運用収支、株式売却益で収益を増大させているにも関わらず、この不良債権処理費用の拡大によって経常利益が急落していることが確認できる。
　大手銀行はこのように毎年度不良債権の処理を進めているが、同時に新規の不良債権が発生しその償却のために経常利益が損なわれ続けている。1999 年 3 月にはそれによる資本「不足」が懸念され約 7 兆円の公的資金による資本注入が実施されている。このような新規の不良債権が長期間に亘って発生し続けているので大手銀行の経営体力も使い尽くすところまできてい

る。すなわち、株式含み益の吐き出しや剰余金の取崩といった過去の蓄積の吐き出しも限界に来ている。01年度中間決算では、法定準備金を取り崩す大手銀行も出てきた。

3 資金運用収支拡大と経費削減の限界

　本節■と■でみたように貸出金残高が停滞・減少し、主に不良債権の処理によって経常利益率、経常利益額とも急落して、都市銀行の資本蓄積が制限されている一方で、業務粗利益段階の資金運用収支の絶対額は1991年度以降上昇に転じ、90年代は80年代と比較しても一貫して4兆円台（95年度には過去最高の5兆円を突破）という高い水準を維持している。資金運用収支の絶対額とともに総資産に対する資金運用収支の比率も90年代は上昇傾向にある。80年代には下降傾向にあったのとは対照的である〔図表4-10〕。また、これは90年代の経常利益率の傾向とは正反対の動きである。

　しかし、資金運用収支の内容を詳しくみると次のことが明らかになる。資金運用収支の中心は貸出金利息、有価証券利息配当金などの収入利息と、預金利息を中心とした支払利息との差額（収入利息－支払利息）である。これを、貸出金利息と預金利息を中心とする収支[112]と有価証券利息配当金とその他資金運用収益・調達費用収支とに分解する。図表4-11にみられるように貸出金利息と預金利息を中心とする収支は90年代に入り急速に増加し高い水準で推移している。89年度には約2兆円であったが、99年度には約3兆9,000億円に増大している。一方で、有価証券利息配当金は90年代以降一貫して減少している。89年度には約2兆7,000億円の収入があったが、99年度には約1兆円に減少している。その他資金運用収益・調達費用収支は89年度には約▲1兆6,000億円であったが、99年度は約▲5,000億円になっている。このことから90年代の資金運用収支の増加は、貸出金利息と預金利息を中心とする収支の増大とその他資金運用収益・調達費用収支の改善によってもたらされていると指摘できる。

　さらに、貸出金利息と預金利息を中心とする収支の増加の要因をみてみ

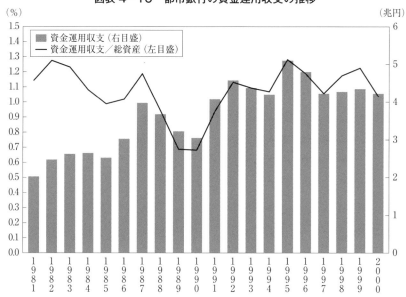

図表 4-10　都市銀行の資金運用収支の推移

(注) 総資産は支払承諾（見返）を控除。99 年度以降は、表示変更により貸倒引当金を加算。
(資料) 図表 4-5 に同じ。

る。**図表 4-12** は 1980 年代以降の貸出金利息と預金利息の推移と、その差額の推移を示している。90 年代以降、貸出金利息と預金利息はともに急激に低下しているが、貸出金利息と預金利息との収支は黒字になり、その黒字を一貫して維持している。91 年度から 99 年度の平均では毎年 3.1 兆円の黒字を確保していることになる。それとは対照的に 80 年代は赤字が基調であった。貸出金利息と預金利息を中心とする収支の増大は貸出金利息と預金利息の収支の増大によってもたらされている。

では、この増大は何によってもたらされているか。それは、**図表 4-11** で明らかなように、貸出金利息の低下よりも急速に預金利息が低下しているからである。したがって、1990 年代においてみられる資金運用収支の主たる増加要因は、貸出金利息の低下よりも急激に預金利息が低下していることである。期中利息収入は、資金運用平均残高×資金運用利回り、期中支払利

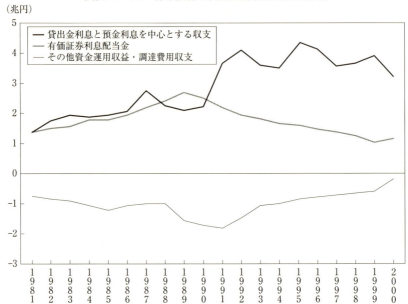

図表 4-11　都市銀行の資金運用収支の要因分析

(注) 貸出金利息と預金利息を中心とする収支の定義は注112を参照されたい。その他資金運用収益・調達費用の収支とは次の科目の収支を指す。資金運用収益としての買入手形利息、買現先利息 (2000年度から新設) と資金調達費用としての債券利息 (利付金融債の支払利息)、債券発行差金償却 (割引金融債の割引料の償却)、売渡手形利息、売現先利息 (2000年度に新設)、CP利息 (98年度に新設)、社債利息 (97年度に新設)、社債発行差金償却 (99年度に新設)、転換社債利息の収支である。
(資料) 図表4-5に同じ。

息は資金調達平均残高×資金調達利回りで決まる。したがって、期中支払利息が急速に減少しているのは、預金残高の減少傾向と資金調達利回りの急速な減少によってもたらされていると考えることができる[113]。

　以上、1990年代の業務粗利益とりわけ資金運用収支が増大している要因をみた。それは預金利息の下がり方が貸出金利息の下がり方よりも急速だからという特殊な関係から生み出されている。しかし、こうした特殊な状態も限界に近づきつつある。すなわち、預金利息収入の落下は下限に近づいているのである。99年度の預金利息残高約1兆7,000億円の水準は、70年代後半の水準である。すなわち、貸出金利息収入が減少している状況下で、預金残高の減少、資金調達利回りの低下による預金利息の下落が下限まで近づく

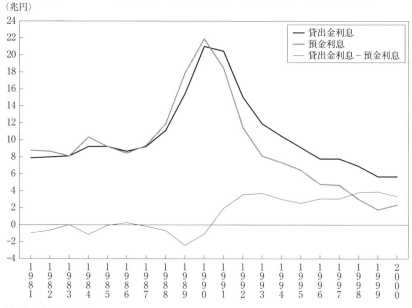

図表4-12　都市銀行の「貸出金利息と預金利息との収支」の推移

(資料) 図表4-5に同じ。

ことは、今後資金運用収支は拡大する見込みがないということである。そして、有価証券利息配当金もますます減少している。このかつてない水準での預金利息の低下、すなわち限りなくゼロに近づきつつある資金調達コスト低下がいよいよ限界にきていること、不況が構造化しているもとでは貸出金利の引き上げが困難になっていることで、今後、伝統的な貸出資産による業務粗利益拡大は望めないことになる[114]。

では、経費の面ではどうか。業務利益拡大のための経費削減という点でも一定の限界にきていると指摘できる〔図表4-9〕。すでに日本の都市銀行の経費率は国際的にも低いと一般に指摘されている。経費の絶対額の推移をみると、都市銀行の経費は1989年度には約2兆7,000億円（人件費約1兆3,000億円・物件費約1兆2,000億円・税金約2,000億円）であったが、99年度は約3兆円（人件費約1兆3,000億円・物件費約1兆6,000億円・税金約1,000億円）である。

この10年間で人件費はほぼ同水準であるが、物件費はやや上昇している。先に資金運用収支の絶対額はこの10年間で上昇していることをみたが、経費はほぼ固定的に推移していると指摘できる。そして、銀行業における巨額のIT投資の必要性が一般的に指摘されているなかで経費、とりわけ物件費の削減は困難であると推察できる。このような経費の固定化は業務利益拡大の制限となっている。

　以上、大手銀行の蓄積制限がいかに現れているかという視点から、1990年代の都市銀行の収益性低下について考察した。第一に、銀行資本、貸出金残高の額は停滞または減少しており、都市銀行は過剰資本として存在している。第二に、経常利益段階の銀行利潤は赤字に転落するなど低迷している。その要因は不良債権による貸倒引当金の繰入の増大や貸出金償却、貸出債権の売却損である。それにより、経常利益率も急落している。第三に、その一方で資金運用収支は増大している。資金運用収支の総資産に対する割合も上昇している。したがって、業務粗利益段階の銀行利潤は過去の水準からみて相当に確保できている。しかし、貸出金残高の低下、貸出金利息の低下、有価証券利息配当金の収入が減少するなかで、資金運用収支拡大の主要な方途であった資金調達コストの低下は限界に達しつつある。したがって、業務粗利益は今後伸びていかないことが明らかになりつつある。経費削減も固定的に推移し限界に達している。したがって、今後業務粗利益も拡大できる見込みがない。つまり、業務粗利益も業務利益も現状以上に収益増加の方向に向かわない。

　この1990年代後半における業務粗利益、業務利益拡大の限界は、経常利益段階の蓄積制限の問題よりも銀行業にとっては本質的な問題である。なぜなら、不良債権の発生とその処理費用が及ぼす経常収支赤字による自己資本毀損の問題はすでに実施されてきた公的資金による資本注入で、ある限度はありながらも外的に一定の解決は可能だからである。とはいえ、不良債権処理が及ぼす経常利益の破壊、資産の含み益、剰余金の吐き出しによる経営体力の喪失などを決して軽視するわけではない。しかし、業務粗利益・業務利益の拡大の制限については、経済法則にしたがって過剰資本（貸出資産・設

備・賃金等）を整理すること、あるいは収益源の多角化による増益でしか直接には解決できない問題である。不況が続く限り今後も大量に発生し続ける不良債権の処理費用も、株式含み益、剰余金の蓄積をほとんど使い尽くしているため、基本的には業務粗利益（業務利益）によってしか賄えないのである。

したがって第1節 **3** で考察したように、資本集中の一形態である金融持株会社を利用した統合・合併が指向され、大手銀行の収益源多角化による業務粗利益の増大、営業経費削減による業務利益の増大の加速化が必然化する。この意味で、第2節で考察した業務粗利益・業務利益段階の銀行利潤拡大の限界が大手銀行の資本集中の一契機であると整理できる。

第3節 収益構造の変化とその限界

■ 貸出資産の変質とその限界

第2節では、銀行資産の大宗を占める貸出資産から得られる銀行利潤の量的変化を中心に分析し、収益性の低下として現れている大手銀行の蓄積制限とその再編・集中の関係について考察してきた。本節では大手銀行の再編・集中をその収益構造の側面から考察したい。大手銀行の収益構造からみた蓄積制限は次の2点に整理できる。①金利収入の伸び悩み、②非金利収入（手数料・ディーリング益）の経常収益に占める割合が依然として低い、という点である。

①の金利収入の伸び悩みという点は、さらに次の諸点に分解できる。1）貸出金残高の低下、2）貸出金利息と預金利息との収支の伸び悩み、3）有価証券利息配当金の下落、の3点である。1）の貸出金残高の低下は、不況の長期化によって新規貸出が増大しないこと、収益性が悪い分野での貸出が抑制されていることによって生じていると指摘できる。そしてまた、このような傾向は、不良債権の間接・直接償却による自己資本の減少とともに、自己

資本比率規制によって一定の自己資本比率を確保する必要性から、分母となる貸出金残高を圧縮しようとする作用が働くことによっても加速される。

さらに、2) の貸出金利息と預金利息との収支の伸び悩みについては前節で分析したように、資金調達利率低下の限界と貸出金利引き上げの限界によってもたらされていると指摘できる。3) の有価証券利息配当金の下落についても前節で確認したように、1990年代に入って一方的な下落傾向にある[115]。

第3節の**1**では、①の金利収入の伸び悩みという点を考察するが、以上に整理したその伸び悩みの要因1)～3) については、すでにそれぞれ前節で確認したところである。しかし、1) に関してはさらに、貸出資産の質的問題について分析をする余地がある。つまり、銀行利潤の源泉である貸出金残高の量的拡大の限界を質的な問題として新たに捉え直すことが必要である。ここでは、金利収入の伸び悩みを貸出資産の質的限界という視点で分析する。

第一に、銀行資本の全体の蓄積動向について確認しておきたい。第2節**1**の図表4-5で、大手銀行は1990年代に入って戦後初めて過剰資本として存在している点を確認したが、低成長期以降、大企業の銀行借入需要が減退している点をみる限りでは、本来大手銀行は70年代後半以降にはすでに過剰資本として存在しているはずであった[116]。高度成長期に形成された大企業への融資集中機構は、都市銀行を中核に据えたものであり、大企業との関係ではその役割を終えていたからである。ところが、現実には75年～90年の15年間ではむしろ、都銀の資本蓄積の速度はそれ以前にも増して大きくなっている。

この理由は、同期間には貸出金残高が急速に拡大する一方で、貸出先が変化しているためである。高度成長期には大企業製造業向けが中心だったが、低成長期に移行すると中小企業への運転資金・設備資金の供給拡大、個人向けの消費者ローン・住宅信用の拡大により、大手銀行の貸出資産は中小企業と個人向けが主流となっている。またバブル期には不動産関連の融資が拡大した。すなわち、大企業製造業が銀行借入を従来の規模のように行わなく

なったので、その代替として都市銀行は中小企業と個人向けおよび不動産関連の貸出金残高を拡大したのである。また、有価証券利息配当金も1980年代は一貫して増大、とりわけ80年代後半は伸び率が増大している。これはその時期に大量に実施された大企業のエクイティ・ファイナンスの受け皿を都市銀行が担っていたことの反映である。この点も、バブル経済における特殊な対応のひとつであるが、大企業の銀行借入需要の減退に対する都市銀行の行動である。以上のように、70年代後半以降、都市銀行は大企業の銀行借入需要の鈍化に対して、主に貸出先を変化させること、すなわち貸出資産を変質させることによって蓄積制限を突破してきたのである。

しかしながら、1990年代以降は、**図表4-6**にみるように貸出金残高は基調として減少している。すなわち、都市銀行は70年代後半以降、以上に指摘した貸出資産を変質させることによって蓄積制限の突破、つまり貸出金残高を急速に拡大してきたのであるが、いよいよ貸出資産の質による制限突破も行きづまりを示すことになったのである。そして、有価証券利息配当金残高も90年代以降は減少し、99年度は80年度の水準にまで低落している〔**図表4-11**〕。

以下では、貸出資産の種類について着目して、その低成長期以降の種類別構成の推移について確認することにする。まず、**図表4-13**をみると、貸出は短期から長期へと比重を移していることがわかる。1980年代前半までは手形関連貸出が貸出金の大宗を占めていたが[117]、証書貸付の割合が80年代後半以降に増大して、貸付の諸形態のうち最も大きな比重を占めるにいたっている。また、当座貸越の残高の割合も同様に80年代後半以降に増大している。証書貸付の割合が増えているのは、長期貸付の割合が増えていることの反映である。一般に長期貸付は、不動産担保付の設備資金貸付、地方公共団体向け貸付、住宅ローン、教育ローンなどで構成される。このことからも都市銀行の貸出金は、中小企業向けや個人向けに比重を移してきたことが伺える。

そこで、このような貸出金が都市銀行の蓄積制限突破の方途として、1980年代以降に急速に拡大していった点、それが90年代以降どのような推

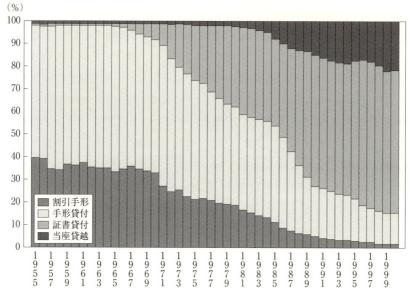

図表 4-13　都市銀行の貸出金の種類別構成の推移

（資料）図表 4-5 に同じ。

移を辿っているかという点を、個人向け貸出、不動産向け貸出、中小企業向け貸出の順にそれぞれみていく。

図表 4-14 は、住宅信用供与が都市銀行の金利収入源のなかでは唯一の成長分野であることを示している。都銀の住宅信用供与の残高は 1986 年度以降に急激に増加している。それまでは、地方銀行（地銀Ⅰ）・第二地方銀行（地銀Ⅱ）・信用金庫の残高と同水準であったが、急速に増加しながら地銀の残高とは大きく乖離していく。90 年代前半に残高は横ばいとなるが、後半には再び増加している。

図表 4-15 は、都銀の消費者信用供与の残高が 1987 年度以降、急速に増加していることを示している。それまでは、住宅信用と同様に地銀Ⅰ・Ⅱ、信金と同水準であったが、急速にそれらから乖離していく。しかし、91 年度以降の残高は住宅信用の拡大とは反対に一方的に下落している。以上が個人向け貸出残高の動向である。

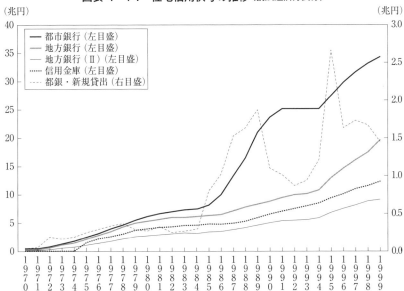

図表4-14 住宅信用供与の推移（割賦返済方式分）

(注) 計数は各年度の第4四半期末の値。
(資料) 日本銀行『経済統計月報』各月版。

　図表4-16は都銀の不動産業向け貸出残高が1980年代後半以降に急増していることを示している。これも住宅信用や消費者信用の拡大と同様に、地銀の増加割合とは急速に乖離していく。90年代以降も不動産業向け貸出残高は増加しているが、その伸び率は鈍化している。90年代以降、不動産業界における不良債権の拡大が大きな問題となっているが、この貸出残高増大には、不良債権額をより小さく開示するためのいわゆる追い貸しも反映されていると考えられる。

　図表4-17では、都銀の中小企業向け貸出が1970年代後半以降、増加していることを示している。同貸出は、とくに80年代になると顕著に増加割合が上昇し、バブル期にはさらに急拡大したことを示している。その増加割合は、個人向け貸出や不動産向け貸出と同様、地方銀行の増加割合から大きく乖離していることが確認できる。都銀の中小企業向け貸出への傾注ぶり

第4章　1990年代後半以降の大手銀行の再編とその動因　147

図表4-15　消費者信用供与の推移（割賦返済方式分）

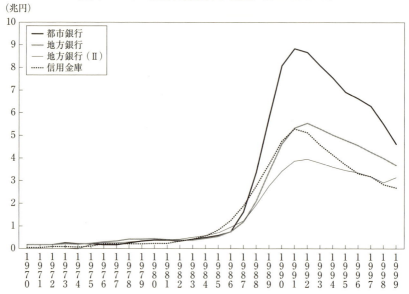

(注) 計数は各年度の第4四半期末の値。
(資料) 図表4-14に同じ。

　が窺える。しかし、90年代以降、中小企業向け貸出残高は減少基調になり、とくに90年代後半には強引な融資の回収が社会的問題になった。このようにバブル崩壊まで中小企業向け貸出が増大してきた反面、都銀の大企業向け貸出は同時期に減少してきたことは言を俟たない[118]。

　また、国内銀行ベースでは93年度から98年度までの中小企業等向け貸出残高は毎年平均320兆円程度でほほ横ばいで推移している（ただし、92年度以前の計数は当座貸越残高を含んでいないのでその年度以前とは接続していない）。国内銀行の総貸出残高に占める中小企業等向け貸出残高の割合も、同期間では約70％とほぼ横ばいで推移している。

　以上、都市銀行は1980年代から地方銀行など比較して、急速に個人向け貸付（住宅ローン・消費者ローンなど）、中小企業向け貸付、不動産向け貸付を増大させてきたことを確認した。それは、低成長期以降、大企業の銀行借入

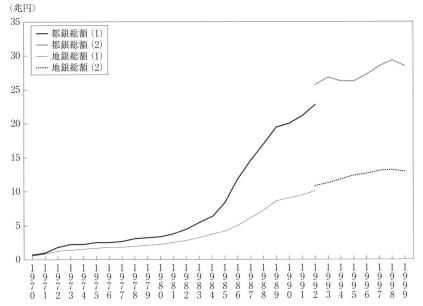

図表 4-16　不動産業向け貸出金残高の推移

(注) 計数は各年度の第4四半期の値。(2) は当座貸越の残高が反映されている。
(資料) 図表 4-14 に同じ。

需要が減少してきたことに対応する蓄積制限の突破形態であると位置づけられる。その結果、中小企業向け貸出金残高が都銀の総貸出残高の大宗を占めるようになった。付言すれば、国内銀行ベースでの総貸出に占める中小企業向け貸出の割合は、1999年3月末で69.5％となっている。貸出先を業態別にみると、第二地銀が最も高く86.3％、ついで73.6％の地方銀行、69.5％の都市銀行となっている。貸出先を企業規模別でみた場合には、地方銀行と都市銀行の差異はほとんどなくなっている[119]。都市銀行の地方銀行化とでもよべる融資構造の転換である。そしてこのことは、従来から中小企業金融業務を中心に活動してきた中小企業金融専門機関（第二地方銀行、信用金庫、信用組合等）の貸出市場への侵食を意味する[120]。

しかし1990年代以降は、図表4-6に示したように、総貸出金残高は横ばいとなり、後半期には減少を示している。これは、消費者ローンが急速に減

図表4-17　中小企業向け貸出金残高の推移

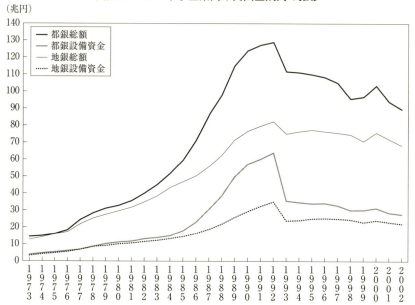

(注) 計数は各年度の第4四半期末の値。93年度第2四半期以降のデータは断絶している。中小企業とは、資本金1億円以下または常用従業員300人以下（ただし、卸売業3千万円・100人、小売・サービス業1千万円・50人以下）の法人および個人である。
(資料) 図表4-14に同じ。

少し、不動産向け貸出残高の伸び率が鈍化している点、そして、中小企業向け貸出残高が横ばいから減少に転じていることの反映である。すなわち、低成長期以降における蓄積制限の突破の一方途であった都市銀行の貸出資産の変質は、90年代以降、限界に直面していることが明らかになっている。したがって、都銀の貸出資産から得られる金利収入を拡大するには、90年代の貸出資産の大宗を占める中小企業向け貸出において、貸出金残高を増大させ、貸出金利回りを上昇させていく以外に道はないが、そのどちらの方途も長期不況によって困難になっている。またそれに代わる新たな貸出先を見出すことも困難な状況にあり、従来とられてきた新分野への進出という限界突破の方途も閉ざされている。

2 非金利収入の拡大の限界

次に、都市銀行における非金利収入の拡大が限界にいたっている点を確認する。図表4-18は、都市銀行の主要経常収益の構成の推移を示したものである。年度が経過するにつれて、貸出金利息の割合が低下している。1960年代はじめには80％であったが、80年代には60％程度になり、90年代後半になると40％程度まで落ち込んでいる。しかし、90年代後半以降、株式等の売却益が10％以上を占めている年度が多い。これは都市銀行が不良債権償却原資を捻出するために株式を売却してきたためである。これを特殊要因として、経常収益の範囲から除外すると、貸出金利息・金利スワップ利息・その他受入利息の経常収益に占める割合はみかけよりは大きく変化しているわけではない。99年度で算出すると、貸出金利息は約46％、金利スワップ受入利息は約18％、その他受入利息は約8％で合計74％になる。ほぼ94年度と同じ水準である。さらに、金利スワップを除外した場合は、貸出金利息が約56％、その他受入利息が約10％で合計66％となる。これは、93年度と同じ水準である。

しかし、貸出金利息は1975年度から85年度にかけて、約16％減少している。株式売却益の増大の影響を割り引いても貸出金利息は70％から60％に低下している。一方で、その他受入利息が約15％増大している。これは預け金利息が増大したためである。このためにその他受入利息の経常収益に対する割合は85年度から90年度までは相対的に大きい20％台で推移した[121]。こうした傾向があっても低成長期以降、経常収益に占める貸出金利息の割合は確実に減少してきていることは否定できない。

前項で確認したように、都市銀行は貸出資産の大宗を中小企業向けに変質させてきた。しかし、1990年代以降、それによる貸出金利息収入の拡大が見込めないことになると、貸出金利息収入の経常収益に占める割合は依然として高水準になる。99年度の貸出金利息の割合は、株式等売却益、金利スワップ受入利息を経常収益から除外すると、約56％である。すなわち、現段階では収益性の高い収益源としてはあまり期待できない資産から得られる

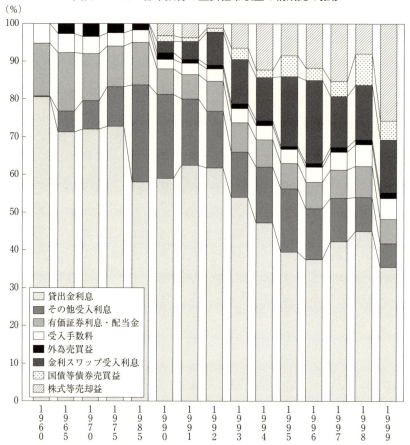

図表4-18　都市銀行の主要経常収益の構成比の推移

凡例：
- 貸出金利息
- その他受入利息
- 有価証券利息・配当金
- 受入手数料
- 外為売買益
- 金利スワップ受入利息
- 国債等債券売買益
- 株式等売却益

(注) 経常収益総額をそれぞれ100とした場合の構成比。「その他受入利息」には、コールローン利息、譲渡性預け金利息、および預け金利息を含む。
(資料) 全国銀行協会『全国銀行財務諸表分析』各年度版。

収益が都市銀行の経常収益の大半を占めているのである。しかも、90年代以降の業務粗利益の確保は資金調達コストの急速な低下という特殊事情によるもので、その下落も限界に近づいている。このような条件下にあれば貸出資産以外の非金利収入源を求めるという欲求が強く生じるのは必然的であると考えられる。

一方、非金利収益の分野においては、1980年代以降、都市銀行は個別資本ごとに、本体での証券業務の取り扱いを開始し、90年代以降には業態別子会社方式による証券子会社および信託銀行子会社を新設してきた。98年からは証券投資信託の窓口販売も開始した。しかし、図表4-18に示すように99年度での経常収益における受入手数料の比率は5.3％、国債等債券売買益は4.7％である。どちらも90年代以降増加傾向にあるとはいえ、しかも一時的な株式売却益の増大により比率が小さく表示されているとはいえ、依然としてその比率は小さい。銀行本体による非金利収入の拡大への対応は、現段階では限界に達しているとみることができる。

　以上の本節で指摘してきた内容を整理したい。都市銀行は、①貸出金残高および金利収入の拡大にとっての限界と、②非金利収入拡大にとっての限界に直面している。すなわち、①大企業向け貸出中心から中小企業向け貸出を貸出資産の大宗に転換させて蓄積制限を突破する方途、つまり貸出資産内容の変質をともなう量的拡大と、②銀行本体での漸進的な非金利収入の拡大という従来の収益構造上の2つの変化が一定の限界に達している。これは金利収入、非金利収入ともども全面的な利益の量的な伸び悩みという蓄積上の制限として現れている。そして、個別銀行が金融持株会社の枠組みを利用すれば、資本集中を実現することになり、経営資源の整理を図りながら金利収入と非金利収入の増大を加速することができるという形でこの制限は乗り越えられる。この意味で収益構造上の変化の限界が大手銀行の資本集中の一契機として位置づけられる。

③ 収益構造の変化およびその限界の背景――現実資本の蓄積の動向

　次に、都市銀行の貸出資産の変質すなわち中小企業向け・個人向け貸出の増大と、それが限界にいたった背景、つまりそれぞれの時期の現実資本の動向について整理したい。都銀の貸出資産の変質がおきるまえの高度成長期を第1期（1950年代後半～70年代前半）とする。この第1期では、大企業の貨幣資本の不足という蓄積上の制限が、都銀の大企業向け中心の貸出資産を作

り出した。高度成長が終焉を迎えると、大企業の貨幣資本の不足という蓄積上の制限は解消した。この事態が都銀の資本蓄積のありかたの変更を迫り、その貸出資産の変質をもたらした。その過程は、次の第2期（1970年代後半～80年代前半）およびバブル経済期の第3期（1980年代後半～90年代初頭）において生じた。そして、それまでの貸出資産の内容の質的変化は、次の第4期（1990年代前半～99年）において限界に達した。つまり、現実資本そのものの蓄積が長期的に停滞するようになった。以下、それぞれの時期区分における現実資本の蓄積動向の特徴をみていく[122]。

第1期：1950年代後半～70年代前半（高度成長期）

　1955年から73年までの19年間に日本経済は年率9.8％の成長を達成した。第一次高度成長期には民間設備投資の対前年増加率は、顕著な年で56年には55％、60年には44％を記録した。産業別では、55年度から60年度の間に、鉄鋼業が約10倍、機械工業が約12倍、非鉄金属、化学工業が約6.5倍と、これら重化学工業部門が他産業部門と比較して際だった設備投資額の伸び率を示した。転型期をはさんで第二次高度成長期には、それ以前の重化学工業部門における蓄積を基礎にして、輸出の持続的拡大基調のもと、一層の生産規模拡大・国際競争力強化のための設備の大型化投資（省力化・石油転換を含む）が活発化した。民間設備投資の対前年増加率は、66年から69年まで20％台で推移した。

　このような高い成長率、設備投資の増加率によって特徴づけられるこの時期の企業の資金調達方式は、外部資金調達の依存度が大きく、なかでも銀行からの借入金比率がとくに高く、社債・株式の比率は少ない状態であった。第一次高度成長期には法人企業の外部資金調達の比率は約60％で推移し、なかでも借入金の比率は平均約71％で推移した。第二次高度成長期には外部資金調達の比率は50％で推移し、借入金の比率は約86％で推移した。第二次高度成長期には企業の高蓄積が進んで内部蓄積が増大しつつも、高度成長期全般を通じて、貨幣資本の不足が常に大企業の資本蓄積の制限として現れており、大企業はこの貨幣資本の不足という制限を、主に都市銀行からの

借入金によって突破していった。

　では、都市銀行からどのようにして大企業に産業資金が供給されたのかを確認したい。1960年代前半に金融制度が、専門制・分業制によって再形成されるとともに、55年には日銀貸出の対象は都市銀行のみに限定され、日本銀行を頂点にした都市銀行を中核とする融資集中機構が形成された。このような構造が高度成長期に引き継がれて拡大再生産され、この時期全般に亘る大企業への産業資金供給において積極的な役割を果たした。都市銀行は常に資金不足であり、日銀からの借入可能性を支払準備とみなし、重化学工業部門を中心とする大企業の旺盛な資金需要を独占的に満たし高蓄積を支えた。企業は、自己資金を蓄積の限界と考えるのではなく、銀行からの借入可能性を蓄積の限界とみなした。

　このような金融構造は高度成長型金融構造（オーバー・ローン型金融構造）とよばれ、それは次のように特徴づけられている。すなわち、不換制下における独自な発券能力をもつ日本銀行による貸出（現金準備）に依存した都市銀行の先行的・インフレ的信用供与といわゆる「人為的」低金利政策による低利大量資金が、旺盛な設備投資を行っている重化学工業部門の大企業に集中的に供給された機構である。そして、その他の金融機関はそれを補完するという位置づけにあった。

　実際、都市銀行は短期資金だけではなく、事実上、設備投資資金を含む長期資金の供給も行っていた。第一次高度成長期に、長期信用銀行が発行する金融債のほぼ半分を購入したのは都市銀行であった。また中小金融機関はコール市場を通じて都市銀行の資金需要を満たしていた。証券市場は未発達で、とくに増資は企業にとっては好況末期および景気後退初期（金融引き締め期）における限界的な資金調達手段という位置づけしかもたなかった。これらの意味で、都市銀行は融資集中機構の中核としての位置づけを与えられていた。

　このように、高度成長期における大企業の貨幣資本の構造的な不足を中心的に満たしたのは都市銀行であり、それによる都市銀行の支払準備の構造的な不足を満たしたのが日本銀行の信用であった。そして、1950年代前半に

は早期に是正されるべきとされていたオーバー・ローンは、かえって高度成長期を通じて常態化し、高度成長型金融構造として定着し拡大再生産された。その構造は商業銀行である都市銀行が長期資金供給を担うことを可能にした。したがって、そもそも都市銀行によるオーバー・ローンを正常化するために設けられた業務分野規制（長短分離）は、都市銀行の大企業と日本銀行に対する独占的な関係、融資集中機構の中核としての地位を維持、補強する役割を果たした。都市銀行は、市場を分断し競争制限的に働く業務分野規制、すなわち業態間の「棲み分け」を強制されていたが、むしろそれは高度成長型金融構造の内部で独占的、特権的な地位を確保することに役立ち、都銀自身の順調な蓄積を進める条件にもなっていた。

第２期：1970年代後半〜80年代前半（低成長期）

　高度成長型金融構造を通しての巨額の設備資金の融通は、重化学工業を中心にした民間投資主導型の高度経済成長の過程全体を媒介するとともに1974〜75年不況を準備した。当時戦後最大といわれたこの不況は従来の設備投資主導型の成長構造の終焉を画し、この時期から低成長経済へ移行していく。70年代後半からの日本経済の成長は、直接に輸出と財政支出によってリードされる成長構造に転換した。自動車、電機機械、精密機械といった輸出関連の加工組立型産業は輸出拡大で成長を遂げ、ゼネコン関連企業は公共事業によって高蓄積を実現することができた。しかし、これらの財政支出と輸出増大による企業の販売益は、新たな追加投資には向かわなかった。高度成長期に蓄積された過剰な生産能力、設備が前提されていたからである。また高度経済成長をリードした鉄鋼、石油化学など重化学工業部門や造船業、繊維産業は構造不況業種に転落した。

　このような状況下で大企業はいわゆる減量経営を進めて資金運用・調達額の圧縮を行い、さらには以前の借入金を返済していくことで財務強化を図っていった。借入金の圧縮、返済超過は輸出関連業種、建設業において先行して現れ、1978年度には大企業の全業種で長期借入金の返済超過が生じている。不況からの回復過程で、生産過程に投下されえない過剰貨幣資本はさし

あたり銀行に返済超過という形で流入したが、これは好況期にも続いた。大企業は資本蓄積のテンポを大幅に鈍化させるなかで、資本投下に必要な資金を内部資金調達で多く賄い、外部資金調達なかでも銀行借入金の返済を継続してその比率を低下させ、社債・増資による調達を増やしていった。主要企業の資金調達に占める借入額の比率は、60年代から70年代前半にかけては30%〜40%であったが、70年代後半は20数%、さらに80年代前半は15%前後に低下した。つまり、高度成長期にみられた貨幣資本の不足は銀行からの借入金によって突破されてきたが、このような制限は大企業の設備投資需要の減少により解消され貨幣資本の過剰へと転化していった。投資停滞の反映としての余剰資金の発生は不況期一般の特徴であるが、このような70年代末からの余剰資金の形成は、累積的に増大する金融資産の蓄積に現れているように、一方的に進行していった。

　このような大企業の銀行借入金依存の蓄積方式からの脱却は、資金の運用面でも預金以外の運用先が見出されるようになり、そのことが従来未発達であった金融市場の急速な発展を促した。とりわけ現先市場の発展等にみられるように自由金利の短期金融市場が急成長し多様化したのである。また、1975年以降の国債の大量発行を契機に市場隔離国債管理政策が破綻したことで、国債市場が急速に成長した。これまではインフレ懸念のために日銀が銀行保有の国債を全部吸収（事実上の日銀引受）してきたが、それが不可能となり、銀行によって大量に保有される国債を市場売却せざるをえなくなったからである。したがって、国債利回りは市場金利を基準として決められるようになり、そのことが規制金利体系の崩壊に繋がっていった。

　以上の大企業の資本蓄積方式の変化は、高度成長型金融構造の枠組みを崩し始め、ついにはその構造を破綻させた。重化学工業や電機機械、輸送用機械といった従来の借り手を大銀行は失った。したがって、都市銀行のオーバー・ローンは解消した。また都市銀行の短期資金調達に占める日銀資金の比重は減り、日銀への依存も後退した。その結果、大銀行の貸出余力は増大した。都市銀行は必然的に資金の調達と運用において新しい局面に立たされ、それへの対応を余儀なくされた。大銀行はかつての大企業向け融資で収

益を確保するという蓄積のありかたは変革を迫られたのである。

　1974、75年不況時に、鉄鋼、石油化学など重化学工業部門などいくつかの産業が構造不況業種と政府に認定されその再編が進められたように、本来ならこれらに独占的に産業資金を供給してきた大銀行も同じように再編が進められてもおかしくはなかった。しかし、都市銀行は大企業の投資資金に代わる資金需要をみつけだす機会があった。この時期には日本の国債市場での業務展開、アメリカの財政赤字のファイナンス、途上国貸付などの政府債務に関わる収益機会が出現した。また従来、中小企業専門金融機関が行ってきた中小企業金融や個人向け貸出などの分野に侵食していき新たな収益基盤を確保した。都市銀行の中小企業向け貸出は、70年代後半には平均で貸出残高の30％、80年代前半は40％を占めるようになった。

第3期：1980年代後半〜90年代初頭（バブル経済期）

　政府債務に関わる金融収益の獲得機会は1980年代前半には行きづまった。しかし、80年代後半には金融バブルの形成、株式市場と不動産市場の活況がそれに代わる活路を提供した。それとともに80年代後半期は設備投資が活発になり、全般的に設備投資主導型の経済成長が達成された。したがって、企業の資本投下のための資金需要も拡大して外部資金調達が増加した。しかし、高度成長期と異なり大手銀行の大企業向け貸出は伸びていない。製造業・大企業は86年度から89年度まで返済超過を続けた。大企業の設備投資が活発であったのに、バブル経済の絶頂期でさえ借入金の返済超過が続いた。では、どのように大企業は外部資金調達を行ったのか。高度成長期とは異なって、この時期には証券市場が発達しており、しかも株価急騰によって資金調達コストは異常に低い状態であった。この時期の大企業の外部資金調達を特徴づけたのはエクイティ・ファイナンスである。

　これに対して、都市銀行はどのように対応したか。不動産関連融資の拡大、中小企業貸出、個人向け貸出のさらなる拡大、有価証券投資の拡大、インパクトローン・ユーロ円インパクトローン等の拡大で対応した。都市銀行の中小企業向け貸出は、1980年代前半は40％であったが、80年代後半では

65%、そして91年には70%を超えるようになった。

　この時期には大銀行は新たな収益の分野を不動産と株式といった資産市場に見出し利益をあげたが、「資産インフレ」とその結果としての「資産デフレ」を招いた。このような資産市場に資金が流入し続ける限り資産価格は上昇し続け、そのもとでは資産の転売により差益が得られ続けるが、ひとたび資金流入が止まればこうしたメカニズムは早晩破綻する。この時期における大手銀行の蓄積の限界の突破手段は、バブル経済を前提した方途であり、バブル経済が破綻すれば行きづまることになる。

第4期：1990年代前半〜99年（長期停滞期・失われた10年）
　平成不況は過剰生産恐慌という側面を基礎にもつが、金融バブルの形成が過剰蓄積を一層押し進めたために、この不況を深刻化させた。また巨額の証券投資や土地投機に結びついた過剰な信用膨張は、金融機関のもとに巨額の不良債権を累積させた。1974〜75年不況の際には累積した企業債務は政府債務やアメリカの対外債務に置き換わり、かつそれをインフレで切り捨てることができたが、この時期は従来型の回復パターンを繰り返すことができず、企業の資金需要は長期に亘って低迷している。産業循環（在庫循環）を辿りつつも、経済停滞は長期化し構造化している。これは、低成長期以後の日本経済の成長構造の行きづまりを示している。非金融法人企業の資金不足は、91年以降急速に縮小し、94年以降は資金余剰基調になっている。したがって、都市銀行の貸出残高の伸び率は94年以降、マイナス基調になっている。

このように、現実資本の蓄積が長期に停滞するなかで、銀行資本の蓄積もそれを反映して行きづまっている。すなわち都銀の貸出資産の大宗を占める中小企業向けの貸出残高の停滞と減少とがおきている。この事態はいよいよ大手銀行の対企業向けにおける資産運用の増大機会がなくなったことを意味し、これまで第2期から第3期に亘って進んできた都市銀行の貸出資産の変質とそれによる蓄積制限の突破の行きづまりを意味している。この新たな蓄積制限の突破形態が、金利収入と非金利収入の拡大を加速する、資本集中を

ともなう総合金融機関化であると位置づけられる。

おわりに

　本章では、1990年代後半以降における大手銀行の急速な集中の諸契機について分析を行った。資本集中は現実には個別資本間の競争に媒介されて進むものの、集中は蓄積制限の一突破形態であるという観点から競争激化の背後にある蓄積制限の問題に限定して、それが具体的にどのように現れているかを分析した。まず、90年代後半以降に生じていた大手銀行の集中の性格を整理したうえで、第一に都市銀行の収益性を、第二にその収益構造の推移をみてきた。これらの結果をまとめると次のような諸契機によって大手銀行の集中が進展したと整理することができる。

　① 資金運用収支拡大と経費削減の限界。第一に、資金運用収支拡大と経費削減の限界を資本集中の動因として位置づけることができる。すなわち、1990年代は預金利息（資金調達利率）が貸出金利息よりも急速に下がることによって資金運用収支が増大してきたが、その預金利息低下が90年代末に限界の域に達していることである。それにより資金運用収支の拡大は今後見込めなくなっている。したがって、客観的には都市銀行は資金量の増大と貸出金利回りの上昇による貸出金利息の増大、非金利収入の拡大による利潤量の絶対的増大（業務粗利益の増大）と経費削減（業務利益の増大）が迫られている。しかし、こうした対応は困難な経済環境にある。この業務粗利益・業務利益拡大の限界は、経常利益段階の不良債権処理費用による蓄積制限の問題よりも、銀行業にとってはより本質的な問題である。通説的には、不良債権の処理費用による経常利益の破壊が銀行の集中と関連づけられて理解されているが、こうした本業部分での行きづまりが大手銀行の資本集中の一契機であると位置づけることができる。そして、資本集中の一形態である金融特株会社を利用した統合・合併が、大手銀行の収益源多角化による業務粗利益の拡大、営業経費削減による業務利益の増大を加速する。

　② 貸出資産の変質の限界。第二に都市銀行は貸出資産の変質、すなわち

主に中小企業向け貸付の増大によって1980年代以降、大企業の銀行離れによる蓄積制限を突破してきたが、90年代に入るとこの貸出資産の変質が限界に直面している点を資本集中の動因として位置づけることができる。すなわち、90年代に入って中小企業向け貸出金を大宗とする都市銀行の総貸出残高は停滞し、後半には減少している。一方、都市銀行の経常収益に占める非金利収入の割合は徐々に増大してきてはいるが依然としてその割合は小さい。この2つの収益構造上の変化が一定の限界に達していることにより、都市銀行は伝統的銀行業務での蓄積を持続する限界に直面したといえる。こうした限界突破への対応、すなわち、貸出残高拡大による金利収入増大の加速、また非金利収入の増大加速の必要性が、集中による巨大総合金融機関化として現れている。

大手銀行の変質の理論的把握──残された課題

　本章では、以上の点を明らかにしたが、銀行資本の集中の諸契機全体を明らかにしたわけではない。この集中の過程で、日本の大手銀行は巨大総合金融機関に変質していくが、こうした現象は、とにかく伝統的金融業務の量的拡大を目指してきた銀行機構の秩序の完全な崩壊と再編を示している。すなわち、これは伝統的金融業務の分野での過剰資本を整理し、いわゆる「カジノ型金融業務」の比重を高めるための再編制でもあると位置づけられる。その背景には、日本の資本主義経済の構造的問題、すなわち低成長経済への移行にともなう累積的な過剰貨幣資本の形成がある。またそれを国際的な資金循環のなかに位置づけるならば、ドル特権にもとづくアメリカの国際収支赤字の増大、すなわちドル残高の増大と結びつくという問題がある。このような過剰ドルと結びついた過剰貨幣資本は、投機市場としての証券、為替市場で運動を続け社会的富の蓄積を媒介するどころか、金融危機を醸成し発現させることで、現実資本の蓄積を阻害する作用をもたらしている。こうした運動を続ける過剰貨幣資本が、今日の銀行の巨大総合金融機関化を促しているといえる。この金融コングロマリット化現象は、日本ではなく欧米金融機関

で先行して生じている。欧米の金融再編の分析を踏まえて、今後日本の金融再編を位置づけ直すことが十分な分析に必要となる。そしてそのためには、上に指摘した国際的な過剰貨幣資本の運動の分析も必要となる。

さらに、先に指摘した大手銀行の変質は、再生産過程で果たす銀行固有の役割についての理論的検討が必要になることを示していると思われる。資本主義的生産における銀行制度の社会的役割は、大別すれば、社会的総資本の配分の媒介、流通時間・流通費の縮減等であるが、この社会的役割からみて新しく再編されていく銀行制度はどのような意味をもつのか検討を迫られている。むしろ、新しく再編されていく銀行制度には、再生産過程を円滑化、活発化させるどころか、再生産過程を攪乱していく要素がより多くなっていく可能性があると指摘せざるをえない。

注

90 したがって、この蓄積制限の問題をみる際には、主に全国銀行協会「全国銀行財務諸表分析」所載の「全国銀行総合財務諸表」(単体ベース) や日本銀行「金融経済統計月報」所載の各種データを使用することが適当であると思われる。これらの資料は、銀行の業務報告書記載の財務諸表にもとづいた銀行勘定の計数を業態別に整理統合している。

91 1997年11月の拓銀の消滅、98年11月の長銀、同年12月の日債銀の特別公的管理への移行後、金融危機を沈静化するため、99年3月に大手銀行15行へ2回目の公的資金(7兆4,592億円)の注入が行われた。これに前後して大手銀行は生き残りをかけた統合・合併の合意を相次いで公表した。99年1月の中央信託銀行と三井信託銀行の合併合意(00年4月中央三井信託銀行設立)、同月の富士銀行による安田信託銀行の子会社化決定、同年8月の日本興業銀行、第一勧業銀行、富士銀行の統合合意(00年9月みずほホールディングス設立)、同年10月の東海銀行、あさひ銀行の統合合意、同月のさくら銀行と住友銀行の合併合意(01年4月三井住友銀行設立)、00年3月の東海・あさひ連合への三和銀行参加合意(00年6月にあさひ銀離脱)、同年4月、さくら銀行と住友銀行は合併時期を合意当初の02年4月から01年4月への変更を発表、同年5月の東京三菱銀行・三菱信託銀行・日本信託銀行の統合合意(01年4月三菱東京フィナンシャル・グループ設立)、同年7月の三和銀行・東海銀行・東洋信託銀行の統合合意

(01 年 4 月 UFJ ホールディングス設立)、01 年 9 月のあさひ銀行の大和銀行に対する経営統合の申し入れ（01 年 12 月に大和銀ホールディングス設立、01 年 3 月にあさひ銀行がこの持株会社の傘下に入ることに合意）と続いている。このあさひと大和の統合が実現すれば、従来からの単独銀行として存続している銀行は住友信託銀行一行のみとなる。このように経営破綻によって消滅した拓銀、買収された長銀、日債銀と住友信託銀行以外の大手銀行は、99 年以降、生き残りをかけた統合あるいは合併を連鎖的に行ってきた。

92　第二地銀ではすでに銀行持株会社による統合が次のように進んでいる。2001 年 4 月の北洋銀行、札幌銀行両行の共同持株会社、札幌北洋ホールディングスの設立に続いて、01 年 9 月には広島総合銀行、せとうち銀行の共同持株会社もみじホールディングスが設立された。また 01 年 6 月に福岡シティー銀行が長崎銀行を子会社化（第二地銀同士）している。01 年 12 月には大和銀行（都銀）、近畿大阪銀行（地銀）、奈良銀行（第二地銀）が共同持株会社大和銀ホールディングスを設立した。

93　実際に 2001 年 11 月以降、第二地銀・信金・信組の経営破綻が新たに相次いでいる。

94　対象行は次の通りである。地銀では足利銀行、北陸銀行、琉球銀行、北海道銀行、千葉興業銀行、近畿大阪銀行である。第二地銀では広島総合銀行、熊本ファミリー銀行、八千代銀行、関西さわやか銀行、東日本銀行、岐阜銀行である。（大手銀行では日本長期信用銀行、日本債券信用銀行が対象になった。）

95　業態別子会社方式の導入後、1993 年 7 月に日本興業銀行、日本長期信用銀行の証券子会社が、同年 10 月には東京銀行の信託銀行子会社が最初に営業を開始した。さらに同年 12 月には三菱信託銀行、住友信託銀行の証券子会社 2 社が営業を開始した。94 年 7 月にはあさひ銀行の証券子会社、8 月に安田信託銀行の証券子会社が営業をはじめ、11 月には三菱銀行が日本信託銀行を子会社化した。そして 同月には都銀 6 行の証券子会社が営業を開始した。95 年から 96 年にかけては大手銀行の信託銀行子会社が営業を開始し、97 年 12 月の時点で、大手銀行の証券子会社は 17 社、信託銀行子会社は 12 社に達した。

96　しかも、1993 年に施行された金融制度改革法にもとづく新設会社はこのうち 3 社で、コスモ証券は 大和銀行によって救済買収された会社である。

97　さくら信託銀行は、2001 年 6 月に三井住友銀行から中央三井信託銀行へ譲渡された。02 年 2 月には中央三井信託銀行のホールセール信託部門の移管を受ける予定である。その際、三井アセット信託銀行に社名変更する予定である。また、中央三井信託銀行は単独で銀行持株会社の設立を 02 年 2 月に予定している。持株会社名は三井トラスト・ホールディングスである。それと同時に三井アセット信託銀行は、中央三井信託銀行の子会社から持株会社の下で同行の兄弟会社になる予定である。

98 あさひ信託銀行は、2001年12月に大和銀行の信託部門を分社化して設立された信託銀行（大和銀信託銀行）に統合される予定である。したがって、今後、信託銀行子会社は4社になる予定である。減少率は▲67%（97年12月対比）になる。

99 金融持株会社制度の導入の経緯とその機能の整理については本書第3章を参照されたい。

100 中央三井信託銀行は、前述のように2002年2月に単独で銀行持株会社の設立を予定している。同社設立の狙いは財務基盤強化と経営効率化（分社化のメリット）であると、同行によって強調されているが、『日本経済新聞』（01年10月27日付朝刊）によると、持株会社設立の第一義的な狙いは01年度の配当原資を確保することにあるとされている。同様の指摘は、大和銀ホールディングスの設立についてもなされている（『日経金融新聞』01年10月26日）。

101 日本ではかつて2つの時期に銀行の集中が著しく進展した。第1期は1927年の金融恐慌から31年の金輸出再禁止、満州事変頃までで、26年末に1,500行を超えていた全国銀行は、32年末には600数十行に激減した（▲60%）。第2期は36年の二・二六事件以後第二次世界大戦での敗北までの45年までである。この時期には全国銀行はさらに61行（都市銀行8行、地方銀行53行）までに激減し（▲90%）、他国にも例をみないペースで集中が進捗した。この第2期の銀行の集中は、第1期のそれが不況にともなう弱小銀行の整理であったのに対して、準戦時、戦時の金融統制および金融力の強化を目眼としていたことが特徴であった。この時期に大手都市銀行は、地方銀行の吸収合併、大手都市銀行同士の対等合併を進めるとともに、預金獲得を目指した地方支店新設も積極的に行い、したがって大銀行の支店網が急速に広がった。これらの結果、当時形成されていた金融統制会中の普通銀行統制会加盟の都市銀行は13行であったが、45年には、帝国（第一と三井の合併行）、三菱、安田（富士）、住友、三和、野村（大和）、東海、神戸の8行に集中された。戦後も、上記8行（第一と三井が分離したので9行）の銀行の編成は基本的に引き継がれ、それに特殊銀行から転換した東京、協和、日本勧業、北海道拓殖を加えた13行が高度成長型金融構造における融資集中機構の中核を占めた。ほかに信託銀行7行と長期信用銀行3行がその補完的役割をした。この高度成長型金融構造が大企業の産業資金供給にとって適合的・効率的に機能し、都市銀行が資本蓄積を順調に進めることができた。この時期には集中とは逆の動向がみられた。都市銀行の行数は、戦後当初の8行から50年代後半に13行となってしばらく変動はなかったが68年には日本相互銀行が普通銀行に転換して太陽銀行と改称して都市銀行グループに参入した。69年には地方銀行に属していた埼玉銀行が都市銀行グループに参入した。都市銀行の行数はこの時点で15行となり、現在から振り返ると最大数に達している。しかし、60年代後半期には同時に、金融効率化の見地から規模の利益が問題とされるようになった。

そして、71 年には第一銀行と日本勧業銀行とが合併して第一勧業銀行が設立された。73 年には太陽銀行と神戸銀行が合併して太陽神戸銀行が設立された。このようにして都市銀行等の大手銀行の集中は、上記戦時中の国策による合併に遡ることができるが、戦後は初めて 70 年代前半に生じている。その後 80 年代末までは都市銀行同士の合併はなく 13 行体制が維持されてきた。信託銀行、長期信用銀行も 50 年代後半からその数は変動していない。この 90 年代に生じている大手銀行の集中は、国内の銀行集中の歴史からみれば第 3 の波である。

102　1990 年代の銀行集中は次のように展開した。90 年に三井銀行と太陽神戸銀行が合併し太陽神戸三井銀行（後にさくら銀行に改称）が発足し都銀数は 12 行に、さらに 91 年に協和銀行と埼玉銀行が合併し協和埼玉銀行（後にあさひ銀行に改称）が発足し 11 行に、96 年には三菱銀行と東京銀行が合併し東京三菱銀行が発足することで 10 行に減少した。その後、97 年に北海道拓殖銀行が破綻し 9 行に、01 年に住友銀行とさくら銀行が合併（三井住友銀行）して 8 行に、02 年には三和銀行と東海銀行が合併（UFJ 銀行）、第一勧業銀行と富士銀行が合併（みずほ銀行）し 6 行になる。また、一方でインターネット専業銀行であるジャパンネット銀行（2000 年 10 月営業開始）、ソニー銀行（01 年 6 月営業開始）、インストアバンクであるアイワイバンク銀行（01 年 5 月営業開始）などにみられる異業種から銀行業への新規参入も進んでおり、既存銀行の集中とは逆の新規参入が同時に進行している。また異業種による既存銀行の買収の例は、関西さわやか銀行（01 年 2 月営業開始）、東京スター銀行（01 年 6 月営業開始）がある。長銀は 00 年 3 月 1 日に預金保険機構からパートナーズ社に同行の株式が譲渡され特別公的管理が終了した（00 年 6 月に新生銀行に改称）。日債銀は、00 年 9 月 1 日に預金保険機構からソフトバンク、オリックスおよび東京海上火災保険を中心に構成される出資グループ（ソフトバンク・グループ）に発行済み普通株式が譲渡され、同行に関わる特別公的管理が終了した（01 年 1 月にあおぞら銀行に改称）。

103　資本注入および経営監視対象は興銀・第一勧銀・富士、さくら・住友、三和・東海・東洋信託、大和・あさひ、三菱信託、住友信託、三井信託、中央信託、横浜である。大手銀行で対象になっていない銀行は東京三菱銀行とその子会社日本信託銀行のみである。東京三菱銀行は当初資本注入を受けいれたが、後に返済・売却している。

104　金融再生委員会「申請金融機関の資本増強の基本的考え方と審査結果について」（1999 年 3 月 12 日）によれば、資本増強の審査における基本的考え方の原則として次の柱があがっている。「資本増強を受けた金融機関が不良債権の処理を基本的に終了し、内外の金融市場において十分な信認が得られ、金融システムに対する信頼を回復し得るよう十分な額の資本増強を行う。」「金融機関の競争力、収益力が向上し優先株式の市場への売却等により、できる限り早期の投下資本の回収が可能となることを目指すものとする。」そして、「経営健全化計画」の審査につ

いて、具体的に次のように述べている。「金融システムに対する内外の信頼を回復するためには、業務の再構築、リストラ、金融機関の再編を促進することにより、金融機関の収益性を向上させる必要」がある。そして、業務の再構築、リストラについては、「明確かつ特色ある戦略による収益性の向上や組織の抜本的改革」「特に海外を含む不採算の拠点からの撤退」「人件費や機械化関連費用を除く物件費等の削減、相談役・顧問制度の廃止等を評価する」としている。さらに、金融再編については、「合併、子会社化、資本・業務提携など、実態に応じた対応が進捗しているところであり、これにより金融機関の収益性や財務内容の改善が図られることを評価する」としている。以上の方針にもとづいて金融再生委員会の柳澤伯夫委員長（当時）は、資本注入行に対しどのように監視をするかという質問に対し次のように述べている。「収益力の向上に尽きる。収益だけが公的資金の返済原資なのだから、監督庁にしっかり監視してもらう」。そして、彼はこのような立場から99年以降、連鎖的に公表された大手銀行の合併・統合計画について歓迎の意を表してきた。

105 さくら銀行・住友銀行「三井住友銀行の業績目標及び経営計画　投資家説明資料」2001年2月。

106 この業績目標が前提としている5年間の経済環境は次の通りである。実質GDP成長率が2000年度から04年度まで年平均+1.8%で推移。3M TIBORが00年3月の0.15%から05年3月には1.20%になる。長期国債指標銘柄が00年3月の1.80%から2.80%まで上昇する。円ドルの為替レートは00年度から04年度まで110円で推移。地価は00年度中に底打ちし、以降横ばいで推移。なお当然ながら、資料の末尾には、記述内容は将来の業績を保証するものではなく、経営環境の変化等にともない、リスクと不確実性を内包するものである旨、断り書きがある。

107 1984年末から99年末までの15年間にアメリカ商業銀行数は40.8%減少した一方で、逆に同時期に支店数は52.4%増加している（01年日本金融学会秋季大会　数阪孝志報告「アメリカにおける銀行数減少・店舗数増加の地理的分布」）。こうした現象は戦略的合併とよばれている。明らかにアメリカの90年代以降の戦略的合併は、94年に成立したリーグル＝ニール州際業務・州際銀行支店設置効率化法が影響していると考えられるが、本質的には社会的富の蓄積拡大のもとでの拡大路線を反映したものである。それは、90年代以降の日本の大手銀行にみられる収益力向上を促迫されるなかでの合併・統合とは明らかに区別される。

108 銀行収益の概念の整理については、次の論著を参照。辻信二『銀行業序説』日本経済評論社、1994年、鹿児嶋治利『現代銀行の実証的研究』中央大学出版部、1996年、上林敬宗『金融システムの構造変化と銀行経営』東洋経済新報社、1998年、吉川紀夫『ビッグバン後の銀行経営――情報・組織論からの研究』東洋経済新報社、1998年、大橋英五「金融産業の経営実態――銀行業の低収益性」

(『金融』（日本のビッグインダストリー⑥）大月書店、2001 年）所収.

109 　統合や合併によって巨額な IT 投資が可能になると広くいわれている。そして、このことが、日本の大手銀行の集中を促しているといわれている。なぜなら、これからの銀行はディーリング業務、投資銀行業務、リテール業務といった新たな業務に収益基盤を求めていかなければならないので、巨額な情報システム投資が必要になると指摘されているからである。しかし、米銀は都銀より少ない総資産でより多くの収益をあげ、巨額な投資を行っている事実、つまり米銀は、邦銀よりも高い収益性があるために巨額なシステム投資が可能になっているという点を考慮すると、統合・合併によって投資負担を減らしながら、情報システム投資額が海外銀行に並んだとしても、それによって業務粗利益の増大が生じなければ競争上、意味がないことは明らかである。この点については、小西一雄「ビッグバンと金融業務の変質」『金融』（日本のビッグインダストリー⑥）大月書店、2001 年、38 〜 41 ページ参照。

110 　「より大きな問題は、日本の金融機関の収益力向上のカギは合理化を通ずる経費率の削減（経費率はすでに国際的にみて十分低い）よりも、粗収益の引き上げ、わけても預貸金業務以外の非伝統的分野における粗収益獲得能力の引き上げにあることとの関連である。ただ規模の拡大を追求する合併・統合であればこの点に資することはない。重要なのは、規模の経済より、範囲の経済の追求であり、また合併・統合に伴い『リストラ』にとどまらない『リストラクチャリング』が実現するかどうかである。」（賀来景英「オーバーバンク問題からみた銀行経営の一考察」『金融財政事情』2000 年 7 月 10 日、金融財政事情研究会）。

111 　1990 年代の都市銀行の総資本に占める貸出金の割合は平均で 66.6% である。残りの部分は現金預け金、有価証券でほとんど占められる。とくにバブル期にこの部分の急増が確認できる。88 年度の計数をみると貸出金は 54.1%、現金預け金 17.3%、有価証券 12.5% となっている。

112 　ここでいう貸出金利息と預金利息を中心とする収支とは貸出金利息と預金利息との収支、コールローン・コールマネーの収支、預け金利息・借用金利息の収支、その他受入利息とその他支払利息の収支、金利スワップ収支の合計から資金調達費用としての譲渡性預金利息を差し引いた額とする。貸出金利息は、「貸付金利息」と「手形割引料」から構成され、前者は貸借対照表上の「貸出金」の内訳にある「手形貸付」「証書貸付」「当座貸越」から生じる利息を計上する科目である。後者は「割引手形」から生じる割引料を計上する科目である。図表 4 − 12 で示しているようにこの収入利息である貸出金利息と支払利息である預金利息との収支は、80 年代は 80 年度と 86 年度を除いてずっと赤字になっている。90 年代は一転して、90 年度を除いて大幅な黒字で推移している。コールローン・コールマネーの収支については都銀は常にコールマネーのとり手であるので常に赤字である。預け利息は、預け金利息＋譲渡性預け金利息（元本の売買差額を含む）

で構成される。その他受入利息は、外国為替受入利息＋買入金銭債権利息（CPの券面額と取得価額の差額を含む）＋金利オプション取引に関わる受入オプション料＋金利先物取引の差益＋その他（定期預金の延滞利息、保証金・供託金からの受入利息等）からなる。80年代はこの「その他受入利息」によって資金運用収支の黒字がもたらされていた。

113　全国銀行の計数であるが、90年代以降の資金調達利率が貸出利回りよりも急速に下がっている点を次の資料でも確認できる。日本銀行考査局「全国銀行の平成12年度決算と経営上の課題」2001年8月、29ページ。

114　大手銀行の2000年度決算について次のような見方がある。都銀・興銀の「収益低迷の要因は主力の資金利益が伸びない点に集約される。」「利ザヤ低迷の主因は、預貸金利ザヤの圧縮に加え有価証券利回りの低下が影響している。」（『金融ビジネス』東洋経済新報社、2001年8月号、49ページ）。しかし、資金利益（資金運用収支）が伸びないのは、預金利息低下（資金調達コスト削減）の限界と貸出金利の引き上げの困難によると指摘したい。貸出金利引き上げの困難について『日本経済新聞』（2002年1月10日）は次のように報じている。「収益力の改善を迫られている大手銀行が企業向け貸出金利の引き上げに本格的に取り組んでいる。貸し倒れの危険度に応じた適正金利に改善しようという動きだ。ただ景気が悪化するなかでの金利引き上げに取引先の理解を得るのは容易ではなく、銀行の苦悩が続いている。」「利ザヤの改善交渉が進まない原因は、景気後退で融資先企業の経営が一段と悪化しているためだ。銀行にとっては『金利の適正化』でも企業側からみれば『貸し渋りの方便』にしか映らない。金利を引き上げれば、返済が滞ったり経営が行きづまったりしてしまう中小企業も多い」。

115　1990年代における都市銀行の貸出残高の下落傾向については、本章2節の**図表4-6**を参照されたい。また、都市銀行の貸出金利息と預金利息との収支の推移については、同章同節の**図表4-12**を参照されたい。有価証券利息配当金の下落傾向については、同じく**図表4-11**を参照されたい。ただし、都銀の有価証券の保有残高については90年代後半に増大し、なかでも国債の保有残高が激増している。

116　「銀行が売ってきた商品である貨幣の需要が1970年代の後半以降、落ちてきたのである。銀行の数は激減して当然なのである。この20年間でたくさんの銀行がつぶれて当たり前だった。（中略）1980年代から、大蔵省と日本銀行は大規模な銀行の整理・統合を進めるべきであった。」（大槻久志『「金融恐慌」とビッグバン』新日本出版社、1998年、159ページ）。

117　ただし、手形貸付は、通常、一般企業の運転資金供給に用いられ、期間は3ヶ月〜4ヶ月が普通であるが、書換え継続により実質的に長期の資金供給にも用いられてきた。高度成長期にはその傾向が強かった。「都銀の貸出先をみると、高度成長期をとおして、その貸出の70％以上が大企業向けの大口融資であり、統

計上は運転資金供給が中心であり、設備投資資金の占める比率は少ないが、実際には、いわゆる短期のころがしによる長期の設備資金供給がかなり多かった」（久留間健「高度成長型金融構造の展開過程」『日本資本主義と金融・証券』（講座 今日の日本資本主義6）、大月書店、1982年、82ページ）。

118　小西、前掲書（注109）、27〜29ページ。「1994年以降、（都銀の貸出残高の）前年比伸び率は、マイナス基調に転じている。しかも、対中小企業貸出を除いてみると、つまり大企業向けについてみると、バブルの絶頂期ですら都銀の大企業向け貸出の伸びは停滞していることがわかる。」（同上書、29ページ、カッコ内は引用者）。

119　全国銀行協会金融調査部編『図説 わが国の銀行』（改訂版）財経詳報社、2000年、106ページ。

120　都市銀行による中小企業向け貸出の増大と、その中小企業金融専門機関への影響については、次の研究を参照されたい。忽那憲治「金融自由化の進展と銀行経営」（二上季代司編著『日本型金融システムの転換』中央経済社、1994年、139〜163ページ）。

121　この時期の預け金利息の増大は、東京オフショア市場における預け金や金銭信託での運用が急増したことによる。とくに金銭信託での運用は、「特定金銭信託」や「ファンドトラスト」を利用して株式の値上がり益の獲得を目的としたものであり、銀行信用の拡大が資産価格の高騰に結びついていたことを伺わせる（斎藤正「銀行とその経営」『現代金融の制度と理論』大月書店、1992年、60ページ）。

122　戦後の景気循環を設備投資循環としてみると、1990年代末まで5循環を経てきたとする見解がある。第1循環は54年〜65年まで。第2循環は65年〜75年まで。第3循環は75年〜83年まで。第4循環は83年〜91年まで。第5循環は91年〜99年までである。各循環には次のような転換期があった。第1循環は、休戦不況期から65年不況（転形期）までで、第一次高度成長期にほぼ対応している。第2循環は65年不況から低成長経済への移行を画した74、75年不況までで、第二次高度成長期にほぼ対応している。第3循環は、74、75年不況から80年代初頭の不況まで。第4循環は80年代初頭の不況から85年、86年の円高不況を経てバブル経済の膨張とその収縮・平成不況まで。第5循環は平成不況から連続した93年〜95年の円高不況を経て97年〜99年の不況まで。この第5循環における平成不況の長期化および好況局面挫折後の一連の金融危機は、戦後日本経済が最も深刻な長期停滞期に入っていることを示している。この設備投資循環の把握の詳細については、小松善雄「1997年〜98年不況と『新資本主義』論」『経済理論学会年報』（第37集 90年代資本主義の危機と恐慌論）青木書店、2000年参照。以上の戦後の設備投資循環を軸にしながら、50年代前半から99年までを第1期から第4期までの4つの時期に区分した。第1期（高度成長期）は、第1循環と第2循環を高度成長期として一括りにした。第2期（低成長期）は第3

循環、第 3 期（バブル経済期）は第 4 循環、第 4 期（長期停滞期・失われた 10 年）は第 5 循環にほぼ対応するものと考えている。

第5章

銀行資本における利潤率の傾向的低下
―― 大手邦銀の低収益性について

はじめに

　日本の銀行業において、その基礎的収益力となる利鞘は、高度成長期以来、趨勢的に低落してきた〔図表5-1〕。1990年代後半から2000年代中頃まで大手銀行業界では急速な勢いで資本集中が進んできたが、この戦後初で最大規模の金融再編にいたった背景には、銀行決算の深層部分におけるこの利鞘の縮小傾向があった。そしてこの集中過程でメガバンクに転じていた大手銀行[123]は、2008年にリーマンショックに直面したが、この危機は新たな業界再編に追い込まれることなく乗り切ることができた。しかし依然として長期的な利鞘の縮小傾向には歯止めがかからないという構造問題を抱えたままである。この利鞘の持続的低下は図表5-1にみられるように、銀行資本の利潤率（業務粗利益率）の長期低落傾向という形でも現れている。銀行資本の利潤率は、そのもとに集まってくる貸付可能貨幣資本の増殖率（貸出金利）と利鞘によって強く左右されている[124]。

　本章では現在、貸付可能貨幣資本の国内での運用効率が限界水準まで低落している都市銀行を対象にして、いまみた銀行資本における利潤率の傾向的低下の諸契機を銀行の会計情報の分析から明らかにしたい。

　長期的に変動する利子率は一般的利潤率に規制される。つまり利子率の長期的低落、したがって銀行資本における利鞘および利潤率の傾向的低下は、

図表 5-1　銀行資本の貸出金利（国内銀行）、利鞘・利潤率（都市銀行）の推移

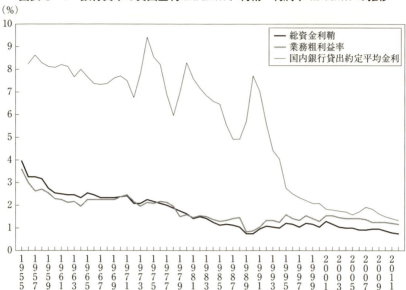

(注) 国内銀行約定平均金利は当該月末時点におけるすべての約定期間の貸出金利を貸出残高で割った値である。貸出金は短期（手形割引含む）、長期、当座貸越である。国内銀行には信用金庫を含む。総資金利鞘＝資金運用利回−資金調達利回。資金運用・調達利回の定義については、第1節 **1** の本文を参照されたい。業務粗利益率＝業務粗利益／総資本。業務粗利益の定義は図表5-6の⑤を参照。横軸は、国内銀行約定平均金利は暦年、その他は年度を表す。以下『全国銀行財務諸表分析』によって作図した図表の横軸は年度を表す。
(資料) 日本銀行『金融経済統計月報』、全国銀行協会『全国銀行財務諸表分析』より作成。

その上限を画する一般的利潤率の傾向的低下にもとづいている。マルクスが明らかにした一般的利潤率の傾向的低下法則は同時に、利子率の傾向的低下法則でもあることは第1章で論じたが、さらにこれを敷衍すれば利潤率の傾向的低下法則は、銀行資本の利鞘・利潤率の傾向的低下法則でもあることになる。そして、一般的利潤率の指標として位置づけられる社会的総資本の利潤率の傾向的低下はすでに日本で観察されている所与の事実であることが明らかになっている[125]。このことを前提して分析を進めていく。

　一方で、その時々の利子率は貸付可能な貨幣資本に対する需給関係によって決まる。したがって銀行資本における利鞘の低下は、過剰な貸付可能貨幣資本の蓄積によって生じているとみることができる。そしてこの過剰な貸付

可能貨幣資本の堆積は、現実資本の過剰、つまりその蓄積の停滞によって生じている。過剰貨幣資本の源泉はそれだけではないが、基本的には現実資本の蓄積動向にもとづいて規定される概念である。また、過剰貨幣資本の蓄積を生み出す、現実資本としての有利な投下部面の不足をもたらすのは、現実資本の蓄積とともに進行する生産力の発展であり、利潤率の傾向的低下[126]はそのことの表現である。2000年代の銀行資本の蓄積に現れた新たな特徴として、この過剰な貸付可能貨幣資本の蓄積による利鞘の低落が前面に出てきていることがあげられる。メガバンクは「市場型間接金融」の主要な担い手として、投資信託の仲介などの非金利収入を積極的に拡大させてきた。しかし、それはメガバンクの基礎的収益力の低下をカバーできていない。それほど預貸業務による利鞘の縮小が未曾有の速さで進行しているとみることができる。つまりそれほどまでに過剰貨幣資本が蓄積されているのである。

本章では一般的利潤率の傾向的低下法則の展開のなかに銀行資本の蓄積を位置づけ、新たな金融活動も行うメガバンクとして再編された2000年代におけるその資本蓄積とその停滞について考察する。

第1節 銀行資本における利鞘の傾向的低下

1 利子率と利鞘の傾向的低下

国内銀行貸出約定平均金利と国債流通利回り（長期金利）の推移は第1章の図表1-2にすでに示されている。どちらの金利もともに傾向的に低下し、2000年代では停滞していることが確認される。貨幣市場での利子生み資本（monied capital）そのものの増殖率の停滞である。これらは、銀行業者自身の経費率の削減など経営効率を上昇させたとしてもその作用が及ばない範疇である。この長期に亘る趨勢的な利子率の低落現象には現実資本の再生産過程の動向と貸付可能貨幣資本に対する需給関係が基本的に作用していることについては、すでに第1章で明らかにした[127]。

図表 5-2 貸出金利回・預金債券等利回・預貸金利鞘・経費率の推移（都銀）

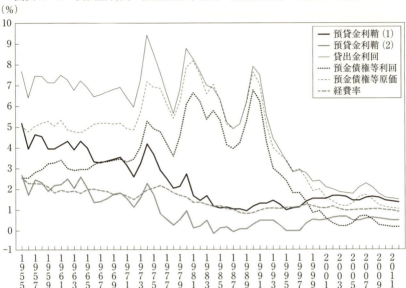

(注) 貸出金利回＝貸出金利息／貸出金末残、預金債券等利回＝(預金利息＋譲渡性預金利息＋債券発行差金償却)／(預金＋譲渡性預金＋債券末残)、預金債券等原価＝(預金利息＋譲渡性預金利息＋債券発行差金償却＋営業経費)／(預金＋譲渡性預金＋債券末残)、経費率＝営業経費／(預金＋譲渡性預金＋債券末残)、預貸金利鞘 (1)＝貸出金利回－預金債券等利回、預貸金利鞘 (2)＝貸出金利回－預金債券等原価＝預貸金利鞘 (1)－経費率。
(資料) 全国銀行協会『全国銀行財務諸表分析』より作成。

　こうした貨幣市場における利子生み資本の増殖率の傾向的低下は、銀行資本の預貸金利鞘の傾向的低下をもたらしている。図表 5-2 に貸出金利回りと預金債券等利回り、それらから算出した預貸金利鞘 (1)(2)(それぞれの定義は図表 5-2 の注を参照されたい) の推移を示したが、それらの傾向的低下が確認される。貸出金利回りは当然ながら図表 5-1 で示した国内銀行貸出約定平均金利の推移とほぼ重なる。ただし 1970 年代初頭までは、貸出金利回りはそれから下方に乖離して並行していた。当時の人為的低金利政策によって都銀の貸出金利が低く抑えられていたことによる。他方、預金債券利回りは 90 年度まで傾向的上昇を示している。この背景には現実資本と銀行資本とがともに加速的蓄積を遂行していたことにみられるように〔図表 5-9〕、資

金需要が高かったこと、さらに預金金利の規制が順次、自由化されていった点をあげることができる[128]。このように、一方の貸出金利回りの傾向的低下（資金運用効率の低下）、他方の預金債券利回りの傾向的上昇（資金調達コストの上昇）によって預貸金利鞘（1）（2）は傾向的に低下することになった。経費率を算入した預貸金利鞘（2）でみると、80年代はほとんど採算がとれていない状況が続いていた。

1990年代以降では、貸出金利回りと預金債券等利回りの同時的低下が生じた。背景には現実資本と銀行資本の蓄積の停滞、資金需要の急落がある。貸出金利回りに対して預金債券利回りが急速に低下しているので、預貸金利鞘はやや持ち直したが、過去の水準からみると低迷からは脱していない。90年代は経費率が上昇基調にある（預金量が減少〔図表5-5〕するもとで営業経費が増大したため）なか、90年代中頃以降に預貸金利鞘（2）は再び採算割れとなった。表面上の経常赤字の継続に加えて、この深層部分での危機的状況が平成の銀行集中の契機であると考察できる[129]。ここで明らかになった事実は、本書の第4章第2節 **3** で行った分析とも関連している。

次に総資金利鞘（1）（2）の推移についてみる。銀行の業務粗利益の中心になるのは資金運用収支（資金利益）〔図表5-6の①〕である。この資金運用収支は、運用する資金量とその利回りで決定される資金運用収入（運用資金量×利回り）と、調達する資金量とその利回りで決定される資金調達費用（調達資金量×利回り）との差額である。総資金利鞘は、その際の運用資金の利回りと調達資金の利回りの差額である。つまり、相異なる運用手段（貸出金や有価証券など）、調達手段（預金や市場性資金など）をそれぞれ資金としてはすべて同質のものと捉えたうえで、それら利息の総額を総資金量で割って利回りを算出している。したがって、先にみた預貸金利鞘もこの総資金利鞘のなかに包括されている。

以下、図表5-3で示した2つの総資金利鞘の定義について記す。総資金利鞘（1）＝資金運用利回－資金調達利回。資金運用利回＝資金運用収益／資金運用勘定末残〔×100〕、資金調達利回＝資金調達費用／資金調達勘定末残〔×100〕。資金運用収益＝貸出金利息＋有価証券利息配当金＋コールロー

図表 5-3　総資金利鞘・預貸金利鞘・経費率・利子率・銀行資本の推移（都銀）

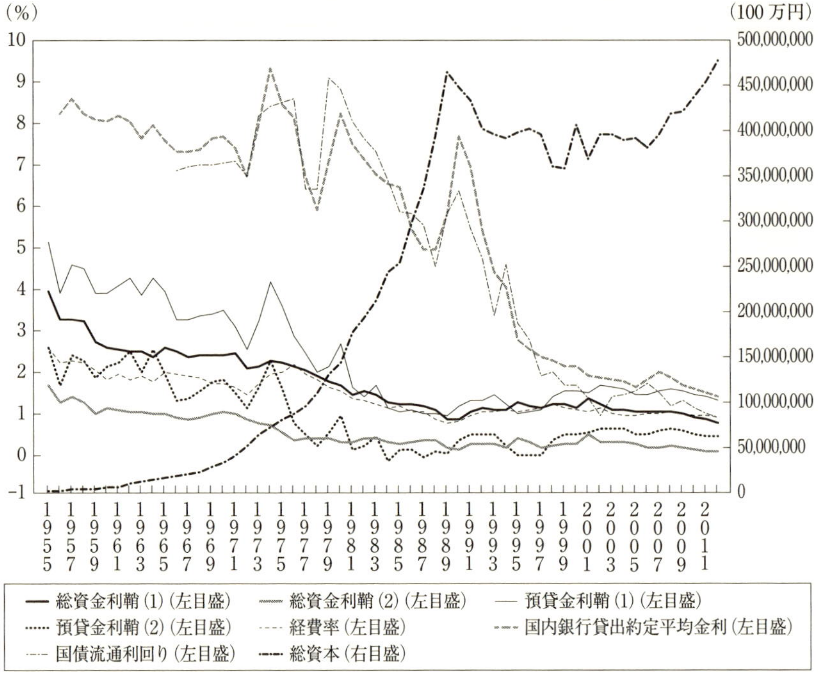

｜ 凡例 ｜
― 総資金利鞘(1)（左目盛）　　　― 総資金利鞘(2)（左目盛）　　　― 預貸金利鞘(1)（左目盛）
…… 預貸金利鞘(2)（左目盛）　　　― 経費率（左目盛）　　　― 国内銀行貸出約定平均金利（左目盛）
―・― 国債流通利回り（左目盛）　　　― 総資本（右目盛）

(注) 国債流通利回り（長期金利）は、1997年以前は東証上場国債10年物最長期利回りの末値、98年以降は新発10年国債流通利回りの末値である。国内銀行約定平均金利は当該月末時点におけるすべての約定期間の貸出金利を貸出残高で割った値である。貸出金は短期（手形割引含む）、長期、当座貸越である。国内銀行には信用金庫を含む。これらの金利については暦年単位である。

(資料) 全国銀行協会『全国銀行財務諸表分析』、日本銀行『金融経済統計月報』、東京証券取引所『東証統計月報』より作成。

ン利息＋買入手形利息＋外国為替受入利息＋その運用勘定の受入利息、資金運用勘定＝貸出金＋有価証券投資＋コールローン＋買入手形＋有利息預け金＋外国為替勘定＋その他運用勘定（すべて末残）。資金調達費用＝預金債券利息（債券発行差金償却を含む）＋譲渡性預金利息＋コールマネー利息＋売渡手形利息＋借用金利息＋外国為替支払利息＋その他の調達勘定の支払利息、資金調達勘定＝預金債券＋譲渡性預金＋コールマネー＋売渡手形＋借用金＋外国為替勘定＋その他調達勘定（すべて末残）。資金運用勘定、資金調達勘定の推移については、図表5-4を参照されたい。総資金利鞘（2）＝資金運用利回

図表5-4 総資金利鞘・資金運用収支・資金運用勘定・資金調達勘定の推移（都銀）

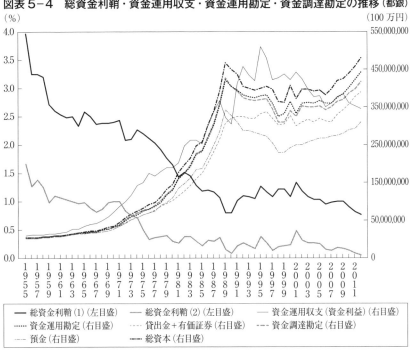

(注) 資金運用収支＝資金運用収益－資金調達費用。資金運用収益と資金調達費用の定義については本文を参照されたい。
(資料) 全国銀行協会『全国銀行財務諸表分析』より作成。

－資金調達原価。資金調達原価は、上記資金調達利回の算出式の分子に営業経費を加えて算出する。なお『全国銀行財務諸表分析』で公表されている総資金利鞘は、図表5-3で描かれている総資金利鞘（2）に相当する（ただし、1989年度から国内業務部門のみの公表に変更されている）。

さて、図表5-3により総資金利鞘（1）（2）の推移についてみる。これらも預貸金利鞘と同様にその傾向的低下をみることができる。ただし、預貸金利鞘に比べてその動きは平準化されている。また、1970年代後半から80年代後半にかけて総資金利鞘（1）は低下していたが、同時に経費率も下がっていたので総資金利鞘（2）でみるとほぼ横ばいで推移していた。しかし89、90年度には急落している。同じく総資金利鞘（2）は、90年代は80年

代より低い水準でほぼ横ばいで推移していたが、2000年代は急速に低下し始め、過去最低水準を更新するにいたっている。

2 資金運用収支（資金利益）の累増と停滞

次に資金運用収支の動向を確認する。**図表5-4**にみられるように、銀行資本の加速的蓄積にともない資金運用収支も増大してきた。しかしその蓄積の停滞にともない資金運用収支も停滞し、傾向的に低落している。総資金利鞘との関連でいえば、加速的蓄積にともなう低下、蓄積の停滞にともなう低下が、総資金利鞘（2）において明瞭に現れている。さらに2000年代以降は、総資金利鞘は資金運用収支とともに低落傾向にあることがわかる。つまり率と量が同時に低下傾向になるという事態である。さらにそれは長期に亘り持続し、かつ同期間には総資本量は拡大傾向にあるという特異な状況である。このことが次節でみる同期間における業務粗利益率、業務利益率の低下となって現れている〔図表5-8〕。また同図から自明のことではあるが、銀行資本量の動向は、資金運用勘定（とくに貸出金と有価証券投資）に規定され、さらにそれは資金調達勘定（とくに預金）によって規定される関係が読みとれる。つまり銀行資本量は、貸付可能貨幣資本（利子生み資本 monied capital）の調達・運用量によって主に左右されることも確認される。

3 資金運用資産の蓄積とその停滞

さらに直接に資金運用収支（資金利益）をもたらす、資金運用・調達勘定、とくにその大部分をなす預金（譲渡性預金・債券を含む）・貸出金・有価証券の動向についてみることにする。**図表5-5**にみられるように、加速的に蓄積されてきた預金[130]、有価証券は1989年度をピークに減少に転じ、同様に貸出金も93年度をピークに減少に転じた。資金運用収支の動向とほぼ同じような傾向になっている。それ以来、貸出金が減少基調になっているのは、同図にみられるように、現実資本の売上高が低落・停滞していることによる。

図表 5−5 預金・貸出金・有価証券投資の推移（都銀）

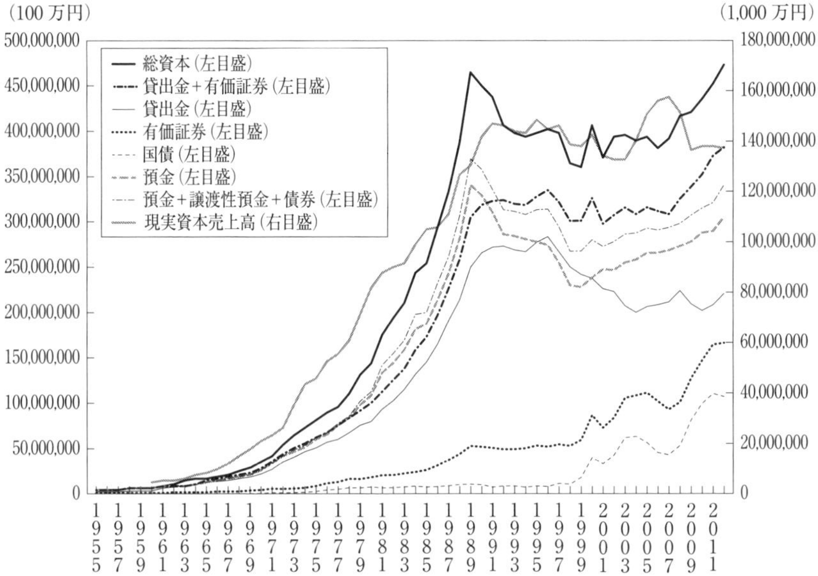

凡例：
― 総資本（左目盛）
―・― 貸出金＋有価証券（左目盛）
―― 貸出金（左目盛）
…… 有価証券（左目盛）
…… 国債（左目盛）
--- 預金（左目盛）
―・・― 預金＋譲渡性預金＋債券（左目盛）
―― 現実資本売上高（右目盛）

（資料）図表 5-4 に同じ。

売上高の動向は現実資本の投資（設備・原材料の購入）の動向も当然ながら反映されている。基本的には現実資本の売上高が増大（投資が拡大）する限り銀行資本（預金・貸出金）も増大するのであり、つまり加速的蓄積を可能とするのであり、その条件がなくなれば銀行資本の蓄積も停滞することになる。銀行資本の蓄積にとっての根本的な制限は、現実資本の売上高の低落・停滞である。次節でみることになる銀行資本の加速的蓄積のもとでの銀行の利潤率の低下傾向から、銀行資本の蓄積の停滞のもとでのその利潤率の低下傾向への移行には、この現実資本の売上高の持続的増大から停滞への転換という大きな構造問題が背景としてある。これはもちろん、日本の現実資本の蓄積上の制限となる根本問題である。

第2節　銀行資本における利潤率の傾向的低下

1　銀行資本の利潤率の算出と一般的利潤率の推計

　本節では銀行資本の長期的な蓄積動向について分析する。それに先立ち、まず銀行資本と銀行利潤、および銀行の利潤率について算出する。本章ではこれらを全国銀行協会『全国銀行財務諸表分析』の分類上にある「都市銀行」の資本と利潤に該当する計数（海外支店の計数を含む）から算出した[131]。まず、銀行資本については次の通りである。「銀行資本」は、銀行業者が調達・運用する総資本（貸借対照表上の貸方の資金調達勘定〔負債〕・自己資本など、および借方の資金運用勘定・固定資産などを指す）という意味で用いる。この総資本の大きさは、総資産額から支払承諾見返の計数を控除して算出した（1999年度から貸借対照表の表示変更によりこの総資本の計数に貸倒引当金を加算している）。

　2013年3月末時点での都銀6行の総資本（総資産ベース約496兆円）は同統計上にある全銀行（117行）の総資本（総資産ベース約912兆円）のうち54.3%を占めている。また都銀の兄弟会社にあたる信託銀行（3行）[132]の総資本（総資産ベース約71兆円）を合算すると同比率は62.2%にのぼる。

　次に、銀行利潤について算出する〔図表5-6参照〕[133]。銀行資本が取得する利潤の大部分は預貸金利鞘や有価証券利息配当金といった資金運用収支（利息収支）[134]である。これに各種手数料などの収支を足したものが、本来の銀行利潤である。さらに、今日ではこれにディーリング収益が加わる。これらの総計が業務粗利益として認識される。さらに、業務粗利益から営業経費を控除して業務利益を算出した[135]。これは製造業など生産的企業の決算書で算出されている営業利益に相当する。以下、経常利益、当期純利益の算出については図表5-6を参照されたい。

　以上の各利益の段階によってそれぞれ定義される銀行資本の各利潤率は、次の通りである。業務粗利益率＝業務粗利益／総資本、業務利益率＝業務利益／総資本、経常利益率＝経常利益／総資本、当期純利益率＝当期純利益／

図表 5-6　銀行利潤の算出

資金運用収支（預金、貸出金、有価証券などの利息収支）	①
役務取引等収支（各種手数料などの収支）	②
特定取引収支（金利等の短期的な変動などを利用して得た収支）	③
その他業務収支（債券や外国為替などの売買損益）	④
業務粗利益（①＋②＋③＋④）	⑤
営業経費	⑥
業務利益（⑤－⑥）	⑦
その他経常収支（株式売買損益、貸倒引当金繰入金など）	⑧
経常利益（⑦－⑧）	⑨
特別損益、税金の加減など	⑩
当期純利益（⑨－⑩）	

(資料) 辻信二『銀行業序説』日本経済評論社、1994 年、134〜142 ページ。全国銀行協会企画部広報室編『ドクター・ビッグバンのよくわかる銀行のディスクロージャー』1999 年、15 ページ。

総資本〔以上すべて×100〕。これらを算出する際、通常は分母となるストックの残高は期末要因を排除するために平均残高が用いられるが、本章では与えられた貸借対照表からそのまま年度末の計数（期末残高）を用いている。

一般的利潤率の推計値は、財務省『法人企業統計調査』（年次別調査）の分類上にある「金融保険業を除く全産業」「全規模」に集計されている企業の営業利益、資本に該当する計数から算出している。分母となる社会的総資本については、(1) 現預金や有価証券などを含み、可変資本を含まない総資産額、(2) 不変資本と可変資本に相当する計数のみの合計値の場合とに分けている。それにより、利潤率の推計も次の2つを算出している。一般的利潤率 (1) ＝営業利益／総資産、一般的利潤率 (2) ＝営業利益／（棚卸資産[136] ＋有形固定資産－建設仮勘定－土地＋従業員給与＋従業員賞与＋福利厚生費）〔以上すべて×100〕。

2 一般的利潤率と銀行資本の利潤率の傾向的低下

まず、銀行資本の利潤率は、図表 5-7 にみられるように、長期的に一般

的利潤率の範囲内で変動していることが確認できる。そして、一般的利潤率は (1)、(2) とも、1960年代から長期傾向的に低下しており[137]、これと同様に銀行資本の業務粗利益率と業務利益率も、長期傾向的低落を示していることが観察される。

さらに、銀行資本の各利潤率の変動について詳しくみることにする。業務粗利益率は1970年代後半から85年度まで顕著に低落傾向が現れるようになった。それが、86年度～88年度に反転し、さらに89年度に一気に急落した。バブルの発生と崩壊過程の軌跡である。90年代に入り、資金調達コストの低減を背景に、同利益率は緩やかな上昇基調に転じたが、後半以降になると再び停滞、低下基調に転換した。

業務利益率は全般的には業務粗利益率に左右され並行的に推移しているが、1970年代末から88年度にかけて、業務粗利益率の傾向的低下とは反対に、上昇基調で推移した。したがって、この時期の銀行決算は表層部分では好調であった。しかし、同時期の一般的利潤率をみると、ほぼ一貫して急落していることがわかる。つまり、現実資本の収益動向と銀行資本の基礎的収益の動向とは一致していた。そして、この両分野の蓄積の制限を乗り越え、利潤率そのものを高めていく資本蓄積の過程が「バブル」現象となって現れた。そして、89年度の利潤率の急落過程から、業務利益率は再び業務粗利益率と並行的に推移し始め、90年代後半以降からは停滞、減少傾向を辿っていく。

経常利益率は主に不良債権処理の影響を受けて、上記2つの利潤率とは大きく異なる動きを示した。1980年代までは業務利益率とほぼ重なるようにして推移してきた。しかし、89、90年度では、業務利益の急減をカバーするため、株式の大幅な売却益を計上することで経常利益率が業務利益率を上回った。91年度以降は、これとは逆に経常利益率が業務利益率に対して下方に乖離していく。この乖離は不良債権の処理コストの急拡大によるものである。先にみたように、90年代以降、業務粗利益率は上昇基調に転じてはいたが、不良債権の処理コストが業務利益の範囲を超え、資産の売却益によるカバーも不可能になることで95年には経常赤字に転落した。これ

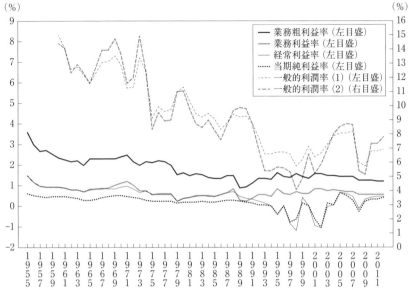

図表5-7 一般的利潤率と銀行資本の利潤率の推移

(注) 横軸は年度を表す。以下、下記資料から作図したグラフの横軸は年度を表す。
(資料) 全国銀行協会『全国銀行財務諸表分析』、財務省『法人企業統計調査』より作成。

以降、90年代後半から2000年代前半にかけて経常利益率はマイナス基調となった。2000年代後半になると、不良債権の処理コストが減少することで経常利益率は業務利益率に近づいてきたが、サブプライムショック（06年～07年）、リーマンショック（08年）により、再び、経常利益率は急落した。しかし、過去の悪化時期に比較すればその程度は軽微で回復も速かった。

ここで次の点に留意したい。経常利益率および当期純益率の動向は、一般的利潤率の循環的変動に影響されているとみられることである。しかし、1990年代後半以降の業務粗利益率、業務利益率については、一般的利潤率の循環的変動とは関わりなく動いているようにみえ、とくに2000年代では一般的利潤率の上昇局面で一方的に低落しているのが注目される。

第5章　銀行資本における利潤率の傾向的低下　183

3 現実資本および銀行資本の加速的蓄積とその停滞

　前項では、銀行資本において利潤率の傾向的低下が生じていることをみたが、一方で総資本量の蓄積は、**図表5-8**にみられるように、1989年度まで順調に進行してきた。それにともない業務粗利益の量も88年度までほぼ一貫して増大してきた。このように銀行資本の加速的蓄積（業容の急拡大）によって銀行利潤量の増大は補償されてきた。

　ただし1980年代については、次の特殊な点があるので注意したい。加速的蓄積による利潤量の拡大とともに、業務利益率・経常利益率も増大していた。86年度から88年度（「バブル」の展開過程）では、業務粗利益率も増加に転じ、資本量・利潤量・各利潤率のすべてが3ヶ年もの間、同時に急増した。経営指標のランキングにおいて邦銀が軒並み世界の上位を席捲していた時期でもある。また前項でみた、80年代前半における業務利益率の増加は、経費率（営業経費／（預金＋譲渡性預金＋債券末残）×100）の低下〔図表5-2参照〕が顕著に生じたことによる。この経費率の低下は、加速的蓄積によってその分母となる資金量が増大したことと、銀行業者としての合理化追求によって生じた[138]。

　しかし、1950年代からの銀行資本の利潤量の持続的増大は88年度までで終息し、89年度には急減した。加速的蓄積は89年度まで続いたが、投資しても利潤量が減少することを受け、早速90年度に資本量が急減、資本蓄積の停滞が始まった。それにともない業務粗利益・業務利益は、時々の増減を繰り返しながら、80年代までの趨勢と対比すれば停滞基調となった。経常利益は前項で指摘した不良債権問題を反映して、98年度までほぼ一直線に急落した。95年度から2003年度まで経常赤字が基調となった〔図表5-8〕。

　ここで次の点を確認したい。1985年度までは銀行資本における利潤率は傾向的に低落してきた一方、加速的蓄積により資本量は89年度、利潤量は88年度まで増大してきた。しかし、90年代以降になると、銀行の資本量と利潤量はこれまでの状況とは一変し、停滞が続いてきた。

　次に、現実資本（2）〔棚卸資産＋有形固定資産－建設仮勘定－土地＋従業員給与＋

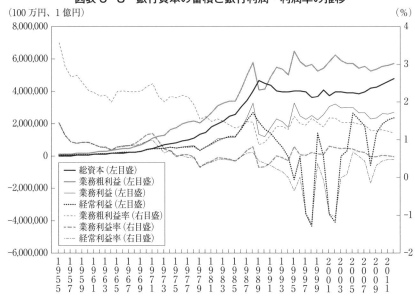

図表5-8 銀行資本の蓄積と銀行利潤・利潤率の推移

(注) 総資本の単位は1億円。業務粗利益、業務利益、経常利益の単位は100万円。
(資料) 全国銀行協会『全国銀行財務諸表分析』より作成。

従業員賞与＋福利厚生費＝不変資本＋可変資本〕の加速的蓄積とその停滞を考察する。前項でみたように、一般的利潤率は1960年代から傾向的に低下してきた。とくに70年代中頃から顕著にそれが現れている。一方で、図表5-9にみるように、現実資本（2）の加速的蓄積は60年代から92年度まで進行してきた。それにともない利潤量（営業利益）は90年度まで拡大基調が続いた。この加速的蓄積の過程で一般的利潤率（2）は低落したが、86年度で下げ止まった。87年度から89年度までは、資本量、利潤量、利潤率ともすべてが増加していく。

これまでみたように、銀行資本の加速的蓄積は1989年度まで続いて、現実資本の加速的蓄積は92年度まで続いた。つまり、89年度までの銀行資本の加速的蓄積は、現実資本の再生産過程の規模拡大と並行している。しかしこの間、銀行資本の利潤率（業務粗利益率）と一般的利潤率（2）は、それぞ

第5章　銀行資本における利潤率の傾向的低下　185

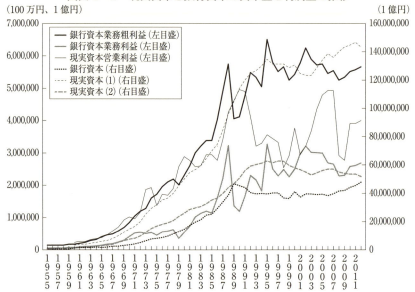

図表 5-9 現実資本と銀行資本の資本量と利潤量の推移

(注) 現実資本営業利益の単位は1億円。銀行資本業務粗利益と銀行資本業務利益の単位は 100 万円。現実資本 (1)、現実資本 (2) は、本節 **1** の本文で定義した一般的利潤率 (1)、一般的利潤率 (2) のそれぞれの分母の計数である。現実資本 (1) は総資産ベースで、現預金・有価証券を含み、可変資本は含まない。現実資本 (2) はマルクスの資本概念の近似値で、不変資本・可変資本に相当する計数の合計値である。
(資料) 全国銀行協会『全国銀行財務諸表分析』、財務省『法人企業統計調査』より作成。

れ、85年度、86年度までで下げ止まっている。したがって、銀行資本における利潤率の傾向的低下は、まず第1に、60年代から80年代中頃までの現実資本の加速的蓄積・利潤量増大と同時に進行した一般的利潤率の傾向的低下にもとづいているといえる。

次に、現実資本の加速的蓄積が終息し、蓄積の停滞が始まった1990年代以降をみる。現実資本 (2) の蓄積のテンポは、1993年度から鈍化し、資本量は98年度をピークとして、2003年度まで急減していく。そしてその後の資本蓄積も停滞基調となっている。しかし、資本量が急減し始めた99年度から利潤量は急増し、07年度までその傾向が続いた〔図表5-9〕。一般的利潤率 (2) も、99年度から2007年度まで急増した〔図表5-7〕。そして、資本量は減少、停滞しているなかで、利潤量・利潤率は増加するという局面が

2000年代になって初めて出現した。2008年のリーマンショックにより、資本量の減少、利潤量・利潤率の急減が生じたが、2010年度に再び、資本量は減少するなかで、利潤量と利潤率は増大している〔図表5-9、5-7〕。

そして、銀行資本の蓄積について1990年代以降を図表5-8でみると、まず資本量は90年度から06年度まで停滞している。一方、利潤量（業務粗利益）は90年度から95年度まで急増している。同様に、利潤率（業務粗利益率）も同期間に上昇している。しかし、96年度以降では利潤量・利潤率は減少・停滞基調にある。

ここで整理しよう。いまみたように、加速的蓄積の終息後、現実資本の蓄積は1993年度から12年度まで停滞基調が続いている（04年度～06年度では資本量は増大）。銀行資本の蓄積は90年度から06年度まで減少・停滞基調が続き、07年度から12年度まで資本量の増大が生じている。現実資本の利潤量と銀行利潤の動向は、相互に関連性のない動きになっている。利潤率もこれと同様に相互に独立した動きになっている。つまり、1990年代後半以降の銀行資本における利潤率（業務粗利益率）の傾向的低下については、現実資本蓄積の停滞にもとづく一般的利潤率の変動下で生じているが、しかし、一般的利潤率とは関わりなしに銀行資本独自の蓄積の停滞にもとづいてその利潤率の傾向的低下が生じている。

次に現実資本（2）の現実資本（1）に対する比率をみてみよう。すると概ねその値は1980年代前半までは50％前後で推移してきたが、80年代後半になると44％まで低下（89年度）、その後また上昇し47％前後でしばらく推移するが、99年度以降はほぼ一方的に低下し始め、2012年度には過去最低の36％に達した。つまり、分母の総資産に金融資産を含む現実資本（1）の動向はその時々の貨幣形態での蓄積動向も含んでいるのであり、生産的資本の蓄積に対して貨幣的蓄積が相対的、独立的に進行している局面がある。それは80年代後半（資産インフレに乗じた大企業による財テクブームの展開）と2000年代以降（企業部門の資金余剰の拡大）であり、その傾向が顕著に現れているのは現実資本（1）と（2）が対立的に推移している後者の2000年代である〔図表5-9〕。同時期のとくに後半期に銀行資本は、その現実資本の動

向を反映して増加に転じているとみることができる。ここで注意するべき点は次のことである。現実資本（2）は停滞しているので、80年代までにみられた現実資本の再生産過程の規模拡大を反映した銀行資本の蓄積ではなく、現実資本の貨幣形態での蓄積を反映した銀行資本の蓄積であるということである。

現実資本の利潤量と銀行資本の利潤量も趨勢としては、1990年代以降、加速的蓄積が進行しほぼ一方的に利潤量が拡大した時期と対比して、この時期はともに停滞しているとみることができる。この時期の現実資本と銀行資本の蓄積の停滞に照応した動向である。ただし当然であるが、利潤量は産業循環上で上下動している。ここでは産業循環を超えた構造的な変化に着目している。90年代以降の銀行の利潤率についてはとくに経常利益率にその産業循環上の動向（不況期に不良債権の処理費用が多額に発生する）が色濃く現れている〔図表5-8〕。

以上において、銀行資本の利潤率の傾向的低下について現実資本の蓄積との関連において考察してきた。銀行資本の蓄積は、基本的には現実資本の蓄積動向に規定されながら進行していること、銀行の利潤率は、その窮極の限界を画す一般的利潤率によって規制されていることはグラフ上〔図表5-7〕からも明らかであるが、1980年代までは銀行資本の加速的蓄積のもとでその利潤率が傾向的に低下してきたこと、90年代以降は銀行資本の蓄積が停滞するなかでその利潤率が傾向的に低下してきたことが確認された。このように銀行の利潤率の傾向的低下を観察したが、その背景は、先にみたように現実資本の蓄積動向によって特徴づけられる時期区分によって2つに大きく分けられるのである。つまり現実資本の加速的蓄積とその停滞の時期である。

ところで、一般的利潤率を規定する諸契機には、現実資本の剰余価値率、資本の価値構成、売上高の動向などがあるが、銀行資本の利潤率にはそれとは独自に直接規定される諸契機が存在する。それは銀行資本が独自に取り扱う貸付可能貨幣資本（銀行業資本）の調達・運用部面の動向とその増殖率である。それについては前節で考察したところである。

第3節 2000年代以降の銀行資本における利潤率の低下

1 預貸率の著しい低下と有価証券投資の増大

　これまで、銀行資本の利鞘・利潤率、およびそれを規制する貸付可能貨幣資本の増殖率、つまり利子率の傾向的低下について考察を行ってきた。これらは現実資本の蓄積動向、貨幣資本（monied capital）の蓄積動向に照応した現象であることを確認した。要因として現実資本の加速的蓄積とその停滞という、長期的な時間の経過のなかでみえてくる問題が基底にあった。本節では、現実資本の蓄積が停滞するもとでの、主に2000年代における銀行資本の蓄積動向について詳しくみていく。

　図表5-10にみられるように、預金量（譲渡性預金・債券含む）は1990年度から減少傾向にあったが、99年度に増加に転じそれ以後、傾向的増加が続いている。一方、貸出金は97年度から大幅な減少基調に転じ、04年度まで一方的に低下し続けた。しかし「不良債権問題終息宣言」が出された05年度から08年度までは増加に転じた。リーマンショックを経て11年度からは再び貸出金は増加に転じている。貸出金は長期趨勢的には90年代後半から停滞しているといえる。第1節 3 で考察したように、2000年代の預金量の増大、したがって銀行資本の増大傾向は、現実資本における実物資産投資の停滞（借入需要停滞）のもとでの貨幣的蓄積を反映した現象である。こうして預金量が増大する一方で、他方では貸出金が減少しているので、この間の預貸率は大きく減少することになった〔図表5-10〕。預貸率は、90年代は預金量の減少のもと、貸出金量は横ばいに推移したことにより増大したが、2000年代は上記の通りとなり過去最低値を更新するにいたっている。預貸率が60％台で推移しているのは、80年代においても観察されるので、90年代の上昇傾向が特異な状況であったのであり、かつての水準に戻ったとみることもできる。

　いまみた預貸ギャップの受け皿となっているのが、有価証券投資である。

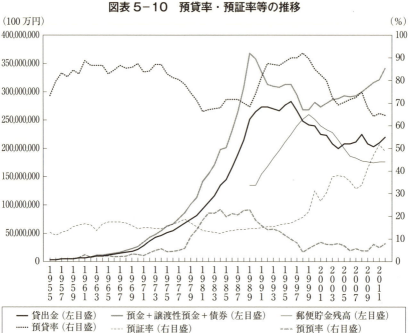

図表5-10 預貸率・預証率等の推移

(注)預貸率＝貸出金／(預金＋譲渡性預金＋債券)、預証率＝有価証券／(預金＋譲渡性預金＋債券)、預預率＝預け金／(預金＋譲渡性預金＋債券)。
(資料)全国銀行協会『全国銀行財務諸表分析』、財務省『法人企業統計調査』、ゆうちょ銀行資料より作成。

　預貸率が下がる一方で、預証率が同時に上昇している。とりわけ、国債保有が増加している。2000年代後半にみられる銀行資本量の拡大は、預金量増大と国債投資の増大によるものである〔図表5-5〕[139]。これは、預証率の増大となって現れている。それは、90年代後半から顕著に増加し、2010年代では50％前後の値となっている。なお80年代にみられた預貸率の低下は預証率の増大をともなっているのではなく、預け金（第4章注121参照）の増大をともなった。預金に対する「預け金」の割合をここでは仮に「預預率」として算出し、その推移を示した〔図表5-10〕。この点は、銀行がバブルに荷担したルートのひとつである[140]。また、この当時の有価証券投資で最も大きな比率を占めていたのは株式である。

2 手数料・ディーリング収益（非金利収益）の増大

　第1節と第2節でみたように、利鞘・利潤率の傾向的低下に直面している銀行資本は利鞘の拡大が課題となっているほか、資金運用収支（資金利益）以外の収益増大が課題となっている。BIS規制への対応からも手数料収入、各種の売却益の増大が図られている。つまり、資金運用収支とは異なり、資産の増大を必要としないフロー・ビジネスへの傾斜である。図表5-11にみられるように、業務粗利益に占める非金利収支（役務取引利益・特定取引利益・その他業務利益）の割合は、1990年代後半の20％台から30％に増大し、2012年度には40％に達するにいたっている。一方、資金運用収支の業務粗利益に占める割合は、1990年代後半の80％台から、2000年代には60％台で推移している。この間、着実に非金利収支の割合を拡大してきたことが確認される。

　資金運用収支の絶対額は1990年代後半から傾向的に減少している。非金利収支の絶対額は同時期に横ばいで推移し、リーマンショックで一旦落ち込むが10年度から増加に転じている。これは手数料収入[141]の増加とその他業務収支の増加による。これが10年度以降の業務粗利益の増加をもたらした。業務粗利益と業務利益の絶対額は資金運用収支の動向を反映して低落していたが、リーマンショック後から増加に転じている。しかし、業務粗利益率・業務利益率はほぼ一貫して低下している〔図表5-8〕。これはこの間の総資本量の拡大が一方でおきているからである。その要因は、有価証券投資（国債投資）の拡大であったが、運用効率が悪いため、利益率の低落をもたらしている。経常利益率は2000年代前半の不良債権処理の遂行後、黒字に戻り業務利益率に並行しだすが、リーマンショックで再び赤字に転落した。しかし、この影響は過去の経常赤字に対して比較的軽微であり、もとの軌道にすぐに戻っている〔図表5-8〕。

　上記の経営上の課題からフロー・ビジネスへの傾斜が図られてきたが、業務粗利益率、業粗利益率はかえって低落しているが明らかになった。業務粗利益、業務利益も低落傾向であるので、率も量も同時に低下している。非金

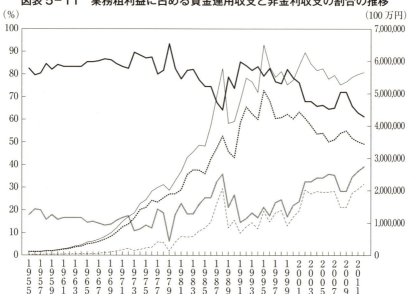

図表 5-11 業務粗利益に占める資金運用収支と非金利収支の割合の推移

(資料)全国銀行協会『全国銀行財務諸表分析』より作成。

利収入は 2010 年代以降増大基調にあるが、業務粗利益と業務粗利益率を好転させるほどには影響力をもっていない。これまで「貯蓄から投資へ」と喧伝されてきたが、資金循環のありかたは日本では基本的に変化していないことの反映である[142]。一方、経常利益は不良債権処理費用の繰り戻し益により上昇していることを考えれば、それが吐き出された後、他の事情が変わらなければ危機的状況であることが表面化することになる。しかも、銀行資本の中核業務で生ずる総資金利鞘は過去最低値を更新している。

つまり、メガバンクは「市場型間接金融」の主要な担い手に転換するとして、非金利収入を積極的に拡大させてきたが、自身の基礎的収益力の低下をカバーできていない。それほど預貸業務による利鞘の縮小が未曾有の速さで進行しているとみることができる。つまりそれほどまでに過剰貨幣資本が蓄

積されているのである。これについてはすでにみた**図表 5–9、現実資本 (1)**〔貨幣的蓄積を含む総資産ベース〕の動向を参照されたい。

おわりに

　これまで日本の都市銀行を対象にして、銀行資本における利鞘・利潤率の傾向的低落について考察してきた。マルクスの理論的見地から、日本で観察される一般的利潤率の傾向的低下を受けとめながら、銀行資本における利鞘・利潤率が傾向的に低落している現象を位置づける試みをしてきた。銀行資本の利鞘・利潤率の傾向的低下の諸契機は次のように整理できる。1) 高度成長期から 1980 年代までは、現実資本と銀行資本の加速的蓄積（現実資本の借入金量増大・銀行資本の貸出金量増大）の過程で生じる一般的利潤率の傾向的低下にもとづいて、銀行資本の利鞘・利潤率が低落してきた。2) 90 年代以降では、現実資本と銀行資本の蓄積の停滞下で一般的利潤率と銀行資本の利鞘・利潤率が傾向的に低落してきた。このように同じ銀行資本における利鞘・利潤率の傾向的低下であってもその背景は大きく異なっている。

　2) における一般的利潤率の低下の要因は、1990 年代から生じている現実資本の売上高の停滞（これには投資の停滞の動向も含まれる）であった。したがって、現実資本はその過剰資本の整理、輸出を行い、借入金の整理と貨幣資本形態での蓄積を進めてきた。現実資本の蓄積の停滞下における過剰貨幣資本の堆積である。それを反映して、2000 年代後半に銀行資本量（預金量）は明らかな増加に転じた。しかし、現実資本の借入需要が停滞しているもとでは、貸付可能貨幣資本の運用は、有価証券投資（日本国債への投資）へ傾斜せざるをえない。その過程で、資金運用収支（資金利益）は減少していき、銀行資本の利鞘・利潤率は一層低下していくことになった。

　一方でフロー・ビジネスの増加は着実に進んできてはいるが、銀行の業務粗利益の減少傾向を反転させるまでにいたっていない。利鞘の未曾有の低下が進行し、それがフロー・ビジネスによる収入増大を吸収してしまうからで

ある。しかし、伝統的業務から生ずる収益への依存を簡単に変革することはできないことも事実である。したがって、まず本来業務での収益性をあげる方向しかないのであるが、貸付可能貨幣資本（銀行業資本）の増殖率、そして利鞘はもはや銀行資本の主体的な合理化努力によっては増大させることができない限界に直面しているのである。近年の大手邦銀による海外銀行の買収や海外支店網の拡大などの蓄積動向はこうした流れのなかで位置づけられる。2015年3月末の邦銀の海外投融資（融資・債券投資）残高は6年連続で過去最高を更新し、3兆3,800億ドル（約410兆円）となり、米銀を超え首位の英銀まで約2,000億ドルに迫っている。15年内には邦銀が首位に立つ可能性もあるという（『日本経済新聞』2015年7月8日付夕刊）。これ自体は経営指標のランキングにおいて邦銀が軒並み世界の上位を席捲していたバブル期を彷彿させるが、背景の相違点、共通性に注意したい。そして日本の銀行資本の水面下で生じているこの基礎的収益性の危機が国内市場では再び資本集中という形態で媒介されていくのかどうか着目せざるをえない状況になっている。この点はとくに地方銀行の再編・集中（金融持株会社の枠組みを活用）という形で新たに現れつつある。これに関連して銀行規制が17年ぶりに転換され、金融持株会社傘下の子会社の範囲が拡張される見通しである。グループ経営において別々になっている国債などの資金運用を子会社に集約できるようにし、地方銀行で進む経営統合の効果を高める狙いがあるという。地銀は行名が変わる銀行本体の統合が難しく、資金運用など重複する業務のみをグループ内で再編させ、銀行傘下の資金運用会社を新設するニーズがあるとされる（『日本経済新聞』2015年2月25日付朝刊）。

　さらに2013年4月から実施されている日銀の量的・質的緩和（異次元緩和）政策は、国債市場に歪みをもたらしつつ長期金利をさらに押し下げる効果をもたらしているとみられ、銀行資本における利潤率の低下に対して加速要因として作用している。資金運用難がさらに強まり、個別銀行レベルでは大小を問わず、総資金利鞘がマイナスになっているところもあり、国内経営の圧迫要因とさえなっていることが窺える。不換制の特質に依拠した日銀の量的・質的緩和（異次元緩和）が、市場金利や金融機関経営、さらには実体経済

にどのようなメカニズムで、どのような作用をもたらしているのか、またどの程度歪みを与えているのか。これらについて詳細な分析をしていくことをこれからの課題としたい。

注

123　大手銀行は、2014年3月末時点では、次の10行である。みずほ、三菱東京UFJ、三井住友、りそな、埼玉りそな（以上、都銀5行）、三菱UFJ信託、みずほ信託、三井住友信託（以上、信託銀行3行）、新生、あおぞら（以上、旧長信銀2行）。そのほかの銀行は地域銀行として括られる（地方銀行64行、第2地方銀行41行）。また、この銀行資本の集中の性格規定、要因分析については本書第4章を参照されたい。

124　日本の銀行業の低収益性について、長期に亘るデータを分析している論文として次の文献をあげておく。加藤史夫「日本の銀行の収益構造の変遷について（1960年代～90年）」『武蔵大学論集』第50巻第3号、2003年）。大橋英五「金融産業の経営実態――銀行業の『低収益性』」（大橋英五、小西一雄、斎藤正、平澤克彦、田村八十一『金融』（日本のビッグ・インダストリー⑥）大月書店、2001年、175～197ページ）。

125　大橋英五「企業に今、何が？」（同『経営分析』大月書店、2005年）、15～35ページ。小西一雄「岐路に立つ日本資本主義――利潤率の傾向的低下と日本経済」（同『資本主義の成熟と転換』桜井書店、2014年）、197～229ページ。

126　利潤率の傾向的低下法則の内容については、次の研究から学んでいる。前畑憲子「利潤率の傾向的低下法則と恐慌――『資本論』第3部第15章の主題との関連で」（大谷禎之介編『21世紀とマルクス――資本システム批判の方法と理論』桜井書店、2007年）、105～127ページ。さらに同法則と利子生み資本論（monied capital論および「貨幣資本と現実資本」）との関連については、次の研究から学んでいる。宮田惟史「『資本論』第3部第3篇草稿の課題と意義」（経済理論学会編『季刊経済理論』第51巻第2号、2014年）、42～53ページ。小西一雄「『マルクス信用論』における草稿研究の意義」（経済理論学会編『季刊経済理論』第51巻第2号、2014年）、54～64ページ。

127　2000年代の日本における利子率の低位安定を、利潤率の傾向的低下法則、利子生み資本論の見地から行った考察については、本書第1章を参照されたい。

128　「規制金利時代には、預金金利は比較的低利で安定しており、外部資金はいちじるしく高金利であった。したがって、（略）預金増強によるポジションの改善が、最大の収益対策だったわけである。だからこそ預金獲得競争が熾烈だったの

であって、預金競争は業量指向の結果というより、収益指向の現れであった。しかし、金利自由化によってこのようなメカニズムはなくなり、ポジションの如何は収益と直接の関係をもたなくなった。問題は、外部（市場）資金の『量』ではなくて、その『金利』である。市場資金をいかに安く調達するかが、収益対策のカナメとなる。（略）もちろん、定期預金の金利をいくらに設定するかも当然そこに含まれる。また市場資金調達手段としてのCDの金利に、銀行の格付けによって格差が生じるようになると、経営内容を充実して優良な格付けを維持することが、低利の資金調達のためにも重要である。また、調達金利の水準は、銀行の業量拡大意欲によっても左右されるだろう。個々の銀行にとってはもちろん、銀行全体としても、積極的に資金を取り入れようとすれば、より高い金利をオファーしなければならない。（略）しかし、こうして高金利で取り入れた資金によって貸進みを行うと、業量は拡大したが利ザヤが縮小するという結果になりかねない。もう１つの利ザヤ対策が、資金の運用金利を高めに維持することであるのは言うまでもない。といって、競争のある限り、一方的に高い金利を設定できない」（辻信二『銀行業序説』日本経済評論社、1994年、138〜139ページ）。

129　利子率は一般的利潤率に規制されるという観点からすると、その上限は一般的利潤率、下限は限りなく０に近い値ということになるが、さらに利子生み資本の主要な管理者のひとつは銀行であるという具体的視点を重ねると図表５-２にみられるように銀行の資金調達コスト、つまり預金債券等原価（経費率も反映）がその下限とみられるであろう。1999年度以降、預貸金利鞘（２）が低いながらも採算割れにならず安定的に推移しているのは、経費率が安定的に低く抑えられていることと、預金債券利回りがその下限である０にぎりぎりまで近づいている点にある。前者は銀行集中の作用と捉えることができるし、後者は現実資本の蓄積の停滞とその貨幣形態での蓄積の進行により、貨幣市場における資金需要に対して資金供給が大幅に超過していることと結びついている。

130　この預金残高が1990年度から98年度にかけて長期に亘り減少し続けたことについては詳しい分析を必要とする。この間、郵便貯金は増大し続けていた。2000年代以降では郵貯残高は減少し続けている。一方、この間の銀行預金は増大し続けている〔図表５-５、５-10〕。また、海外支店の預金動向についても分析を要する。

131　統計データを長期的に分析する際に必然的に生じる、計数の断絶、変更、修正の問題、またデータの歴史的背景などその他多くの点で、加藤、前掲論文（注124）から筆者は学んでいる。同氏が指摘するように、公表された計数にもとづく分析には制約があり、限定的ではあるがそこから傾向を読みとるという方針を念頭において分析を進めている。

132　それぞれの信託銀行は、同系列の都銀と同じ持株会社の傘下にあり商業銀行と並ぶ中核的存在として一大金融グループを形成している。これらは、３メガフィ

ナンシャル・グループ（FG）とよばれる。金融持株会社の機能と意義の分析については第 3 章を参照されたい。

133　1980 年度までは半期ごとの決算であった。それまでのフローの計数は上期と下期の計数を合算して算出した。

134　都市銀行全体の業務粗利益に占める資金運用収支（資金利益）の比率は、2012 年度末時点では、61.0％となっている。その 20 年まえの 1992 年度末でみると同比率は 83.8％であり、この間急速に減少してきた（全国銀行協会『全国銀行財務諸表分析』より算出）。

135　個別銀行の決算書では、業務純益（業務粗利益－一般貸倒引当金繰入額－経費－債券費）が開示される。『全国銀行財務諸表分析』では一般貸倒引当金繰入額などが区別されて開示されていないので、本章ではそれに近い利益の概念として業務利益（業務粗利益－営業経費）を算出した（大橋、前掲論文〔注 124〕、180 ～ 184 ページ）。

136　棚卸資産は、「製品又は商品」「仕掛品」「原材料・貯蔵品」の項目で構成される。

137　この一般的利潤率の傾向的低下の要因分析については第 1 章を参照されたい。

138　経費率は銀行業界で伝統的に使用されている概念であり、預金などの資金を調達するのにどれだけの経費をかけているか測るものである。「業量が拡大すれば、人員はもちろん店舗・機械の増設が必要になる。それに伴って営業経費も増加する。しかし、わが国の場合には、経費の増加率を上回って業量が増大したから、経費率は趨勢的に低下してきた。（略）これはなんといっても、エレクトロニクス技術の発達に伴った機械化の進展によるところが大きい。銀行業はもともと人手に頼るところの多い労働集約産業であった。したがって、かつては営業経費のなかで人件費のウエイトが物件費を上回っていたが、次第に後者の比率が上昇した。（略）それが機械化コストの上昇を上回る人件費削減をもたらし、経費率を低下させた。店頭業務の機械化は、顧客の利便性向上に貢献したのはもちろんであるが、銀行にとっては省力化によるコスト削減に大きく貢献したのである。ただし、同時に業量拡大のテンポがいちじるしかったことも、経費率の低下に役立っていた。」辻、前掲書（注 128）、141 ～ 142 ページ。

139　2013 年度から始まった日銀による市中銀行からの長期国債買取とそれによる超過準備の拡大は、市中銀行にとっては国債からさらに投資効率の悪い日銀預け金に資産が置き換わることを意味し、それ自体は資金運用収支の減少要因になる。

140　斉藤美彦「金融自由化の進展と都市銀行の対応」『証券研究』日本証券経済研究所、93 号、1990 年 7 月、加藤、前掲論文、および本書第 2 章を参照されたい。

141　為替業務がほぼ横ばいで推移するなか、シンジケートローン・債権流動化、債券引受、保険販売、投信販売が、2000 年代前半にかけて顕著に増大してきた。債券関係損益は 2000 年代に低落、10 年代に入って増加傾向にある。株式関係損

益は償却損（減損）による損失超が2000年代以降、基調となっている。
142　日本がアメリカに比べ市場商品（株式、債券等）への投資が低いことの理由のひとつは、金融資産がアメリカではより富裕層に集中していることにあると指摘する論考がいくつかある。日本では、所得のトップ20％の家計が保有する純金融資産の全体に占める割合は33％だが、アメリカではこれが68％にのぼる（2006年）。実は、日米とも富裕層で株式や債券などへの投資比率が高いことには変わりはない。仮に日米で純金融資産の配分が同じだと仮定したら、日本の家計部門全体のリスク資産への投資の割合は、アメリカとあまり変わらなくなるという試算もある。

終　章

本研究の到達点と今後の課題
―― 現代日本の銀行資本の蓄積の研究についての総括

　本書を通じて、日本経済の基本的・構造的分析を前提にして、現代日本における銀行資本の蓄積について基本的分析を行ってきた。最後に本研究の到達点を確認しながら主要な論点を整理し、今後の研究の方向、課題を示したい。

　第1章では、現代資本主義の特徴として指摘できる日本における約半世紀に亘る利子率の長期的低下の諸要因について考察した。利子は利潤の範疇であるという理論的認識にもとづいて、現実に日本で観察される一般的利潤率の傾向的低下の諸契機を分析することを通じて利子率低下の分析を行った。1960年代～90年代においては、一般的利潤率の傾向的低下の諸契機、つまり生産力の発展過程における、名目賃金急増による剰余価値率低下（主に60年代～70年代）、有機的構成高度化（主に80年代）、生産力の発展の行きづまりとしての売上高の停滞・低落（主に90年代）が利潤率および利子率の傾向的低下をもたらした。そして、主に2000年代以降においては、利子率が利潤率の変動には関わりなしに低落する傾向が生じ利子率の低位安定が続いている。その要因は次の点にあった。90年代に利潤率と利潤量の同時的低下が長く持続した結果、資本過剰・商品過剰の克服が問題となり、生産手段の減少による資本の有機的構成高度化の反転がおこり資本の価値構成の低下が生ずる一方、雇用条件悪化、賃金下落による剰余価値率の上昇がおきた。つまり利潤率と利潤量の上昇・拡大条件が作られた。同時に一方で、現実資本の整理の過程で生じた借入需要の減退と貨幣資本形態での資本蓄積が進行し

た。社会的総資本が貨幣資本の需要者から供給者へ転化している事態、基本的にはこれが貨幣市場における極度の需給緩和の要因となり歴史的に未曾有の低金利水準を、産業循環を超えてもたらしている。

　以上の分析を通じて、この異常な低金利の持続の背後にある再生産過程の動向を分析するための理論的枠組みは、第1章で参照してきたマルクスの利潤率の傾向的低下法則と利子生み資本論によってすでに与えられていることも確認できた。また、これらは日本経済の高度成長期（主に60年代〜70年代）における現実資本の強蓄積、1980年代におけるバブル経済の生成・展開、90年代以降における「失われた20年」といわれる長期停滞の構造的なメカニズムを分析するうえでもひとつの一貫した理論的枠組みとして有効性を発揮できると考えている。その意味で第1章は本書を貫く銀行資本の蓄積を分析するための土台的分析を行っていると位置づけている。以下の第2章から第4章にかけては、60年代から90年代までの銀行資本の蓄積のありかたの特質と、90年代後半に生じたその大規模な資本集中について各論的に分析を与えている。

　第2章では、1980年代後半のバブル期における銀行資本の蓄積と現実資本の蓄積について考察をした。その前段として、なぜ、いかにして高度成長期に定着した企業の資金調達構造が80年代にいたるまで変化を遂げてきたかという点を明らかにした。70年代後半以降、経済成長の減速にともない銀行借入に依存した大企業の資金調達構造は、内部資金の充実と外部資金調達における「銀行借入離れ」がおき、証券化が進んできた。それまでは、国際的にも際だった日本の高度成長にとって過去の蓄積基盤だけでは資金不足であり、そのために日銀信用を動員した低利大量資金を、都市銀行を介して大企業に供給する金融構造が定着してきたが、同時に債券・株式市場の発展は阻害されてきた。しかし、国内の債券市場が政府債務の膨張とともに急速に発展し、また社債・株式市場にも運用資金が大量に流入できる条件ができたことにより、企業における証券発行での資金調達も次第に有利な手段となっていった。この意味では、70年代後半から80年代前半までにバブル経済が展開するための下地は基本的にできあがっていた。

そして次に、なぜ、いかにして1980年代後半にエクイティ・ファイナンスが盛んになったのか考察した。この現象は株価急騰を前提しており、それがどのようなメカニズムで生じたのかが焦点であった。製造業・大企業の自己資本充実並びに証券化による「銀行借入離れ」は、都市銀行に従来の資金運用先を喪失させ、貸出余力をもたらした。都市銀行の新しい投資先として中小企業に貸出を積極的に行い、その貸出の大半が3業種であったために「資産インフレ」が生じたこと、また都銀によって貸出機会を奪われた中小企業専門金融機関の資金が信託を介して株式市場に向かっていき、それが株価急騰の一要因になったのである。そして株価急騰が大企業のエクイティ・ファイナンス盛行の条件を作り出した一方、さらに都銀はその受け皿にもなっていたことが明らかになった。こうした条件のもと製造業・大企業は、エクイティによる調達を盛んに実施し、その調達資金をさらに直接、間接的に証券投資の形で金融資産に振り向け、バブルを引き起こしたのである。そのような事態はまた、銀行の資金が貸出金という形態ではなく、証券形態をとって企業に流れていったことを意味する。つまり、企業の外部資金調達の証券化が進んだといえども、実質的な調達構造は依然として銀行から企業へという資金の流れであったのである。

　ここで第1章の分析にたちかえると、1980年代に現実資本において有機的構成高度化にもとづく利潤率の傾向的低下が観察されていたので、第2章ではそれと金融バブルとの関連を詳細に分析するという課題をも意識していた。しかし、そのための素材は提示したつもりであるが、理論的分析までは到達できなかった。つまり、マルクスが指摘していた貨幣資本のプレトラ——現実資本が有利な投下先を見出せずに貨幣資本として運用されることで、利子率が相対的に低くなる事態——との関連について明快に考察されるべき余地を残している。とくにその場合当然であるが、同じ貨幣資本のプレトラでも、産業循環における恐慌後の停滞期にみられるそれではなく、繁栄期から過剰生産期（過熱期）に転換する時点での貨幣資本のプレトラとの関連での考察となる。

　第3章では、第2章で分析した金融バブルの崩壊を受けて「金融ビッグバ

ン」が打ち出されたことによって1998年に導入された、金融持株会社の制度的な特質を分析した。以前に導入されていた業態別子会社方式との制度的比較、金融持株会社導入の歴史的経緯・金融持株会社解禁論の検討によってこの制度の導入の契機を次のように整理した。この制度の際だった特質は「既存の大手銀行同士の円滑な集中」という契機を独自に含んでいる点である。この同種金融機関の「合併代替」機能と異種金融機関の買収による「総合金融機関化」とを同時に実現する「統合型金融持株会社」の創設への欲求がこの制度導入の動因である。そして、この背後には国内での銀行資本の蓄積の限界、米銀等との競争による加速的蓄積の強制があることを考察した。

第4章では第3章における金融持株会社制度の分析を前提にして、1990年代後半以降における大手銀行の急速な集中の諸契機について分析を行った。資本集中は直接的には個別資本間の競争に媒介されて進むものの、集中は蓄積制限の一突破形態であるという観点から競争激化の背後にある蓄積制限の問題に限定して、それが具体的にどのように現れているかを分析した。まず、90年代後半以降に生じていた大手銀行の集中の性格を整理したうえで、第一に都市銀行の収益性を、第二にその収益構造の推移をみてきた。これらの結果をまとめると次のような諸契機によって大手銀行の集中が進展したと整理することができる。

1) 資金運用収支拡大と経費削減の限界。第一に、資金運用収支拡大と経費削減の限界を資本集中の動因として位置づけることができる。すなわち、1990年代は預金利息（資金調達コスト）が貸出金利息よりも急速に下がることによって資金運用収支が増大してきたが、その預金利息低下が90年代末に限界の域に達していることである。それにより資金運用収支の拡大はその後見込めなくなっている。したがって、客観的には都市銀行は資金量の増大と貸出金利回りの上昇による貸出金利息の増大、非金利収入の拡大による利潤量の絶対的増大（業務粗利益の増大）と経費削減（業務利益の増大）が迫られている。しかし、こうした対応は困難な経済環境にある。この業務粗利益・業務利益拡大の限界は、経常利益段階の不良債権処理費用による蓄積制限の問題よりも、銀行業にとってはより本質的な問題である。通説的には、不良債

権の処理費用による経常利益の破壊が銀行の集中と関連づけられて理解されているが、こうした本業部分での行きづまりが大手銀行の資本集中の一契機であると位置づけることができる。そして、資本集中の一形態である金融特株会社を利用した統合・合併が、大手銀行の収益源多角化による業務粗利益の拡大、営業経費削減による業務利益の増大を加速する。

2）貸出資産の変質の限界。第二に都市銀行は貸出資産の変質、すなわち主に中小企業向け貸付の増大によって1980年代以降、大企業の銀行離れによる蓄積制限を突破してきたが、90年代に入るとこの貸出資産の変質が限界に直面している点を資本集中の動因として位置づけることができる。すなわち、90年代に入って中小企業向け貸出金を大宗とする都市銀行の総貸出残高は停滞、減少している。一方、都市銀行の経常収益に占める非金利収入の割合は徐々に増大してきてはいるが依然としてその割合は小さい。この2つの収益構造上の変化が一定の限界に達していることにより、都市銀行は伝統的銀行業務での蓄積を持続する限界に直面したといえる。こうした限界突破への対応、すなわち、貸出金残高拡大による金利収入増大の加速、また非金利収入の増大加速の必要性が、集中による巨大総合金融機関化として現れている。

第5章では、第4章で分析した資本集中によって「メガバンク」として再編された都市銀行の資本蓄積とその停滞について考察を行った。その際に、マルクスが明らかにした一般的利潤率の傾向的低下法則は同時に、利子率の傾向的低下法則でもあることを第1章で論じたことを踏まえて、さらにこれを敷衍すれば利潤率の傾向的低下法則は、銀行資本の利鞘・利潤率の傾向的低下法則でもあるという見地に立ち、日本で半世紀に亘って観察される銀行資本（都市銀行）における利鞘・利潤率の傾向的低落——90年代以降ではこれは大手邦銀の低収益性という形で認識され問題にされてきた——について銀行の財務諸表データにもとづき分析をした。

銀行資本の利鞘・利潤率の傾向的低下の諸契機は次のように整理できる。
1）高度成長期から1980年代までは、現実資本と銀行資本の加速的蓄積（現実資本の借入金量増大・銀行資本の貸出金量増大）の過程で生じる一般的利潤率の

傾向的低下にもとづいて、銀行資本の利鞘・利潤率が低落してきた。2) 90年代以降では、現実資本と銀行資本の蓄積の停滞下で一般的利潤率と銀行資本の利鞘・利潤率が傾向的に低落してきた。このように同じ銀行資本における利鞘・利潤率の傾向的低下であってもその背景は大きく異なっている。2) における一般的利潤率の低下の要因は、90年代から生じている現実資本の売上高の停滞である。これはまた現実資本がその過剰資本の整理、輸出を行ってきたことの反映である。この事態は低下法則の第3の内容である利潤率低下の対抗要因が前面に出てきている局面と捉えることができる。一方では現実資本は借入金の整理と貨幣資本形態での蓄積を進めてきた。現実資本の蓄積の停滞下における過剰貨幣資本の堆積である。それを反映して、2000年代後半に銀行資本量（預金量）は明らかな増加に転じた。しかし、現実資本の借入需要が停滞しているもとでは、貸付可能貨幣資本の運用は、貸出資産から有価証券投資へ傾斜せざるをえない。その過程で、資金運用収支（資金利益）は減少していき、銀行資本の利鞘と利潤率は一層低下していくことになった。

　一方で大手銀行のフロー・ビジネスは着実に増加しているが、それによる収益の増大は銀行の業務粗利益の減少傾向を反転させるまでにいたっていない。現実資本の貨幣的蓄積が未曾有の規模で進行することで利鞘の未曾有の低下が生じており、それがフロー・ビジネスによる収入増大を吸収してしまうからである。貸付可能貨幣資本（銀行業資本）の増殖率、そして利鞘はもはや銀行資本の主体的な合理化努力によっては増大させることができないというぎりぎりのところまで達している。

　以上みてきたように第5章ではマルクスの一般的利潤率の傾向的低下法則の展開のなかに銀行資本の蓄積を位置づけ、伝統的業務に加えて新たな金融活動も行うメガバンクとして再編された2000年代におけるその資本蓄積とその停滞について考察することを試みてきた。この試みが成功しているとすれば、銀行資本の蓄積、貨幣資本の蓄積、現実資本の蓄積の動向について同時にトータルに分析できる理論的枠組みをすでにわたくしどもはマルクスによって与えられているのだということができる。この分野における一層のマ

ルクスの理論的研究が進展していくことを願ってやまないし、わたくし自身もそれに貢献できるように発揮できる力を尽くしていきたい。幸いにも大谷禎之介氏の『資本論』第3部第5章の草稿のきわめて精緻な研究によって、これまでの研究史において立ちおくれてきた第3部第5章5）信用。架空資本。のⅠ）、Ⅱ）、Ⅲ）の部分、とくにⅢ）の部分の解明が進み、今日、マルクスの理論（真意）に内在した正確な理解をうることが可能になっている（大谷禎之介『マルクスの利子生み資本論』〔全4巻〕桜井書店、刊行予定）。日本でいえば150年ほどまえの江戸時代末期（地球史、人類史からみればきわめてごく最近であるが）に執筆された理論的内容が、現実分析のための問題意識さえあればまさしく活き活きとして甦ってくるのである。本書における研究に取り組むことによって、資本主義的生産の本質的部分は依然として変化していないことが確認され、価値論・剰余価値論に立脚したこの生産様式における商品、貨幣、資本という、マルクスによって打ち立てられた3つの基本的範疇が、今日でも揺るぎなく通用するということに筆者は改めて驚嘆している。マルクスが資本主義という社会経済システムをいかに的確に捉えていたかということである。それから変化している部分、今日の不換制や金ドル交換停止による国際通貨関係の変容についての理論的研究を深化させるとともに、資本主義的生産・蓄積における本質的部分の理論的解明をさらに進めていくことで、現代資本主義の諸問題——長期停滞、繰り返される金融危機など——がより深みをもって解明されていくと思われる。そして、現実資本も銀行資本も満足いく蓄積ができない時代の到来は何を意味しているのか。人類史的観点、未来社会論からの検討が迫られている。

あとがき

　本書は、既発表の論文をほぼそのまま再録したもの（第1章・第3章）、既発表の論文に加筆修正したもの（第4章）、既発表の論稿を再構成し大幅に加筆・修正したもの（第2章）、新たに書き下ろしたもの（第5章）との4種類から構成されている。初出を示せば次の通りである。

- **第1章　利潤率と利子率の傾向的低下——日本における利子率の長期低落について**
「利潤率と利子率の傾向的低下——日本における利子率の長期低落について」立教大学経済学研究会『立教経済学研究』第67巻第4号、2014年3月、27～51ページ。
- **第2章　1980年代後半における銀行資本と現実資本の蓄積**
「80年代後半期における企業の資金調達構造の変化について——『資産インフレ』期の証券化と銀行の関係を中心に」立教大学大学院経済学研究会『立教経済学論叢』第47号、1995年6月、31～84ページ。
- **第3章　日本における金融持株会社制度導入の契機**
「日本における金融持株会社制度導入の契機」立教大学経済学研究会『立教経済学研究』第54巻第3号、2001年1月、173～197ページ。
- **第4章　1990年代後半以降の大手銀行の再編とその動因**
「1990年代における大手銀行の再編とその動因——現段階における銀行の役割の理論的検討のために（上）（下）」立教大学経済学研究会『立教経済学研究』第55巻第4号、第56巻第1号、2002年3月、2002年6月、121～144ページ、239～253ページ。
- **第5章　銀行資本における利潤率の傾向的低下——大手邦銀の低収益性について**
書き下ろし。

　ところで、筆者が研究者としての道を歩むことになったきっかけは、わたくしが学部生のときに法政大学の市ヶ谷キャンパスで主に開かれていた「『資

本論』読書会」での前畑憲子先生（現・立教大学名誉教授）との出合いによる。そこで先生に久留間鮫造先生（故・法政大学名誉教授）の『価値形態論と交換過程論』（岩波書店、1957年）を紹介されて読んだときの感激が筆者の原点であると感じている。そのとき「わかった！」と思っても、いまからみればまだ完全にはわかってはいなかったのであるが、知的興奮というものを初めて味わったことをよく覚えている。その後、立教大学大学院経済学研究科で久留間健先生（故・立教大学名誉教授）と小西一雄先生（現・立教大学名誉教授、東京交通短期大学学長）に貨幣論・信用論（不換制の理論）や具体的な金融現象の分析に関する研究指導を受け、また、立教大学へ移られた前畑憲子先生の大学院ゼミでの議論や学部の講義「経済原論」でのティーチング・アシスタントで教材を作成するなど大学院生の立場で再び価値論を中心にして勉強させていただいた。また、法政大学大学院経済学研究科では単位互換制度により大谷禎之介先生（現・法政大学名誉教授）のゼミで『資本論』を草稿ベースで勉強させていただいた。当時の筆者の力量では『資本論』第3部第5章の草稿を読んでも全く歯が立たなかったことを覚えている。いずれの諸先生方も研究者としてのタイプはそれぞれ全く異なるが（一流の研究者同士のハイレベルな分業関係が成立している）、久留間鮫造先生のいわば「門下生」であり、鮫造先生の学風・研究姿勢を忠実に引き継がれていると思われる。例えば諸先生方の「本当のことを明らかにする」学問の追究のためなら教師と学生の立場の相違など関係ないという態度や、知識の習得は大事だがそれ以上に「問題の立て方」が命だという姿勢は、残されている鮫造先生の諸研究や回想録などを通しても感じることができる。どれだけきちんと筆者がこうした姿勢を身につけることができているかは甚だ心許ない。しかし、劣等生でありながらも少しでも理想像に近づけるよう努力を怠らず、DNAを繋いでいけるようにしたい。これらの諸先生方をはじめ多くの先生方に、公私の隔てなく、損得勘定などとは全くの無縁の世界で（損得勘定をすれば大幅な赤字を出されているであろう）、いつでも人間的に接していただき育てていただいたことを、この場をお借りして深く感謝を申し上げたい。

　また、筆者が所属している学会や研究会でも本書に収録された論文をもと

にした報告・討論をさせていただき、その際温かいまなざしで有益なコメントを賜り大いに勉強させていただいた諸先生方にもこの場をお借りして改めて御礼を申し上げたい。本書が刊行されるまでには、そのほかにもたくさんの縁のある方々からの恩恵を筆者は受けている。そのすべての方々へ感謝を申し上げたい。本書の刊行により、今後、研究の発展のために現実と『資本論』に対して一層ごまかしなしに格闘していくという責務を筆者は負った。直接にお世話になった方々をはじめとして、世のなかに、これよりも質の高い新たな研究成果をお返ししていく覚悟をいま新たに固めている。

　最後に、脱稿が予定より大幅に遅れてしまいご迷惑をおかけしてしまったが、本書の出版をスケジュール的にぎりぎりのところで忍耐強く引き受けていただいた、唯学書房の村田浩司氏とスタッフの方々に、心から御礼を申し上げたい。

著者

参考文献

相沢幸悦『金融持株会社で業界はこう変わる』日本実業出版、1997年。
井汲明夫「通説の信用創造論（所謂フィリップスの信用創造論）の批判的検討」『城西経済学会誌』第31巻、2004年。
伊藤修『日本型金融の歴史的構造』東京大学出版会、1995年。
伊藤武『マルクス再生産と信用理論』大月書店、2006年。
大谷禎之介「『資本主義的生産における信用の役割』（『資本論』第3部第27章）の草稿について」『経済志林』（法政大学）第52巻、第3号、第4号、1985年。
大谷禎之介「『利子生み資本』（『資本論』第3部第21章）の草稿について」『経済志林』（法政大学）第56巻第3号、1988年。
大谷禎之介「『利潤の分割』（『資本論』第3部第22章）の草稿について」『経済志林』（法政大学）第56巻第4号、1988年。
大谷禎之介「『利子と企業者利得』（『資本論』第3部第23章）の草稿について」『経済志林』（法政大学）第57巻第1号、1989年。
大谷禎之介「『資本関係の外面化』（『資本論』第3部第24章）の草稿について」『経済志林』（法政大学）第57巻第2号、1989年。
大谷禎之介「『銀行資本の構成部分』（『資本論』第3部第29章）の草稿について」『経済志林』（法政大学）第63巻第1号、1995年。
大谷禎之介「『貨幣資本と現実資本』（『資本論』第3部第30—32章）の草稿について──第3部第1稿の第5章から」『経済志林』（法政大学）第64巻第4号、1997年。
大谷禎之介「マルクスの利子生み資本論──『資本論』の草稿によって」『経済志林』（法政大学）、第72巻第4号、2005年。
大谷禎之介編『21世紀とマルクス──資本システム批判の方法と理論』桜井書店、2007年。
大谷禎之介「マルクスは"monied capital"という語をどこからとったのか──『資本論』第3部5篇のキーワードの出どころを探る」『経済志林』（法政大学）、第79巻第2号、2011年。
大谷禎之介『マルクスの利子生み資本論』（全4巻）桜井書店、2015年。
大槻久志『「金融恐慌」とビッグバン』新日本出版社、1998年。
大橋英五「収益と費用」成田修身・大橋英五・大西勝明・田中隆雄『企業分析と会計』（現代と会計5）学文社、1981年。
大橋英五『現代企業と経営分析』大月書店、1994年。
大橋英五「金融産業の経営実態──銀行業の低収益性」大橋英五・小西一雄・斎藤正・平

澤克彦・田村八十一『金融——金融は社会的役割を取り戻せるか』(日本のビッグ・インダストリー⑥) 大月書店、2001年。

大橋英五『経営分析』大月書店、2005年。

岡崎守男・濱田博男編『日本の証券市場』有斐閣、1990年。

翁邦雄『金利の知識(新版)』(第4版)日本経済新聞社、1996年。

賀来景英「オーバーバンク問題からみた銀行経営の一考察」『金融財政事情』金融財政事情研究会、2000年7月。

鹿児嶋治利『現代銀行の実証的研究』中央大学出版部、1996年。

加藤史夫「日本の銀行の収益構造の変遷について(1960年代〜90年)」『武蔵大学論集』第50巻第3号、2003年。

加藤涼・永沼早央梨「グローバル化と日本経済の対応力」(日本銀行ワーキングペーパーシリーズ2013年)日本銀行、No.13-J-13、2013年。

上林敬宗『金融システムの構造変化と銀行経営』東洋経済新報社、1998年。

菊池信輝『財界とは何か』平凡社、2005年。

木下信行編『解説 改正銀行法——銀行経営の新しい枠組み』日本経済新聞社、1999年。

金融財政事情研究会編『金融持株会社Q&A設立手続と活用戦略』1998年。

金融制度調査会「資料 銀行持株会社等について」1997年6月。

忽那憲治「わが国中小・中堅企業の資金調達と金融機関経営」『証券経済』日本証券経済研究所、第185号、1993年。

忽那憲治「金融自由化の進展と銀行経営」二上季代司編著『日本型金融システムの転換』中央経済社、1994年。

熊野剛雄「証券資本と証券市場の変遷」講座今日の日本資本主義編集委員会編『日本資本主義と金融・証券』(講座今日の日本主義第6巻)大月書店、1982年。

熊野剛雄「日本の金融」熊野剛雄・龍昇吉編『現代日本の金融』(現代の金融[下])大月書店、1992年。

久留間健「高度成長型金融構造の展開過程」講座今日の日本資本主義編集委員会編『日本資本主義と金融・証券』(講座今日の日本資本主義第6巻)大月書店、1982年。

久留間健・山口義行・小西一雄編『現代経済と金融の空洞化』有斐閣、1987年。

久留間健『貨幣・信用論と現代——不換制の理論』大月書店、1999年。

久留間健「銀行の信用創造に関する諸問題——吉田・建部説の検討」『立教経済学研究』第63巻第3号、2010年。

経済企画庁総合計画局『グローバル化する金融システム』大蔵省印刷局、1990年10月。

経済産業省『生産動態統計調査』各号。

公社債引受協会『公社債年鑑』各号。

小西一雄「日本の金融大国化とドル体制」奥田宏司編『ドル体制の危機とジャパンマネー』(今日の世界経済と日本 第2巻)青木書店、1992年。

小西一雄「『金融バブル』の形成と崩壊——現代の国際通貨関係と産業循環」富塚良三・

吉原泰助編『資本論体系』第 9-1 巻、有斐閣、1997 年。
小西一雄「一般的利潤率の傾向的低下の法則と『置塩の定理』」『立教経済学研究』第 51 巻第 4 号、1998 年。
小西一雄「ビッグバンと金融業務の変質」大橋英五・小西一雄・斎藤正・平澤克彦・田村八十一『金融——金融は社会的役割を取り戻せるか』（日本のビッグ・インダストリー⑥）大月書店、2001 年。
小西一雄「信用創造論の再検討」『立教経済学研究』第 56 巻第 1 号、2002 年。
小西一雄「利潤率の傾向的低下と日本経済」『立教経済学研究』第 66 巻第 4 号、2013 年。
小西一雄『資本主義の成熟と転換——現代の信用と恐慌』桜井書店、2014 年。
小西一雄「『マルクス信用論』における草稿研究の意義」経済理論学会編『季刊経済理論』第 51 巻第 2 号、2014 年。
小林剛「銀行が熱望する持ち株会社解禁の日」『週刊エコノミスト』毎日新聞社、1995 年 5 月 30 日号。
小松章「わが国株式市場の構造的問題」高橋昭三編著『資本市場の変容と経営財務』中央経済社、1992 年。
小松善雄「1997 年〜 98 年不況と『新資本主義』論」『経済理論学会年報』（第 37 集　90 年代資本主義の危機と恐慌論）青木書店、2000 年。
斎藤正「銀行とその経営」谷田庄三・野田正穂・久留間健編『現代金融の制度と理論』（現代の金融［上］）大月書店、1992 年。
斉藤美彦「金融自由化の進展と都市銀行の対応」『証券研究』日本証券経済研究所、93 号、1990 年。
財務省『法人企業統計調査』各号。
さくら銀行「超金融緩和期における上場製造業の資金運用調達と企業行動」『経済情報』1992 年 4 月。
さくら銀行「バブル期の企業行動と今後の企業財務の課題」『経済情報』1993 年 10 月。
さくら銀行・住友銀行「三井住友銀行の業績目標及び経営計画——投資家説明資料」2001 年 2 月。
産業構造審議会『産業構造審議会総合部会基本問題小委員会中間的とりまとめ——21 世紀に向けた経済システムの自己改革のための問題提起』産業構造審議会、1993 年。
柴垣和夫『日本金融資本分析』東京大学出版会、1974 年。
下谷政弘『持株会社解禁——独禁法 9 条と日本経済』中央公論社、1996 年。
下谷政弘「『持株会社天国』日本の核心衝けない解禁論議」『週刊エコノミスト』毎日新聞社、1997 年 4 月 1 日号。
関根猪一郎「『資本論』第 3 部第 5 篇研究の到達点——浜野俊一郎・深町郁彌編『資本論体系 6 利子・信用』（有斐閣刊）によせて」『社会科学論集』（高知短期大学）第 51 号、1986 年。
全国銀行協会『全国銀行財務諸表分析』各号。

全国銀行協会企画部広報室編『ドクター・ビッグバンのよくわかる銀行のディスクロージャー』1999年。
全国銀行協会金融調査部編『図説　わが国の銀行』（改訂版）財経詳報社、2000年。
ダイヤモンド・ハーバードビジネス編集部編『持株会社の原理と経営戦略』ダイヤモンド社、1996年。
高浦忠彦「利益率と資本利益率について（1）」『立教経済学研究』第33巻第4号、1980年。
高木仁「業際問題と金融持株会社」グラス・スティーガル法研究会編『業際問題を超えて』日本証券経済研究所、1998年。
高田太久吉「銀行業の地理的規制と銀行持株会社」『商学論纂』（中央大学）第37巻2号、1996年。
滝川敏明「金融持株会社と金融規制改革——日米比較による検討（上）（中）（下）」『貿易と関税』日本関税協会、1999年1月〜3月。
宅和公志「利子論についての若干の考察」『商学集志』（日本大学）第79巻第4号、2010年。
建部正義『貨幣・金融論の現代的課題』大月書店、1997年。
通商産業省産業政策局編『企業組織の新潮流——急がれる持株会社規制の見直し』通商産業調査会出版部、1995年。
辻信二『銀行業序説』日本経済評論社、1994年。
鶴田俊正『規制緩和——市場の活性化と独禁法』筑摩書房、1997年。
都留康「利潤率の傾向的低下法則の論定をめぐる論争（2）」本間要一郎・富塚良三編『資本論体系』第5巻、有斐閣、1994年。
東京銀行調査部「『バブル崩壊』で変化した日本の対外資金還流」『東京銀行月報』1993年5月。
東京証券取引所『東証統計月報』各号。
東短リサーチ株式会社編『新・東京マネーマーケット』有斐閣、2002年。
都銀懇話会「金融持株会社の研究」1995年。
戸田慎太郎『現代資本主義論』大月書店、1976年。
中村孝俊『高度成長と金融・証券』岩波書店、1965年。
日本開発銀行「80年代のマネーフローと今後の企業金融」『調査』第162号、1992年。
日本開発銀行「法人企業統計からみた我が国企業の金融行動」『調査』第181号、1994年。
日本銀行『金融経済統計月報』各号。
日本銀行『経済統計月報』各号。
日本銀行『経済統計年報』各号。
日本銀行考査局「全国銀行の平成12年度決算と経営上の課題」『日本銀行調査月報』2001年8月。
藤原英朗「金融持株会社について——業務多角化と業界再編成の枠組み」『国府台経済研

究』(千葉商科大学)第 8 巻第 1 号、1996 年。
藤原英朗『金融持株会社のしくみと実際』経済法令研究会、1997 年。
發地敏雄・箱田淳哉・大谷隼夫『持株会社の実務──経営戦略から設立・運営まで』東洋経済新報社、1997 年。
堀内健一「80 年代後半期における企業の資金調達構造の変化について──『資産インフレ』期の証券化と銀行の関係を中心に」『立教経済学論叢』第 47 号、1995 年。
堀内健一「日本における金融持株会社制度導入の契機」『立教経済学研究』第 54 巻第 3 号、2001 年。
堀内健一「1990 年代における大手銀行の再編とその動因──現段階における銀行の役割の理論的検討のために(上)(下)」『立教経済学研究』第 55 巻第 4 号、第 56 巻第 1 号、2002 年。
堀内健一「利潤率と利子率の傾向的低下──日本における利子率の長期低落について」『立教経済学研究』第 67 巻第 4 号、2014 年。
前畑憲子「『利潤率の傾向的低下法則』と『資本の絶対的過剰生産』──恐慌研究の一論点」『立教経済学研究』第 55 巻第 1 号、2001 年。
前畑憲子「利潤率の傾向的低下法則と恐慌──『現実の資本の過剰生産』をめぐって」『経済学研究』(北海道大学)第 56 巻第 2 号、2006 年。
前畑憲子「利潤率の傾向的低下法則と恐慌──『資本論』第 3 部第 15 章の主題との関連で」大谷禎之介編『21 世紀とマルクス──資本システム批判の方法と理論』桜井書店、2007 年。
前畑憲子「『資本の絶対的過剰生産』について──宇野弘蔵氏の見解によせて」『立教経済学研究』第 62 巻第 4 号、2009 年。
前畑憲子「いわゆる『資本過剰論』と『商品過剰論』によせて──『利潤率の傾向的低下法則』との関連で」『立教経済学研究』第 64 巻第 2 号、2010 年。
前畑雪彦「伊藤武著『マルクス再生産論と信用理論』について」『大阪経大論集』第 59 巻第 2 号、2008 年。
前畑雪彦「政策金利の成立メカニズムと今回の世界恐慌の変容形態──不換制下の貨幣恐慌の起動と防御の力学的構造と過剰生産恐慌」『桜美林エコノミックス』創刊号(通巻 57 号)、2010 年。
前畑雪彦「オーバーナイト金利の成立メカニズム──白川方明理論批判」『桜美林エコノミックス』、第 3 号(通巻 59 号)、2012 年。
前畑雪彦「オーバーナイト金利と需要供給──自然利子説批判・高橋勉氏への反批判」『桜美林エコノミックス』、第 4 号(通巻 60 号)、2013 年。
松下満雄監修『持株会社解禁』朝日新聞社、1996 年。
松橋透「『収益性危機』と『利潤率の傾向的低下法則』──マルクス・ルネサンスにおける『法則』の論証と実証をめぐる論争」本間要一郎・富塚良三編『資本論体系』第 5 巻、有斐閣、1994 年。

馬淵紀壽『アメリカの銀行持株会社』東洋経済新報社、1987年。
馬淵紀壽『金融持株会社――金融システム再編の主役』東洋経済新報社、1996年。
鞠子公男『持株会社――その機能と独占禁止法上の問題点』商事法務研究会、1971年。
マルクス、カール『マルクス資本論草稿集』第7巻、資本論草稿集翻訳委員会訳、大月書店、1982年。
マルクス、カール『資本論』1872年、マルクス＝エンゲルス全集刊行委員会訳、大月書店、1982年。
三上隆三『近代利子論の成立――ジョーゼフ・マッシー研究』未来社、1969年。
水野和夫『金融大崩壊――「アメリカ金融帝国」の終焉』日本放送出版協会、2008年。
水野和夫・萱野稔人『超マクロ展望――世界経済の真実』集英社、2010年。
水野和夫『終わりなき危機――君はグローバリゼーションの真実を見たか』日本経済新聞社、2011年。
水野和夫「『利子率革命』と中産階級の危機」『信用理論研究』信用理論研究学会、第31号、2013年。
水野和夫『資本主義の終焉と歴史の危機』集英社、2014年。
三菱銀行「企業金融の変化にみるバブルの実態」『調査』1992年8月。
三菱銀行「低成長経済における企業金融の展望」『調査』1994年4月。
三宅義夫『貨幣信用論研究』未来社、1956年。
三宅義夫『マルクス信用論体系』日本評論社、1970年。
三宅義夫『金融論』（新版）有斐閣、1981年。
宮崎義一『複合不況』中央公論社、1992年。
宮田惟史「過剰貨幣資本についての一考察」基礎経済科学研究所編『経済科学通信』125号、2011年。
宮田惟史「貨幣資本の蓄積と現実資本の蓄積」『立教経済学論叢』第75巻、2011年。
宮田惟史「一般的利潤率の傾向的低下法則と恐慌――『資本論』第3部3篇草稿（MEGA Ⅱ/4.2）を通じて」経済理論学会編『季刊経済理論』第48巻第1号、2011年。
宮田惟史「『資本論』第3部第3篇草稿の課題と意義」経済理論学会編『季刊経済理論』第51巻第2号、2014年。
向壽一「バブル経済期と複合不況期の信用乗数と自己資本乗数」『証券経済』日本証券経済研究所、第184号、1993年。
谷野勝明「利潤率の傾向的低下法則の論定をめぐる論争（1）」本間要一郎・富塚良三編『資本論体系』第5巻、有斐閣、1994年。
矢部洋三・古賀義弘・渡辺広明・飯島正義編著『現代日本経済史年表』（新訂）日本経済評論社、2005年。
山口義行「金融『革新』と日本経済」久留間健・山口義行・小西一雄編『現代経済と金融の空洞化』有斐閣、1987年。
山口義行「金融肥大化とその危機的諸相」暉峻衆三・清山卓郎編著『現代日本経済の構造

と政策』ミネルヴァ書房、1989年。
山口義行「『資産インフレ』の金融メカニズムについて——奥田宏司氏の所説を手掛かりにして（1）（2）（3）」『名城商学』第41巻第1号・2号・4号、1991年～1992年。
山口義行「『資産インフレ』の発生と現代の金融構造——過剰貨幣資本の運動メカニズム」高橋昭三編著『資本市場の変容と経営財務』中央経済社、1992年。
山口義行・小西一雄『ポスト不況の日本経済』講談社、1994年。
吉川紀夫『ビッグバン後の銀行経営——情報・組織論からの研究』東洋経済新報社、1998年。
吉田暁「銀行業」産業学会編『戦後日本産業史』東洋経済新報社、1995年。
吉野俊彦・中川幸次『金利の解説（新版）』日本経済新聞社、1975年。
Karl Marx, *Karl Marx Ökonomische Manuskripte 1863-1867*, Text. Teil 2, *Marx-Engels-Gesamtausgabe*（*MEGA*）, II/4.2, Dietz Verlag, Berlin, 1992.
OECD, *OECD Economic Outlook 94*, Vol.2013/2, 2013.
Sidney Homer, Richard Sylla, *A History of Interest Rates*, 4th ed., Hoboken, John Wiley & Sons, Inc., 2005.

著者略歴

堀内 健一（ほりうち・けんいち）
1969 年、東京都に生まれる。
1992 年、法政大学社会学部卒業。1993 年、立教大学大学院経済学研究科博士課程前期課程入学。1995 年 3 月、同研究科同課程修了。修士（経済学）。4 月、同研究科同課程後期課程入学。2001 年 3 月、同課程単位取得退学。4 月、立教大学経済学部助手。2004 年 3 月同退職。4 月、立教大学経済学部兼任講師。

現在、立教大学、桜美林大学、日本大学、駒澤大学、都留文科大学の兼任講師（非常勤講師）。

現代日本における銀行資本の蓄積

2015 年 8 月 31 日　第 1 版第 1 刷発行　　※定価はカバーに表示してあります。

著　者——堀内健一

発　行——有限会社 唯学書房
　　　　〒101-0061　東京都千代田区三崎町2-6-9　三栄ビル302
　　　　TEL　03-3237-7073　　FAX　03-5215-1953
　　　　E-mail　yuigaku@atlas.plala.or.jp
　　　　URL　http://www.yuigaku.com/

発　売——有限会社 アジール・プロダクション

装　幀——米谷 豪
印刷・製本——中央精版印刷株式会社

©Kenichi HORIUCHI 2015 Printed in Japan
乱丁・落丁はお取り替えいたします。
ISBN978-4-902225-99-0 C3033